Öffentlicher Dienst und politischer Bereich

Schriftenreihe der Hochschule Speyer

Band 37

Öffentlicher Dienst und politischer Bereich

Vorträge und Diskussionsbeiträge der 35. Staatswissenschaftlichen Tagung der Hochschule für Verwaltungswissenschaften Speyer 1967

DUNCKER & HUMBLOT / BERLIN

Gedruckt 1968 bei Alb. Sayffaerth, Berlin 61
Printed in Germany

Inhalt

Teilnehmer an der Aussprache*

* Ohne Beiträge der Vortragenden zu ihrem Referat.

Vorwort des Tagungsleiters

Im parlamentarisch-demokratischen Rechtsstaat bildet der „Bereich der Regierung“ das Feld, auf dem die politischen Kräfte ihre Vorstellungen über die richtige Lenkung des Staatsganzen — legitimerweise — zu verwirklichen suchen. Aus der steten Auseinandersetzung zwischen Regierung und Regierungsparteien wie auch zwischen der die Regierung tragenden Parlamentsmehrheit und der Opposition innerhalb und außerhalb des Parlaments, die in der öffentlichen Meinung eine Stütze erhalten kann, ergibt sich der „politische Kurs“, der im Rahmen der verfassungsmäßigen Grundordnung eingeschlagen wird.

Die öffentliche Verwaltung als solche ist demgegenüber im gewaltenteilenden Verfassungsstaat an diesem Ringen um die politische Richtung nicht unmittelbar beteiligt. Sie bewegt sich innerhalb der bestehenden Rechtsordnung, so wie diese von den dazu verfassungsmäßig berufenen Trägern der politischen Macht gestaltet wird. Ihre Amtsträger auf allen Ebenen werden jedoch in mannigfacher Weise mit politischen Bestrebungen und Fragestellungen konfrontiert: Zahlreiche öffentliche Ämter sind auf eine vertrauensvolle Zusammenarbeit mit politischen Organen hin angelegt oder werden im Wege der Wahl oder Absprache unter politischem Vorzeichen besetzt. Hinzu kommt, daß Organwalter trotz ihrer rechtlichen Pflicht zu einer ausschließlich an den Belangen des „Gemeinwohls“ auszurichtenden Amtsführung nicht daran gehindert sind, von den in der Verfassung verbürgten staatsbürgerlichen Freiheiten Gebrauch zu machen, sei es durch aktive politische Betätigung, sei es durch kritische Meinungsäußerung zu Erscheinungen des öffentlichen Lebens.

Diese Berührungen und Verzahnungen der öffentlichen Verwaltung mit der Politik in der parteienstaatlichen Demokratie führen in mancher Hinsicht zu Spannungen und Konflikten: So können sie auf der einen Seite der partei- und gruppenpolitischen Neutralität bei der Wahrnehmung aller amtlichen Aufgaben abträglich sein und andererseits auch den recht- und pflichtmäßig handelnden Inhaber eines öffentlichen Amtes der Gefahr von Maßregelungen aussetzen, wenn er etwa Verhaltenserwartungen einflußreicher politischer Kreise nicht erfüllt.

Die Frühjahrstagung hat sich zum Ziel gesetzt, die hiermit umrissenen Fragen, vor die sich der Angehörige des öffentlichen Dienstes an den „Nahtstellen“ zwischen Verwaltung und politischem Bereich gestellt sieht, in Vorträgen und Aussprachen unter verschiedenen Gesichtspunkten zu beleuchten und dadurch zur weiteren wissenschaftlichen Auseinandersetzung mit diesem staatspolitisch bedeutsamen Fragenkreis, der neben der verfassungs- und verwaltungsrechtlichen auch der staats-, politik- und sozialwissenschaftlichen Betrachtung bedarf, anzuregen.

Franz Knöpfle

Aus der Begrüßung
durch den Rektor Professor Dr. Hans Ryffel

Im Namen der Hochschule für Verwaltungswissenschaften Speyer möchte ich Sie zu unserer 35. Staatswissenschaftlichen Tagung begrüßen. Sie alle, meine Damen und Herren, die Sie vornehmlich als Vertreter von Verwaltungs- und Gerichtsbehörden sowie von Verbänden an unserer Veranstaltung teilnehmen, seien herzlich willkommen geheißen. Ich möchte meiner ganz besonderen Freude darüber Ausdruck geben, daß Sie in so überaus stattlicher Zahl, wie sie die Hochschule noch nie zuvor zu einer Tagung unter ihrem Dach vereinen konnte, zu uns gekommen sind.

Allen Referenten, aber auch den im Programm aufgeführten ersten Diskussionsvotanten, danke ich im Namen der Hochschule für ihre freundliche und großzügige Bereitschaft, an unserer Tagung mitzuwirken. Damit möchte ich den Dank an unseren Kollegen, Herrn Professor Dr. *Franz Knöpfle*, verbinden, der die große Mühe auf sich genommen hat, unsere Tagung mit ihrem reichhaltigen Programm vorzubereiten. Die Veranstaltung steht unter seiner wissenschaftlichen Leitung; er wird auch der Diskussion präsidieren.

Zwar interessiert unser Thema unmittelbar vor allem die Angehörigen des höheren Dienstes. Darüber hinaus betrifft es aber entscheidende Fragen des heutigen Staatslebens und ist deshalb von allgemeinem Interesse für den Staatsbürger. In einzelnen Teilen, so in bezug auf den beamteten und den parlamentarischen Staatssekretär, ist das Thema gar von ganz besonderer Aktualität.

Wiederum haben sich Vertreter der Wissenschaft und der Praxis zusammengefunden, was ohne Zweifel auch diesmal der allseitigen Beleuchtung der zur Erörterung stehenden Fragen zustatten kommt. Unter den Wissenschaftlern befindet sich auch ein Historiker, unser Speyerer Historiker übrigens. Es hat sich (wenn ich mir diese kollegiale Zwischenbemerkung erlauben darf) der Schüchternheit, deren er sich selber rühmt, entledigt und sich den Juristen und Verwaltungsleuten zugesellt, um einmal einen Abstecher in die Verwaltungsgeschichte zu machen. In der Tat, wir glaubten, daß es empfehlenswert sei, das Einzelthema „Zivilcourage — auch im öffentlichen Dienst"?, das nicht ohne Grund mit einem Fragezeichen versehen ist, in die objektivierende historische Perspektive zu rücken.

Unserer Thematik kommt — wenn Sie mir, meine Damen und Herren, nur zwei kurze Worte zur Sache erlauben — deshalb besondere Bedeutung zu, weil ein ausgewogenes Verhältnis von öffentlichem Dienst und politischem Bereich für den Bestand des modernen demokratischen Rechtsstaates wesentlich ist und andererseits dieses Verhältnis gerade im heutigen Staatswesen zu Spannungen und Konflikten Anlaß gibt.

Die kompakte Einheit von Rechtsordnung und politischem Bereich, wie wir sie in früheren Epochen antreffen, ist mit Recht fragwürdig geworden. Denn solche Einheit gibt es nur um den Preis des Dogmatismus. Wird nämlich fraglose praktische Richtigkeit unterstellt, wie dies in allem Dogmatismus geschieht, so führt die richtige, freilich bloß vermeintlich richtige Politik nur zu einer einzigen Gestalt der rechtlich-staatlichen Ordnung, in der das fraglos Richtige verkörpert ist. Der öffentliche Dienst ist dann zur Verwirklichung des so verstandenen fraglos Richtigen berufen.

Eine hehre Aufgabe, meine Damen und Herren, mögen manche geneigt sein, zu glauben; so recht dazu angetan, den öffentlichen Dienst aus den Niederungen ephemerer Politik herauszuheben und ihm unvergleichlichen Nimbus zu verleihen. Doch entspricht dies nicht unserer Lage, in der (wie ich annehmen möchte) nicht eine zeitbedingte Konstellation, sondern die Sache selbst in aller Nüchternheit allmählich erscheint. Die jeweilige rechtlich-staatliche Ordnung mit allen ihren Inhalten stellt heute bloß eine Möglichkeit unter anderen Möglichkeiten dar. Sie könnte vertretbarerweise immer auch anders sein. — Der politische Bereich ist nämlich durch eine Vielfalt von konkurrierenden Möglichkeiten, von Stellungnahmen und Ordnungsentwürfen, gekennzeichnet. Es sind ganz bestimmte Möglichkeiten, die in den rechtsstaatlich-demokratischen Verfahren, wie sie die westlichen Staaten ausgebildet haben, jeweils verwirklicht werden. In der geltenden Ordnung findet nicht fraglose Richtigkeit, sondern eine mögliche Gestalt des Richtigen ihren Niederschlag, die immer wieder in Frage gestellt und um die gerungen wird. Diese für einmal auf bestimmte Zeit jeweils festgemachte Gestalt des Richtigen, die stehende Ordnung, ist eine vorläufige und wandelbare und kann in den rechtsstaatlich-demokratischen Verfahren jederzeit geändert und durch neue Gestalten ersetzt werden.

Diese den politischen Bereich kennzeichnende Vielfalt und Bewegung entsprechen der vielberufenen, sog. pluralistischen Gesellschaft, die nicht selten gedankenlos rezitiert und mißverstanden, zuweilen vergötzt, aber auch verlästert wird. Und in eben dieser Vielfalt und Bewegung steht der öffentliche Dienst. Einerseits ist die rechtlich-staatliche Ordnung als stehende Ordnung und als sozusagen unerläßliche Spielregel für die vielfältige und ständigem Wandel unterworfene Gesellschaft unserer Gegenwart durch den öffentlichen Dienst strikte zur Geltung zu bringen, und zwar unabhängig von der eigenen Stellungnahme, die der Angehörige des öffentlichen Dienstes als Staatsbürger vertreten mag. Andererseits bleibt diese Ordnung auch immer mit den politischen Kräften, die sich in ihr für einige Zeit kristallisiert haben, legitimerweise verbunden. Ein unhintertreiblicher Sachverhalt, dem in den demokratisch-rechtsstaatlichen Verfahren voll Rechnung zu tragen ist.

Aus dieser zweifachen Ausrichtung des öffentlichen Dienstes, die ich hier im Vorblick auf unsere Erörterungen, nicht jedoch in angemaßter Vorwegnahme, nur mit wenigen Strichen andeute und nicht weiter nachzeichne, ergibt sich eine Fülle von Problemen. Einige der (wie ich glauben möchte) wichtigsten Fragen bilden Gegenstand unserer Referate, die ausgezeichnete Sachkenner aus Wissenschaft und Praxis halten werden. Ich gebe mich deshalb nicht nur gerne, sondern auch mit Grund der Hoffnung hin, daß diese Referate und die Aussprache zur Klärung der Probleme beitragen, und wünsche der Tagung einen guten Erfolg.

Der leitende Beamte und die politische Spitze des Amtes

Von Fritz Duppré

Innerhalb der Struktur unserer rechtsstaatlichen Verfassungsordnung unterscheidet die Wissenschaft nicht nur zwischen den drei Funktionen der an sich einheitlichen Staatsgewalt und ihren Trägern, sie weist darüber hinaus auch auf die elementare Zweigliedrigkeit der Exekutive hin, die sich aus Regierung und Verwaltung, d. h. aus politischer Führung und bürokratischer Vollziehung zusammensetzt, und zwar nicht nur funktionell, sondern auch in corpore, so daß die vollziehende Gewalt keineswegs so monolithisch ist, wie es von außen her den Anschein haben könnte. Ich möchte aber auch die Machtstrukturen, die sich im Laufe zweier Jahrzehnte in der Verfassungswirklichkeit herausgebildet haben, nicht außer Betracht lassen. Abgesehen von dem schon seit langem bemerkten Phänomen, daß in unserem parlamentarischen Regierungssystem die Grenzen der Gewaltenteilung sich zugunsten des Parlaments und auf Kosten der Regierung verschieben und die Regierung in horizontaler Hinsicht ihre Staatsleitungsfunktion mit dem Parlament zu teilen beginnt, scheint auch in vertikaler Richtung eine Einbuße der Machtausübung zu besorgen zu sein, weil die weisungsunterworfene Verwaltung eine gewisse Eigenständigkeit und Eigengesetzlichkeit zu entfalten beginnt. Immer wieder werden Beispiele angeführt, die für die Vermutung sprechen sollen, daß die auf Zeit etablierte Regierung den auf Dauer installierten Verwaltungsapparat nicht vollkommen im Griff habe. Das scheint nicht nur die an der Tagespublizistik orientierte Meinung des Mannes auf der Straße zu sein, sondern hat sich auch in der wissenschaftlichen Theorie niedergeschlagen. Von einer eindeutigen Führung der Verwaltung durch die politisch Verantwortlichen könne nicht mehr die Rede sein; Verwaltung führe sich mindestens zum Teil bereits selbst, behauptet beispielsweise Thomas Ellwein[1].

Mit dieser Meinung möchte ich mich weder identifizieren noch sofort auseinandersetzen. Mir kommt es zunächst nur darauf an, den Standort unserer Diskussion zu bestimmen. Denn genau an der Nahtstelle zwi-

---

[1] Thomas Ellwein, Das Regierungssystem der Bundesrepublik Deutschland, Westdeutscher Verlag Köln-Opladen, 2. Aufl., 1965, S. 369.

schen Regierung und Verwaltung innerhalb der Exekutivgewalt ist unser Problem angesiedelt. Dabei fällt es zunächst nicht sonderlich ins Gewicht, daß Persönlichkeiten verschiedener Provenienz und von unterschiedlichem Habitus miteinander in Berührung kommen. Um von vornherein allen Mißdeutungen aus dem Wege zu gehen, möchte ich mit Betonung Arnold Köttgen zitieren, der in seiner Habilitationsschrift über „Das deutsche Berufsbeamtentum und die parlamentarische Demokratie" den auch heute noch gültigen Satz geschrieben hat: „Der Politiker auf dem Ministersessel ist trotz des Fehlens der speziellen Ressortkenntnisse nicht wie so oft behauptet eine bedauerliche Begleiterscheinung des parlamentarischen Systems, sondern eine politische Notwendigkeit. Letzteres hindert allerdings nicht, daß die praktische Zusammenarbeit zwischen Minister und Berufsbeamtentum erheblichen Schwierigkeiten begegnet. Die Welten, denen diese beiden notwendig aufeinander angewiesenen Faktoren entstammen, sind denkbar verschieden[2]." So bei Köttgen. Ich glaube, daß sich an dieser Beurteilung der Lage seit Weimar nicht viel geändert hat. Vielleicht ist die festgestellte Diskrepanz in der Zwischenzeit noch größer geworden. Außer diesen der personellen Sphäre entstammenden Gesichtspunkten, die uns noch mit Schwerpunkt beschäftigen werden, gibt es aber noch andere wesentliche Faktoren.

Die auf Zeit bestellte politische Macht geht nicht als Institution kontinuierlich in das Gefüge des öffentlichen Dienstes über und ebenso wenig wächst die Verwaltung in den politischen Bereich hinein. Von der Konstruktion her besteht eine Nahtstelle, an der völlig legal gehandhabte Leitungsfunktionen der legitimerweise zur Machtausübung berufenen politischen Kräfte mit den permanenten Institutionen des öffentlichen Dienstes zusammentreffen. Wechsel der politischen Konstellation und politische Dynamik tragen temporäre wandelbare und unterschiedlich starke Impulse in die Verwaltung hinein. Der gesamte öffentliche Dienst hat nicht zu registrieren, sondern zu reagieren. Bei aller Sachlichkeit oberhalb und bei aller Loyalität unterhalb der von mir beschriebenen Naht scheint — zumindest was unsere derzeitigen Verhältnisse in der Bundesrepublik betrifft — zwar keine besondere Disposition zur Krisenanfälligkeit zu existieren, aber immerhin die Möglichkeit für Friktionen latent gegeben zu sein. Zu verhindern, daß diese nicht in offenen Konflikt ausarten, ist zweifellos die Aufgabe der Persönlichkeiten, die sich als politische Spitze den leitenden Beamten auf der Nahtstelle begegnen und dafür sorgen sollen, daß diese Naht nicht auseinanderbricht.

Bei meinen weiteren Ausführungen habe ich in erster Linie das Modell des Verhältnisses zwischen dem Minister und seinem Amtschef im Auge,

---

[2] Arnold Köttgen, Das deutsche Berufsbeamtentum und die parlamentarische Demokratie, Walter de Gruyter & Co., Berlin-Leipzig 1928, S. 103.

weil sich an ihm am deutlichsten demonstrieren läßt, um was es geht. Außerdem wird in der Praxis an diesem Modell mehr als genug herumexperimentiert. Die gleiche Problematik gibt es aber auch — in gradueller Abstimmung versteht sich — in allen Etagen der Verwaltung, auf denen ein ausgesprochener Exponent der politischen Macht dem leitenden Beamten der Behörde gegenübertritt. Kausal für diese Begegnung von Politik und Verwaltung auf den niederen Rängen und an der Peripherie ist schließlich immer wieder die Tatsache, daß sich Regierung und Verwaltung nicht fugenlos aneinanderschließen, sondern daß diese Naht zwischen der obersten Ebene der Staatsleitung und der Verwaltung im eigentlichen Sinne bestehen bleibt. Denn schließlich hat die politische Spitze oberhalb dieser Naht den Mann ihres politischen Vertrauens deshalb exponiert, damit der Vollzug des politischen Gestaltungswillens auch innerhalb des kleineren Verwaltungsbezirks in besonderem Maße gewährleistet bleiben soll. Ob dieser Übungszweck wirklich erreicht wird und damit die Rechtsfigur des politischen Beamten, insbesondere als Behördenchef nachgeordneter Instanzen, eine sachliche Rechtfertigung erfährt, steht auf einem anderen Blatt. Unser Modell gilt aber auch mutatis mutandis für alle dem Staat angegliederten Selbstverwaltungskörperschaften, bei denen eine aus der Wahl hervorgegangene Spitze mit politischer Verantwortung auf die institutionalisierte Bürokratie angewiesen ist. Gerade innerhalb der kommunalen Selbstverwaltung läßt sich unser Modell am ehesten nachvollziehen, und zwar nicht erst seitdem die kommunalen Wahlämter laufbahnfrei geworden sind.

Wichtig jedoch ist die Frage, wie es zu der unbestreitbaren Zweigliedrigkeit innerhalb der Exekutive gekommen ist. Die Antwort darauf gibt die deutsche Verfassungsgeschichte. In der konstitutionellen Monarchie gab es ein derartiges Problem zweifellos nicht, weil die gesamte Exekutive dem vom Monarchen ernannten Regierungschef untergeordnet und dem Monarchen in seiner Person verbunden und verpflichtet war. Nach einer Staatsidee zu suchen, war nicht nötig, da dieser Staat in dem Monarchen sichtbar und in seinem letzten Träger auch spektakulär verkörpert wurde. Die deutsche Reichsverfassung von 1871 war dem ersten Reichskanzler auf den Leib geschnitten. Er allein war die politische Spitze der gesamten Exekutive, denn die den Reichsämtern vorstehenden Staatssekretäre waren als Erfüllungsgehilfen seinem Willen und seiner Weisung unterstellt, so daß sich die Exekutive wirklich als ein monolithisch geformter Block darstellte, innerhalb dessen die Beamtenlaufbahn faktisch vom Assessor bis zum Staatssekretär reichte und ein erfolgreicher Karrierist es bis zum Chef eines Reichsamtes bringen konnte, was allerdings nicht immer der Fruchtbarkeit politischer Konzeptionen dienlich gewesen ist. Einen personell oder institutionell bestimmten Antagonismus zwischen Regierung und Verwaltung gab es jedenfalls nicht. Dieser trat mit einer quasi naturgesetzlichen Zwangsläufigkeit mit dem Inkrafttreten der Weimarer Verfassung von 1919 ans Tageslicht. Mit der Einführung der parlamentarischen Demokratie wurde auch die dafür eigentümliche aber kaum vermeidbare Koppelung von Legislative und Exekutive geschaffen; aus dieser Koppelung geht nicht nur der Regierungschef, sondern auch die gesamte Regierungsmannschaft dem politischen Willen des Parlaments entsprechend, hervor. Seitdem haben wir im deutschen Verfassungsrecht die erwähnte Zweigliedrigkeit innerhalb der vollziehenden Gewalt, so daß die Dynamik und die Statik, die Labilität und die Stabilität, die Effizienz und die Permanenz innerhalb dieses Organismus zwar aufeinander angewiesen, aber doch getrennt bleiben.

Und wieder zitiere ich Arnold Köttgen, diesmal aus seinem Beitrag über „Die Entwicklung des deutschen Beamtenrechts und die Bedeutung des Beamtentums in Staat und Gegenwart" in dem im Jahre 1932 erschienen Handbuch des Deutschen Staatsrechts[3]. Vier Jahre nach seiner bereits erwähnten Habilitationsschrift schreibt er: „Diese Verkoppelung der Bürokratie mit dem Kabinett gehört fraglos zu den im besonderen problematischen Punkten innerhalb des komplizierten Balancesystems der Weimarer Verfassung. War die Exekutive des monarchistischen Staates eine innerlich und äußerlich geschlossene Einheit, so spaltet das parlamentarische System diese Exekutive in zwei einander wesensfremde Bestandteile: Kabinett und Beamtenschaft. In der Absicht, der Entwicklung des sogenannten Parteienstaates einen wirksamen Riegel vorzuschieben, sind im Art. 130 der Weimarer Verfassung die Beamten ausdrücklich in Gegensatz zu den Parteien gestellt worden. Im Gegensatz hierzu ist das Kabinett mit Einführung des parlamentarischen Systems offiziell zu dem Parlament und seinen Parteien in Beziehung gesetzt worden, wobei es eine andere Frage ist, welchen Charakter diese Verbindung im einzelnen trägt. Auf jeden Fall steht das Kabinett nicht mehr oberhalb der Parteien, wenn seine einzelnen Mitglieder als Exponenten bestimmter Parteien angesehen werden müssen. Hiermit ist ein innerer Gegensatz zwischen Kabinett und Bürokratie geschaffen, der der Exekutivverfassung des parlamentarischen Systems ihre spezifische Note verleiht." Damit haben wir die Wurzeln des Problems, das mit der Einführung der parlamentarischen Demokratie in Deutschland entstand, vollkommen freigelegt.

Trotz dieser Faktizität nimmt die Weimarer Verfassung offiziell noch keine Kenntnis von der Existenz der politischen Parteien und ihrer Rolle als den eigentlichen Organisatoren der politischen Willensbildung im Staat. Das Grundgesetz zieht die notwendige Konsequenz zwar in einer

---

[3] Arnold Köttgen, in: Handbuch des Deutschen Staatsrechts, 2. Band, J. C. B. Mohr (Paul Siebeck), Tübingen 1932, § 61, S. 1 ff., 10.

etwas zögernden Form, wenn es in Art. 21 dekretiert, daß die politischen Parteien bei der politischen Willensbildung des Volkes mitwirken. Von dieser verfassungsmäßigen Anerkennung der Rolle der politischen Parteien gehen Reflexwirkungen aus, die in das Verhältnis von Regierung und Verwaltung und unverkennbar stark in die damit verbundenen statusrechtlichen Fragen der politischen Spitze und der leitenden Beamten hineinstrahlen.

Demgegenüber tritt in der Reichsverfassung von 1871 lediglich der vom Kaiser zu ernennende Reichskanzler in Erscheinung. Kennzeichnenderweise bemerkt hierzu das maßgebliche Handbuch von Meyer-Anschütz: „Der oberste Beamte des Reichs ist der Reichskanzler. Seine Stellung ist eine dreifache. Er ist Vorsitzender und Geschäftsleiter des Bundesrates, ferner Minister des Kaisers und endlich in unmittelbarer Unterordnung unter den Kaiser oberster Leiter und Dienstvorgesetzter aller Reichsbehörden." Und weiter: „Die politische Verantwortlichkeit erstreckt sich auf die gesamte Tätigkeit des Ministers, namentlich auch auf die von ihm eingebrachten Gesetzesvorlagen, sie ist eine notwendige Konsequenz konstitutioneller Staatseinrichtungen und von hoher politischer Bedeutung. Aber sie bildet keinen Gegenstand staatsrechtlicher Betrachtung, sondern erscheint als eine Sache politischer und parlamentarischer Praxis[4]." Von Richtlinienkompetenz und Ressortverantwortlichkeit ist naturgemäß keine Rede, da der Reichskanzler als oberster Beamter vom Vertrauen des Monarchen und nicht von der Zustimmung des Parlaments abhängig war.

Diese Konstruktion wird mit der Einführung der parlamentarischen Demokratie der Weimarer Prägung total beseitigt. Nach Art. 54 der Reichsverfassung vom 11. August 1919 bedurften der Reichskanzler und die Reichsminister zu ihrer Amtsführung des Vertrauens des Reichstages. Der Reichskanzler bestimmt die Richtlinien der Politik und trägt dafür gegenüber dem Reichstag die Verantwortung im staatsrechtlichen Sinne. Innerhalb dieser Richtlinien leitet jeder Reichsminister den ihm anvertrauten Geschäftszweig selbständig und unter eigener Verantwortung gegenüber dem Reichstag. Trotz dieser eindeutigen Regelung, die dem Reichskabinett innerhalb des Staates den Rang eines unmittelbaren Staatsorgans zuerkennt, wirken die alten dem Beamtenrecht entstammenden statusrechtlichen Vorstellungen noch hartnäckig nach, bis es mit dem Reichsministergesetz vom 27. März 1930[5] erstmalig gelang, den Boden des Beamtenrechts zu durchstoßen, wobei allerdings Versorgungsproblemen mehr Aufmerksamkeit gewidmet war als der Ausgestaltung

---

[4] Meyer-Anschütz, Lehrbuch des Deutschen Staatsrechts, 7. Aufl., 1919, § 135, S. 522.

[5] RGBl. I S. 96.

des Amtsverhältnisses. Einen Rückfall in die alten Vorstellungen brachte — was wunder — die nationalsozialistische Ära, die das Ministerrecht als Abschnitt XIII dem Deutschen Beamtengesetz vom 26. Januar 1937[6] einverleibt und damit von der Rechtsquelle her deutlich macht, wo im Führerstaat der Minister seinen Standort zu suchen hat. Das Bundesministergesetz vom 17. Juni 1953[7] und die ihm nachgebildeten oder angeglichenen landesrechtlichen Regelungen gestalten die Position des Regierungsmitglieds wiederum zu einem öffentlich-rechtlichen Amtsverhältnis eigener Art, auf das subsidiär allerdings noch beamtenrechtliche Vorschriften Anwendung finden. Ich bin auf diese Rechtsentwicklung eingegangen, um herauszustellen, daß in formeller Hinsicht der Status der politischen Führungsschicht im Staat sich deutlich von dem des allgemeinen Beamtenkorps absetzt und dadurch auch institutionell die Nahtlinie zwischen Regierung und Verwaltung bestätigt, daß andererseits aber die äußere Kontur der hierarchischen Pyramide der Exekutive die gemeinsame Basis und Zielrichtung ebenso deutlich erkennen läßt, ganz zu schweigen davon, daß politisch eingefärbte Ämter innerhalb der Beamtenhierarchie trotz gewisser von dem Wesen der Politik her bestimmten Varianten dem allgemeinen Beamtenrecht zugeordnet bleiben.

Typisch für das Statusrecht der Personen in den politischen Spitzenpositionen scheinen mir drei Merkmale zu sein:

Erstens: Diese Ämter sind vom Beamtenrecht her betrachtet voraussetzungs- und laufbahnfrei. Der spezielle im Karriereweg erworbene und nachgewiesene Ressortverstand ist nicht Voraussetzung für das Amt, und zwar mit voller Absicht und Zuversicht seit dem Zeitpunkt, in dem die parlamentarische Demokratie den Primat der Politik gesetzt hat. Diese Feststellung möchte ich wahrhaft nicht als ein negatives Kriterium verstanden wissen.

Zweitens: Bei den Positionen der politischen Spitze handelt es sich um Ämter auf Zeit. Sinn und Zweck der parlamentarischen Demokratie ist es, die einmal gewonnenen Ämter der politischen Leitung immer wieder dem Spiel konkurrierender Kräfte auszusetzen. Aufgabe der politischen Führungsspitze ist es, durch Leistung immer wieder die Leitung zu behaupten oder zu gewinnen. Die Herrschaft auf Zeit ist für den Status der Kräfte in den politischen Spitzenpositionen das wesentliche Kennzeichen. In diesem Zusammenhang taucht die Frage auf, ob die Zugehörigkeit zu dem Kreationsorgan — wie Bundes- oder Landesparlament — Dauer und Erfolg der politischen Spitzenkräfte zu beeinflussen vermag. Ich habe jedenfalls die Erfahrung gemacht, daß sich der politische

---

[6] RGBl. I S. 39.

[7] BGBl. I S. 407.

Exponent in der Leitung um so schwerer tut, je weniger er in dem Kreationsorgan verankert ist. Das Interesse am Halten von Positionen ist um so größer, je mehr Aufwand in Prestige und Propaganda die jeweiligen Funktionen oder Wahlkörperschaften investiert haben. Das Fehlen von Indemnität und Immunität kann persönliche Gewandtheit überspielen. Auf die Dauer erweist sich jedoch der Mangel an Votierfähigkeit als ein sichtbares Handicap, ganz abgesehen davon, daß im parlamentarischen Duell es dem Exponenten auf der Regierungsbank nicht gestattet ist, seinen Opponenten mit der verbindlichen Anrede des Kollegen zu bedenken.

Drittens: Trotz der Herrschaft auf Zeit, die für den Status des politischen Spitzenmannes kennzeichnend ist, wird ihm seine ganze und ungeteilte Arbeitskraft und oft der Verzicht auf persönlich erworbene Stellungen in Wirtschaft und Gesellschaft abverlangt. So dürfen beispielsweise die Mitglieder der Bundesregierung „neben ihrem Amt kein anderes besoldetes Amt, kein Gewerbe und keinen Beruf ausüben. Sie dürfen während ihrer Amtszeit auch nicht dem Vorstand, Aufsichtsrat oder Verwaltungsrat eines auf Erwerb gerichteten Unternehmens angehören oder gegen Entgelt als Schiedsrichter tätig sein oder außergerichtliche Gutachten abgeben“[8]. Ausnahmen sind natürlich zulässig, aber sehr leicht umstritten. Bei der soziologischen Struktur unserer Gesellschaft, die es nur wenigen Persönlichkeiten gestattet, ausschließlich gestützt auf das eigene Vermögen den politischen Passionen nachzugehen, sollte man für die Ausführlichkeit des Versorgungsteils der Ministergesetze gerechtes Verständnis aufbringen, sofern die Schwelle für den Erwerb des Anspruchs nicht soweit nach unten getrieben wird, daß auch der letzte Novize geradezu einen Anreiz verspüren könnte, jeden politischen Parforceritt zu wagen.

Und nun möchte ich mich der Frage zuwenden, ob besondere Qualifikationen notwendig sind, die den leitenden Beamten von dem Status seiner Kollegen aus dem allgemeinen Beamtenkorps von Rechts wegen oder tatsächlich unterscheiden müssen, damit er gegenüber der politischen Spitze seine Aufgabe voll und ganz wahrzunehmen imstande ist; oder anders formuliert: Kann ein Beamter der bisher üblichen Provenienz ohne concours politique und ohne Parteipatronage die Spitze seiner Laufbahn erstreben, erreichen und seine Rolle unbehindert spielen? Ich weiß, daß ich heiße Eisen anpacke; ich habe aber nicht die Absicht, mir auf jeden Fall die Finger daran zu verbrennen.

Aus der Frühzeit zu unserer neuen Staatlichkeit ist mir noch gut die Tatsache gegenwärtig, daß sich in den Personen der politischen Spitzen-

[8] § 5 Abs. 1 Satz 1 und 2 des Bundesministergesetzes vom 17. Juni 1953 (BGBl. I S. 407), geändert durch Gesetz vom 20. 8. 1960 (BGBl. I S. 705).

inhaber und ihrer leitenden Beamten zwei Mandatsträger gegenüberstanden. In dem einen Falle waren beide von derselben Couleur; in dem anderen Falle war mit Absicht der politischen Spitze ein Staatssekretär von der anderen Farbe attachiert worden, der ebenfalls die Qualifikation des Mandatsträgers hatte. Es kam dann auch prompt, wie es kommen mußte: In dem Falle der bi-couleuren Besetzung sind sich Chef und Subchef im Dienst mit äußerster Höflichkeit begegnet und haben sich auf dem politischen Parkett — manchmal sehr publikumswirksam — gegenseitig mit den aus den amtlichen Akten stammenden Argumenten befeuert. Aber auch bei der uniformen Garnitur ist es nicht gutgegangen, wobei ich mich jetzt einer Szene erinnere, die sich in der camera caritatis abgespielt hat; das war so: Der leitende Beamte hatte gegenüber der politischen Spitze sein Pulver erfolglos verschossen, klappte den Aktendeckel zu und sprach den bezeichnenden Satz: „Jetzt rede ich als Abgeordneter!" Ein unmöglicher Zustand, empfand ich als stummer Zeuge der Handlung, die im Jahre 1948 über die Bühne ging.

In seinem Art. 137 Abs. 1 dekretierte ein Jahr später das Grundgesetz, daß die Wählbarkeit von Beamten und Angestellten des öffentlichen Dienstes — und späterhin auch der Soldaten — und Richter im Bund, in den Ländern und in den Gemeinden gesetzlich beschränkt werden kann. Von dieser Möglichkeit haben der Bund mit seinem Rechtsstellungsgesetz vom 4. August 1953[9] und durchweg auch die Länder in ihren Beamten- oder Wahlgesetzen Gebrauch gemacht, so daß wir seitdem gezwungen sind, uns mit dem etwas schwierigen Begriff der Inkompatibilität herumzuplagen, ohne allerdings seine heilsame Wirkung zu verkennen, die noch größer wäre, wenn sie konsequenterweise auf allen Ebenen Anwendung finden würde. Die Rechtsfigur des leitenden Beamten, der zugleich Mandatsträger derselben Gebietskörperschaft ist, besteht jedenfalls innerhalb des staatlichen Bereichs nicht mehr.

Anders verhält es sich mit dem Institut des politischen Beamten, dessen Existenz sich innerhalb der Entwicklung des deutschen Beamtenrechts als außerordentlich zählebig erwiesen hat. Kurioserweise wird man in den Kodifikationen des Beamtenrechts vergeblich nach diesem doch geläufigen Begriff Ausschau halten. Als wollte er das Kind nicht beim Namen nennen, beschränkte sich der Gesetzgeber im Beamtenrechtsrahmengesetz auf die Feststellung, daß *der* Beamte auf Lebenszeit jederzeit in den einstweiligen Ruhestand versetzt werden kann, der ein Amt bekleidet, bei dessen Ausübung er in fortwährender Übereinstimmung mit den grundsätzlichen politischen Ansichten und Zielen der Regierung stehen muß. Welche Beamten hierzu gehören, ist der gesetzlichen Festlegung überlassen. Die Beamtengesetze enthalten so auch in der Regel einen mehr

[9] BGBl. I S. 777.

oder minder umfangreichen Katalog von Ämtern, deren Inhaber in den einstweiligen Ruhestand versetzt werden können[10]; daß dies ohne Angabe von Gründen geschehen kann, wird vom Gesetz zuweilen noch ausdrücklich bestätigt.

Um die Problematik in den Griff zu bekommen, erscheint es mir erforderlich, die Institution an ihrer historischen Wurzel zu fassen. Das absolute Abhängigkeitsverhältnis der Amtsträger von dem Dienstherrn in der Feudalzeit sublimierte sich in der konstitutionellen Monarchie dergestalt, daß einer bestimmten Gruppe von Beamten die innerliche Einstellung der Politik des vom Monarchen ernannten Ministers zugemutet und die äußere Vertretung auch über den eigentlichen Amtsbereich abverlangt wurde, die dann zuweilen in die persönliche Kontrolle der Stimmabgabe von unterstellten Bediensteten bei Wahlen ausgeartet ist, was ich nur als historischen Schnörkel anfügen möchte. Für unsere Betrachtung wichtig ist die Tatsache, daß im konstitutionellen Zeitalter die Garnitur der politischen Beamten ausnahmslos dem Berufsbeamtentum entstammte. Die Weimarer Verfassung hat mit dem Berufsbeamtentum auch die Institution der politischen Beamten übernommen, aber auch in gewisser Hinsicht denaturiert, als sie in der durchweg wohlgemeinten Absicht der Sicherung der parlamentarischen Demokratie in zunehmendem Maße dazu überging, politisch bedeutsame Staatsämter mit Vertrauensleuten der Koalitionsparteien zu besetzen, die nicht aus dem Berufsbeamtentum hervorgegangen waren. Seit dieser Zeit liegt auf der Institution ein gewisses Zwielicht, das der NS-Staat mit seinem Gegenzug der Wiederherstellung des Berufsbeamtentums[11] nicht beseitigt, sondern eher noch verstärkt hat. Trotz einiger Anläufe in andere Richtungen wurde auch beim staatlichen Neubau der Bundesrepublik das Berufsbeamtentum wiederum rezipiert; auch die politischen Beamten haben ihren alten Standort wieder bezogen.

Während es im ersten Jahnzehnt so aussah, als würde sich mit zunehmender Konsolidierung der Nachkriegsverhältnisse die Personalpolitik bei der Auswahl der politischen Beamten wieder auf die klassische Bürokratie mit ihren hergebrachten Prinzipien einspielen, so macht sich in der gegenwärtigen Phase eine gegenläufige Tendenz bemerkbar, die sich in dem Bestreben nach Laufbahnfreiheit oder in der Übertragung der Befugnis zu Ausnahmegenehmigungen auf politische Instanzen äußert. Ich bin der Auffassung — und umfasse damit mein eigenes Berufsschicksal —, daß das Institut des politischen Beamten radikal auf den

---

[10] Vgl. § 36 BBG; § 50 Rhl.-Pf. BG; § 38 NRW BG; § 48 Schl. H. BG; § 47 NS BG; § 71 Berl. BG; § 57 Hess BG; § 56 S BG.

[11] Gesetz zur Wiederherstellung des Berufsbeamtentums v. 7. 4. 1933 (RGBl. I S. 175).

Posten des Staatssekretärs zurückgeschnitten werden sollte. An der Nahtstelle von politischer Führung und ausführendem Apparat hat es seine Berechtigung. Je weiter sich der Standort des politischen Beamtentums innerhalb der Verwaltungsorganisation von der Zentrale entfernt, um so mehr verliert es an Sinn. An der Berührungsstelle des Bereichs der politischen Führung von wechselnder Konstellation und Konzeption treffen sich gewissermaßen die Exponenten zweier Ausleseverfahren. Oberhalb dieser Linie steht der nach ganz anderen Prinzipien ausgewählte Repräsentant der Politik, mit dem ganz unangefochtenen Anspruch auf Herrschaftsausübung und unterhalb steht der nach Leistung und Bewährung aufgerückte Beamte mit der Bereitschaft, den gesamten Verwaltungsapparat dem politischen Gestaltungswillen dienstbar zu machen. Wenn ich für die Auswechselbarkeit des leitenden Beamten plädiere, dann keineswegs aus dem Grund, daß politische Spitze und leitender Beamter das gleiche politische Gebetbuch haben müßten. Sie müssen aber an dieser entscheidenden Stelle sich zu einem Tandem formieren können. Auf die volle Funktionsfähigkeit kommt es an. Wenn diese nicht gewährleistet ist, könnte beispielsweise der leitende Beamte mit Hilfe von Vorzimmer und persönlichem Referenten auf die Routinearbeit abgelenkt oder umgekehrt die politische Spitze der Orientierungslosigkeit ausgeliefert werden. Das darf nicht sein. Das vollkommene Zusammenspiel zwischen den Exponenten von Regierung und Verwaltung ist im Staatsinteresse notwendig. Minister und Staatssekretär „müssen es miteinander können", wie man im Jargon sagt. Das ist oft keine Frage des politischen Standorts, sondern sehr viel öfter ein rein menschliches Problem. Deswegen plädiere ich aus voller Überzeugung für die Möglichkeit der einstweiligen Ruhestandsversetzung des Staatssekretärs. Aber nur aus diesem Grund! Wenn in einem der maßgeblichen Kommentare des Beamtenrechts[12] zu lesen ist, „daß die Staatssekretäre zu den politischen Beamten gehören, seit diese Stellen Gegenstand von Verhandlungen bei der Regierungsbildung sind", dann werden hier m. E. Ursache und Wirkung miteinander vertauscht. Weil eben der rechtliche Status es erlaubt, wurden die politischen Beamten im Laufe der Entwicklung immer mehr in die Koalitionsarithmetik einbezogen. Wer meine Argumentation akzeptiert, wird dem sogenannten Proporzdenken bei dieser Frage nicht die entscheidende Rolle beimessen. Ob die auf Bundesebene eingeleitete Entwicklung auf die Dauer zur Differenzierung zwischen dem permanenten und dem parlamentarischen Staatssekretär führen wird, bleibt abzuwarten. Auf Grund der bisherigen Diskussion und der Fassung des Gesetzes[13]

[12] Plog-Wiedow, Bundesbeamtengesetz, Hermann-Luchterhand-Verlag Neuwied, 1966 (Loseblattsammlung), Anm. 2, Buchst. a zu § 36 BBG.

[13] Bundesgesetz über die Rechtsverhältnisse der Parlamentarischen Staatssekretäre vom 6. 4. 1967 (BGBl. I S. 396).

möchte ich keine Prognose riskieren. Sollte jedoch keine eindeutige Abgrenzung der Kompetenzen vorgenommen werden, dann wird unser Problem an der Nahtstelle eher verkompliziert als vereinfacht. Ich habe sogar die Befürchtung, daß ein Dreiecksverhältnis starken Zündstoff für Konflikte in sich birgt.

Der politische Proporz hat auf der Führungsebene seinen Sinn und seinen Platz. Wer ihn aus prinzipiellen Erwägungen auf die Staatssekretärsebene verschiebt, muß sich darüber im klaren sein, daß einerseits die Schlagkraft der Verwaltungsorganisation an einer empfindlichen Stelle getroffen wird und daß andererseits die hergebrachten Grundsätze des Berufsbeamtentums, wie Prüfung, Bewährung und Leistung von — wie soll ich es ausdrücken? — anderen Beurteilungsfaktoren oder Qualifikationsmerkmalen durchsetzt oder gar verdrängt werden könnten.

Im Mittelpunkt meiner Ausführungen stellt sich die Frage, wie die Beziehungen zwischen der politischen Spitze und dem leitenden Beamten zu gestalten sind. Zur Beurteilung wären zunächst die Vorschriften des allgemeinen Beamtenrechts heranzuziehen, die sich mit den Pflichten befassen, obwohl mich angesichts der Unergiebigkeit erläuternder Bemerkungen immer ein gewisses Unbehagen befällt. Aber daran sind schließlich nicht die Kommentatoren schuld. Es liegt an der Antinomie, die beispielsweise in den §§ 52 bis 60 des BBG steckt und die keine noch so geschickte Formulierung zu überbrücken oder zu verdecken vermag. Das Grundgesetz hat den Beamten das politische Terrain noch weiter geöffnet als die Weimarer Verfassung und dafür die guten Gründe der staatsbürgerlichen Freiheit und Gleichheit im Sinne gehabt. Der Gesetzgeber bemüht sich dann, das Terrain einzuengen und die politische Betätigung der Beamten in geordnete Bahnen zu lenken, weil das besondere Gewaltenverhältnis von sich aus Schranken setzt. „Der Beamte hat bei politischer Betätigung diejenige Mäßigung und Zurückhaltung zu wahren, die sich aus seiner Stellung gegenüber der Gesamtheit und aus der Rücksicht auf die Pflichten seines Amtes ergeben[14].“ Das Wort „diejenigen“ klingt genau so, als könne sich jeder Beamte an seinen fünf Fingern abzählen, was er im Falle der politischen Betätigung zu tun und zu lassen hat. Leider ist das nicht so, weil es sich in jedem einzelnen Falle um einen Menschen handelt, der nicht in den politisch interessierten und agierenden Staatsbürger und in den funktionierenden Beamten gespalten werden kann. Von dem politischen Zölibat des Beamten halte ich nichts, weil — wie wir Menschen mit unseren Interessen, Neigungen und Ambitionen nun einmal ausgestattet sind — sehr leicht aus dem öffentlich bekennenden Parteimitglied der verborgene Drahtzieher werden könnte. Trotzdem sollte der leitende Beamte sich nicht auf politische Hausmacht

[14] § 53 BBG.

stützen, gleichgültig, ob es sich um Stützpunkte innerhalb einer Partei oder in einer benachbarten Organisation handelt. Der Chance des politischen Kraftaktes sollte er sich auf jeden Fall begeben, auch wenn damit der Vorteil verbunden sein könnte, dann und wann im Interesse der politischen Spitze gegenüber politischen Ambitionen der gleichen Couleur aufzutrumpfen. Das Geschäft muß er seinem vorgesetzten Politiker überlassen. Auch nimmt es sich schlecht aus, wenn der leitende Beamte Funktionen in Interessenverbänden, Gewerkschaften, kommunalen Spitzenverbänden oder sonstigen Organisationen unserer pluralistischen Gesellschaft inne hat oder gar unterschwellig von diesem Nutzen Gebrauch macht. Eigentlich hat er für derartige Betätigungen keine Zeit, wenn er sich mit voller Hingabe seinem besonders herausgehobenen Beruf widmet[15]. Mit dem Dilemma, das sich aus innerem Ruf und politischer Neigung und dem selbsterwählten Beruf ergibt, muß er auf jeden Fall selber fertig werden. Den besten Beitrag zur Lösung des Problems kann nicht der Gesetzgeber mit ausgeklügelten Normen, sondern der Dienstherr leisten, wenn er pflichtbewußte Beamte zu erziehen versteht.

Noch viel mehr als der Beamte der Linie ist der Beamte in leitender Position diesem Konflikt ausgesetzt. Gelegentlich kann er Halt und Richtung in den Vorschriften der Geschäftsordnung finden. Da ist geregelt, ob der Staatssekretär den Minister in Regierungs- oder in Ressortangelegenheiten vertritt, ob er an den Kabinettssitzungen mit oder ohne Stimmrecht teilnimmt, wann er Abordnungen empfängt und wann er den Minister im Parlament und seinen Ausschüssen oder gar in der Öffentlichkeit vertritt. Die Geschäftsordnung regelt eigene Zeichnungsbefugnis und Mitzeichnung und zuweilen die Vorlagepflicht an die politische Spitze. Trotzdem vermag auch die vollständigste Geschäftsordnung keine Patentlösungen für jeden Fall der Vertretung oder Mitwirkung zu liefern. Wie, mit welchem Akzent und welchem Engagement der leitende Beamte das besorgt, dafür vermag keine Geschäftsordnung und keine Dienstanweisung verbindliche Regelungen zu treffen.

Immer hat er die Nase im politischen Wind, beurteilt das politische Klima oder betätigt selber bewußt oder unbewußt — das hängt vom Temperament ab — die Klimaanlage. Seinem Chef soll er resümieren, die Politiker aus Koalition und Opposition korrekt informieren und seine Mitarbeiter vollständig orientieren und dirigieren, um dann beim abendlichen Stehkonvent vor Mitternacht unverbindlich zu konvenieren. Ständig muß er auf dem schmalen Grad zwischen amtlicher Ehrlichkeit und politischer Zweckmäßigkeit balancieren. Bei dieser Akrobatik soll er dann auch noch reüssieren. Ich möchte damit nur sagen, daß der Pflichtenkatalog des Beamtenrechts für den leitenden Beamten weit weniger Halt

[15] § 54 Satz 1 BBG.

bietet als für seine Kollegen in der Linie, zumal bei ihm alles eher auf die sogenannte Goldwaage gelegt zu werden pflegt. Auch Geschäftsordnung und Dienstanweisung verleihen nicht letzte Sicherheit. Hier kommt es schließlich auf etwas an, was Normen nicht zu erzeugen vermögen, nämlich Gesinnung und Haltung. Trotz der sehr individuellen Ausgestaltung des Verhältnisses des leitenden Beamten zur politischen Spitze in jedem einzelnen Falle gibt es eine Reihe von persönlichen Momenten und sachlichen Elementen, die zwar keiner rechtlichen Regelung zugänglich, dafür aber aus der Erfahrung heraus als unerläßlich für eine gedeihliche Zusammenarbeit bezeichnet werden müssen.

Zu den persönlichen Momenten, die ganz entscheidend das Verhältnis zwischen der politischen Spitze und dem leitenden Beamten gestalten und sozusagen die richtige Kondition für ein erfolgreiches Tandem schaffen, gehört in erster Linie das wechselseitige Vertrauen, also mehr — so meine ich — als eine kühle Sachlichkeit oder die zeitweise im Sterilisationsapparat hitziger Auseinandersetzung erneuerte keimfreie Loyalität. Das setzt voraus, daß der Politiker in seinem ersten Mitarbeiter mehr sieht als einen von Zeit zu Zeit benötigten Oberjustitiar oder gar Registrator und daß umgekehrt der Spitzenmann des dem Hause zugeordneten öffentlichen Dienstes die Eigengesetzlichkeit des Politischen erkennt und anerkennt und nicht nur achselzuckend erträgt. Das Wesen der Politik ist ein Thema für sich, nicht erst seitdem sich an dem Schema des Freund-Feind-Verhältnisses die Gemüter erhitzt haben, so daß ich mich — weil es für meinen Zweck genügt — auf die unbestrittene Feststellung beschränken möchte, daß in unserer freiheitlichen Demokratie die Politik in der Kunst besteht, mit Hilfe der verschiedenen Gruppen und Kräfte eine am Gemeinwohl orientierte Ordnung auf Dauer im Staat herzustellen. Da für diese Aufgabe nach Temperament und Neigung in erster Linie Leute geschaffen sind, die im Rahmen der verfassungsmäßigen Ordnung bis zum Erfolg der Überzeugung die Bevölkerung zu bewegen verstehen, müßte es eigentlich selbstverständlich sein, daß politische Karrieren nicht am Laufbahndenken gemessen und die politisch arrivierten Persönlichkeiten respektiert werden, auch wenn eins oder mehrere oder alle Qualifikationsmerkmale der Karriere fehlen. Das Geschäft des Politikers vermöchte der vorbildlich vorgebildete Beamte allein auf Grund dieser Qualifikation nicht zu besorgen. Deswegen soll der leitende Beamte seinem politischen Chef vorbehaltslos entgegentreten, erst recht, wenn er es mit einem Mann von Elan und Engagement zu tun hat.

Was der leitende Beamte in dieses Vertrauensverhältnis einzubringen hat, sind nicht nur Aktenkenntnis und Formulierungskunst, sondern die spezifischen Qualitäten eines ganzen Dienstbereichs oder eines ganzen Verwaltungszweiges, die weniger aus Standesbewußtsein und Prestigebedürfnis, sondern aus Berufserfahrung und dem Willen zum Dienst bestehen, was wiederum den Eigenwert der vielbeschriebenen Bürokratie ausmacht. Wenn zwei Persönlichkeiten es verstehen, die Eigengesetzlichkeit des Politischen mit dem Eigengewicht der Bürokratie an der Nahtstelle von Politik und Verwaltung in der rechten Weise zusammenzufügen, dann ist die Voraussetzung für eine persönliches Vertrauensverhältnis geschaffen, das auch großen Belastungen gewachsen ist. Nur allzuoft zielen gerade auf diese Nahtstelle die Attacken nicht nur der oppositionellen Kräfte, sondern aller Opponenten in- und außerhalb des Parlaments, denen eine Entscheidung oder Maßnahme nicht gefällt, hinter der sie allzuviel administrativen Einfluß vermuten. Wenn trotz dieser Attacken das Vertrauensverhältnis nicht ins Wanken gerät, dann wird der Politiker seinem Amtschef Deckung gewähren, obwohl eine Maßnahme aus taktischen oder sachlichen Gründen nicht hundertprozentig seinen Beifall findet und der leitende Beamte wird den Mut zum selbständigen Handeln nicht verlieren, auch wenn er keine Weisungen zur Hand hat und nur kraft seines Einfühlungsvermögens eine politische Situation im Parlament oder in der Öffentlichkeit bona fide zu meistern versucht. Es soll sogar Beispiele dafür geben, das auftragsgemäß auf Erkundungsritt befindliche Beamte im Falle des Mißerfolgs den Tadel unbewegt eingesteckt haben, wenn sie des Vertrauens absolut sicher sein können. Zuweilen scheint es nötig, daß der Bürokrat der Katze die Schelle anhängt, bevor die politischen Glocken zu läuten beginnen. Derartige „Manöver" sind aber nur möglich, wenn das Verhältnis zwischen politischer Spitze und leitendem Beamten nicht nur intakt, sondern auch von dem Willen getragen ist, das gesteckte Ziel um der Sache willen zu erreichen.

Der Wille des politischen Spitzenmannes beherrscht den Dienstbereich nach seiner Mentalität und nach seinem Stil uneingeschränkt; daß dies in ungestörter Weise geschieht, gehört ebenfalls zu den Aufgaben des leitenden Beamten, der bestrebt sein muß, auch insoweit für seinen Vorgesetzten das notwendige Verständnis zu schaffen. Worauf ich hinaus will, ist rasch begreiflich gemacht: Der eine bevorzugt die persönliche Information, das Gespräch mit den Mitarbeitern und die Diskussion bis zur Entscheidungsreife; der andere pflegt nach gründlichem Aktenstudium unter Berücksichtigung schriftlicher Voten seine Entscheidungen zu treffen. Der eine ist ein Mann impulsiven Temperaments, der schnelle Entscheidungen liebt, der andere pflegt in sorgfältiger Weise abzuwägen und zuweilen eine Nacht darüber zu schlafen. Ob er es mit einer impulsiven oder kontemplativen Natur zu tun hat, der leitende Beamte muß auf die individuelle Mentalität eingehen — und ebenso auf den Stil des Auftretens in der Öffentlichkeit. Der eine liebt es, mit einem kräftigen Paukenschlag die Ouvertüre zu beginnen, der andere zieht es vor, im Pianissimo das Spiel einzuleiten, um im farbenreichen Krescendo den

Paukenschlag an den Schluß zu setzen. Das alles ist Sache des politischen Dirigenten. Sein Konzertmeister sollte nicht den Ehrgeiz haben, mit eigenwilligen Interpretationskünsten zu verstehen zu geben, daß er eigentlich für diesen oder jenen Ton verantwortlich ist. Der Erfolg oder Mißerfolg geht in jedem Falle auf das Konto des Dirigenten.

Zu diesen persönlichen Akzenten im Verhältnis der politischen Leitung zur administrativen Spitze kommen aber auch noch einige sachliche Elemente, die ebenfalls einer Reglementierung nicht zugänglich und dennoch für das Funktionieren außerordentlich wichtig sind. Auf drei Punkte möchte ich eingehen:

Erstens: Der leitende Beamte muß über die Fähigkeit verfügen, die gesamte Organisation des Amtes und der nachgeordneten Behörden den Intentionen der politischen Spitze verfügbar zu machen. Ich lege großen Wert darauf, gerade in diesem Punkt richtig verstanden zu werden. Es handelt sich nicht darum, den Apparat unzulässigen parteipolitischen Ambitionen auszuliefern, sondern ihn für die Durchsetzung der staatspolitischen Konzeptionen und Maßnahmen bereitzustellen und bereitzuhalten. Es geht um die personellen, die sachlichen und technischen Mittel, die vorhanden sein müssen, wenn die Ziele der Politik erreicht werden sollen. In Fragen der zweckmäßigen Verwaltungsorganisation, des richtigen Einsatzes von Behördenleitern und anderem Personal, bei der Ausgestaltung der Haushalts- und Stellenpläne wird der leitende Beamte den Politikern mit seinen Vorschlägen dienen müssen, ebenso wie bei der Handhabung der rechtlichen und administrativen Möglichkeiten von der normensetzenden Verordnung über die innerdienstliche Anweisung bis zur eigentlichen Arbeitstechnik. Da ist sein eigentliches Geschäft, für das er nicht nur qualifiziert, sondern auch gerade an diese Stelle berufen worden ist. Die politische Spitze muß die Gewißheit haben, daß ihre Gestaltungsabsichten mit den vorhandenen Mitteln durchgeführt werden können und daß nicht in unzulänglicher Weise an den gestellten Aufgaben lustlos herumgestümpert wird. Wieweit der politische Exponent unter Abziehung von seinen eigentlichen Leitungsfunktionen ins Detail hinein- und hinabsteigen muß, hängt sehr wesentlich davon ab, wie der leitende Beamte seine Aufgabe löst. Der Politiker soll seinen Kopf für die Politik im Kabinett, im Parlament und in der Fraktion freihalten; in die Niederungen des Verwaltungsalltags soll er tunlichst nicht hinabgezogen werden. Er muß aber die Gewißheit haben, daß ihm kein Vorgang vorenthalten wird, für den er sich wegen des politischen Gehaltes unversehens verantworten müßte. Die Kunst der Sichtung und Siebung fällt dem leitenden Beamten zu. Wenn er die Vorlage der Tagespost möglichst umfangreich gestaltet, könnte es für dieses Verhalten zwei Auslegungen geben: Entweder es fehlt ihm an der notwendigen Verantwortungsfreude oder er möchte den Chef möglichst tief eindecken.

Ein Politiker der Weimarer Zeit hat mir einmal die Geschichte seines Amtsantritts in Berlin erzählt. Gleich am ersten Tag war sein Aktenbock überschwer mit Eingängen belegt. Dem die Agenda erläuternden leitenden Beamten erklärte mein Gewährsmann, daß er in den nächsten vier Wochen nichts anderes als die Akten der Abteilung X — es war die politische Abteilung — sehen wolle, es sei denn, er würde anderes ausdrücklich anfordern. So hat sich dieser Mann davor bewahrt, schon vor dem ersten Überblick in ganzen Aktenbergen zu ersticken.

Zweitens: Der leitende Beamte muß Gespür für politische Situationen und für die Grenzen politischer Möglichkeiten seines Vorgesetzten haben. Ihm muß ebenso daran gelegen sein, daß der Politiker den „kairos" nicht versäumt als auch, daß er nicht über das Ziel hinausschießt. Legislaturperioden sind begrenzt, Regierungsprogramme zeitlich befristet, gewisse Aktionen ihrer Effektivität wegen auf Fristen und Termine abgestellt. Der leitende Beamte mag auftragsgemäß noch so viel Arbeit in Vorlagen und Berichte unter völliger Einhaltung der Fristen investiert haben, die Abwägung der politischen Chancen steht seinem Dienstvorgesetzten zu, wobei er allerdings zur Beurteilung der Lage alle zur Verfügung stehenden Informationen und Argumente zu liefern hat. Die Situation, daß die beginnenden Parlamentsferien oder das Ende der Wahlperiode ein lang vorbereitetes Projekt scheitern lassen, ist sicher mißlich; aber deswegen in aller Eile im politischen Feld eine Entscheidung zu suchen, wenn sie wegen mangelnder Sondierung und Koordinierung oder fehlender Öffentlichkeit nicht mehr zu haben ist, heißt in ein unkalkulierbares Risiko hineinzulaufen. Ähnliches gilt für die Verhältnismäßigkeit der auf dem politischen Feld einzusetzenden Mittel. Wenn manchmal auf einen groben Klotz ein grober Keil gesetzt werden sollte, dann verbietet sich wiederum diese Methode ganz bestimmt in den Fällen, wenn man auf absehbare Zeit auf weiteres Zusammenspiel angewiesen ist. Konflikts- und Krisenlagen bleiben keinem Politiker erspart. Hier emotional zu drängen und zu treiben oder timide zu resignieren, steht dem leitenden Beamten nicht gut an. Ihm fällt es zu, sich in die Rolle des Verantwortlichen hineinzudenken, und wenn ihm seine Erfahrung oder der Einfallsreichtum einen Ratschlag gestatten, dann sollte er ihn freilich nicht in seinem Herzen bewahren, nur um es später besser gewußt zu haben.

Drittens: Aus dem bisher Gesagten ergibt sich, daß ein passiver und indolenter Erfüllungsgehilfe der politischen Spitze nicht von großem Nutzen ist. Wieweit kann sich jedoch der leitende Beamte die aktive Teilnahme an den Aufgaben der politischen Spitze erlauben? Von den gezielten Attacken auf die Nahtstelle war schon aus anderem Anlaß die Rede. Hier haben wird den neuralgischen Punkt. Ich bin davon überzeugt, daß der Politiker, wenn er einen Amtschef seiner Wahl und seines Herzens gefunden hat, nicht zögert, diesen auch in die Arkana einzuweihen, weil es kraft Sachzusammenhangs einfach erforderlich ist. Die Praxis bestätigt auch, daß sich — zuweilen ohne Rücksicht auf die couleur — Fraktionen von leitenden Beamten nicht nur über Rechtsfragen unterrichten und aufklären lassen. Die Praxis bestätigt aber auch, daß gerade die völlig intakten Beziehungen zwischen politischer Spitze und leitendem Beamten häufig politischem Mißtrauen begegnen. Es geht hierbei weder um Ruhm, noch um Rache, noch um Rankünе: Wenn es dem leitenden Beamten grundsätzlich versagt sein sollte, den Willen zur aktiven Mitarbeit, eigene Vorschläge, die Erfahrung des Hauses und schließlich die Kenntnis eines ganzen Verwaltungszweiges in die Politik einzubringen, dann bringt sich die politische Führung oberhalb der Nahtstelle um den vollen Nutzen der Bürokratie.

Ich komme zum Schluß, der aus einem einzigen, aber vollbefrachteten Satz besteht: Je mehr sich die Regierung auf ihre Staatsleitungsfunktion besinnt und konzentiert, je mehr sie dazu den in der Bürokratie vorhandenen Sachverstand in seiner ganzen Breite und Tiefe ausschöpft und die Organisation dienstbar macht, um so stärker werden sich Regierung und Verwaltung gemeinsam als die geschlossene, mit eigenem Verfassungsauftrag ausgestattete Exekutive begreifen und bestätigen, um so besser fährt — menschliche Harmonie vorausgesetzt — unser Tandem.

Aussprache zu dem Vortrag von Fritz Duppré

Bericht von Alfons Noll

Ministerialdirektor Dr. *Baer*, München, eröffnete die Diskussion mit einem Beitrag aus bayerischer Sicht. Zur dort bestehenden Institution der politischen Staatssekretäre bestimme die Bayerische Verfassung von 1946, daß jedem Staatsminister ein politischer Staatssekretär, der meistens dem Parlament angehöre, zur Seite gestellt werde, und daß auch die Leitung der Staatskanzlei einem politischen Staatssekretär übertragen werden könne (s. Art. 43 Abs. 2, 50 Abs. 2 und 52 Satz 2 BV). Er halte es auf Grund seiner zwanzigjährigen Erfahrung für richtig, daß der leitende Mann unterhalb der politischen Spitze ein Beamter sei. Die Betrauung eines nicht der Partei des Ministerpräsidenten angehörenden politischen Staatssekretärs mit der Leitung der Staatskanzlei habe sich nicht bewährt. Wenn schon beide Politiker sein sollten, müßten sie der gleichen Partei angehören.

In jedem Ministerium gebe es dann auch noch eine beamtete Spitze. *Baer* vertrat die Ansicht, daß in den rein politischen Behörden, also der Staatskanzlei und dem Bundeskanzleramt, auch der beamtete Leiter homo politicus sein und grundsätzlich auch parteimäßig mit dem Regierungschef übereinstimmen und dessen Partei angehören müsse. Er begründete diese Ansicht damit, daß gerade der Leiter dieses Amtes nicht allein Beziehungen zum Regierungschef, sondern auch zum Parlament und anderen politischen Organisationen pflegen müsse. Dies könne er insbesondere dem Parlament und der regierungstragenden Fraktion gegenüber nur dann, wenn er selbst der gleichen Partei angehöre. Zur Frage des Vertrauensverhältnisses unterstrich *Baer* seine volle Übereinstimmung mit Duppré. Es erscheine ihm wichtig, daß der leitende Beamte persönlich immer hinter seinem Chef zurücktrete. Er dürfe nicht sich selbst in den Vordergrund spielen, sondern müsse es sogar fertigbringen, gute Ideen, die sein Chef von ihm im Wege der Raterteilung erhalten habe, nicht als seine eigenen „in die Welt hinauszuposaunen".

Baer schloß seinen Beitrag mit dem Hinweis darauf, daß die augenblickliche Erziehung zum Verwaltungsbeamten zur Heranbildung des im Referat geschilderten vorbildlichen Typs des leitenden Beamten fast nichts beitrage. Es sei daher ernsthaft zu überlegen, ob die öffentliche Verwaltung nicht, ähnlich wie es in Frankreich geschehe, künftige Anwärter auf leitende Posten in besonderer Weise vorbereiten und ausbilden solle.

Professor Dr. *Ule*, Speyer, wies darauf hin, daß Bayern die Institution des politischen Beamten i. S. des § 31 BRRG nicht kenne und fragte, was geschehe, wenn ein politischer Erdrutsch eintrete und der leitende Beamte sich politisch engagiert habe. Eine Versetzung in den einstweiligen Ruhestand komme nicht in Frage, weil es dieses Institut in Bayern nicht gebe. Eine Versetzung auf andere gleichwertige Stellen sei aber praktisch auch nicht möglich, denn diese seien blockiert durch seine Kollegen, die sich in der gleichen Lage befänden. Institutionell gesehen scheine dies eine widerspruchsvolle Situation zu sein. Wenn schon der beamtete Amtschef im Ministerium politisch engagiert sein solle, dann müsse er auch mit dem „Herzog" scheiden. Andernfalls würde gerade das eintreten, was *Baer* selbst als unerfreulich bezeichnet habe: Dann müßten nämlich ein Minister und ein politischer Staatssekretär der einen Couleur mit einem leitenden Beamten der anderen zusammenwirken. Ob das bayerische und wohl auch das baden-württembergische System, die von der Voraussetzung ausgingen, daß eben immer die gleiche politische Richtung am Ruder bleibe, mit einer parlamentarischen Demokratie ganz vereinbar seien, möge dahingestellt sein. Wenn die politische Führung wechsle, könne der neue Minister wohl mit einem beamteten Amtschef, der zwar politisch engagiert sei, aber bei dem Sturz des Vorgängers nicht mitstürze, seines Erachtens nicht fertigwerden. Insoweit stimme er Duppré zu, daß man das Institut des politischen Beamten, gegen dessen Ausdehnung er im übrigen erhebliche Bedenken an anderer Stelle angemeldet habe, an der Nahtstelle brauche. Ob man es sonst benötige, vor allem in der Mittelinstanz, sei eine Frage, die hier sicherlich noch in anderem Zusammenhang diskutiert werde.

Professor Dr. *Knöpfle* warf ergänzend die Frage auf, was mit dem engeren Stab des Regierungschefs oder Ministers bei einem „Regimewechsel" geschehen solle. Zu denken sei an jene Beamtendienstränge, die nach dem Bundesbeamtenrecht nicht das „Privileg des politischen Beamten" besäßen, wie z. B. der persönliche Referent, der Leiter der Pressestelle, der Leiter des Grundsatzreferates usw. Beamte, die über die Personalabteilungen in die Umgebung des „Machthabers" kämen, seien durchwegs besonders gut beurteilt, da jeder Personalchef sich hüten werde, etwa dem Minister einen mittelmäßigen Mann als engen Mitarbeiter anzubieten. Es gehe dann aber nicht an, daß qualifizierte Beamte, die ihre Laufbahn in die Nähe des politischen Bannkreises führe, bei einem politischen Umschwung das Schicksal der Verbannung erleben müßten, nur weil sie pflichtbewußt mehrere Jahre lang auf dem Posten, auf den sie gestellt worden seien, sich voll bewährt hätten. *Knöpfle* hielt es rechtsstaatlich und beamtenpolitisch für notwendig, daß jedes „Regime" diesen engen Kreis der Mitarbeiter der politischen Spitze nicht als „Regimediener", sondern auch und gerade beim Regimewechsel als besonders qualifizierte „Staatsdiener" behandle.

In seiner Antwort auf die Frage von Professor Dr. *Ule* sprach sich Ministerialdirektor Dr. *Baer* dafür aus, auch in Bayern die Einrichtung des politischen Beamten wieder zu schaffen, ohne sie jedoch über den Kreis der Ministerialdirektoren, der Amtschefs in den Ministerien, auszudehnen.

Beigeordneter Dr. *Imroll*, Düsseldorf, wies auf die im Geleitwort in der Einladung zur Tagung angesprochenen[1] Spannungen und Konflikte hin, die „auf der einen Seite der partei- und gruppenpolitischen Neutralität der Amtsführung abträglich sein und andererseits auch den recht- und pflichtmäßig handelnden Inhaber eines öffentlichen Amtes der Gefahr von Maßregelungen aussetzen" könnten, „wenn er etwa Verhaltenserwartungen maßgeblicher politischer Kräfte nicht erfüllt". Sicherlich sei die gute Zusammenarbeit aller leitenden Beamten mit der politischen Spitze erstrebenswert. Aber das müsse nicht immer so sein. Dann gebe es für den Beamten zwei Möglichkeiten: Entweder er beuge sich im Interesse der guten Zusammenarbeit, um keinen Ärger zu haben, dem, was von politischer Seite gewünscht oder gar gefordert werde. Von seinem persönlichen Standpunkt aus gesehen sei das dann auch eine gute und harmonische Zusammenarbeit, die aber vielleicht etwas auf Kosten der Legalität und Gerechtigkeit und etwas in Richtung „Gefälligkeitsstaat" gehe. Die zweite Möglichkeit, die dann zur Spannung führe, bestehe darin, der politischen Spitze, der vielleicht gar nicht bewußt sei, was sie fordere, zu sagen, daß man eine bestimmte Maßnahme nicht verantworten könne, und zu versuchen, sie zu überzeugen. Dies sei die Handlungsweise des pflichtbewußten, rechtsstaatlich eingestellten leitenden Beamten. Dieser Konflikt, notfalls zu sagen, dies oder jenes gehe nicht, entstehe nicht nur in unserem Staat, sondern sei jahrtausendealt und müsse irgendwie ausgetragen werden. — Vor zweitausend Jahren habe Aristoteles für Leute in wichtigen Staatsämtern drei Voraussetzungen genannt, die auch noch heute gälten: „Die Männer, welche die wichtigsten Staatsämter bekleiden, müssen drei Eigenschaften haben: erstens Liebe zu der bestehenden Verfassung, zweitens die höchste Fähigkeit für die Aufgaben ihres Amtes, drittens Rechtschaffenheit und Gerechtigkeit, wie sie jede einzelne Verfassung erfordert." Was geschehe dem leitenden Beamten vielleicht, wenn er Rechtschaffenheit und Gerechtigkeit auch von der politischen Leitung fordern müsse und hiervon nicht abgehe? Walter Lippmann habe in seinem Buch „Philosophia publica" für Amerika diese Fragen eingehend behandelt. Er gebrauche dabei harte Worte und spreche davon,

---

[1] Vgl. das Vorwort des Tagungsleiters oben auf S. 9, dritter Absatz.

daß manche Politiker schon dafür sorgten, daß die maßgeblichen leitenden Beamten so ausgewählt würden, daß sie das tun, was die Politiker wollten. Er gebrauche den Ausdruck, daß sie ihre „Handlanger" seien. Das ganze Buch ziele darauf ab, den demokratischen Rechtsstaat — Lippmann spreche von Amerika — vor diesen Gefahren zu bewahren. Dieses Problem müsse, wenn es auch ein heißes Eisen sei, daher hier zur Diskussion gestellt werden.

Leitender Regierungsdirektor Dr. *Korte*, Hannover, sprach „die politische Couleur" des Staatssekretärs an: Müsse dieser dieselbe politische Einstellung wie der Minister haben oder nicht? Welche Folgen ergäben sich daraus, daß er einer anderen Koalitionspartei nahestehe? Werde er dann ausmanövriert, lahmgelegt? Habe der Staatssekretär Zugang zu Sitzungen der Parlamentsfraktion, sei die Teilnahme seine Pflicht oder ein Recht? Was geschehe, wenn die Fraktion ihm diesen Zugang bei wichtigen politischen Fragen verwehre? Wie sei es im Grenzfall, wenn der Staatssekretär vergebliche Anläufe für eine von ihm als wichtig und unausweichlich erkannte Sachfrage unternommen und daraufhin den Entschluß gefaßt habe, „den Zylinder zu nehmen"? Wieviele Staatssekretäre in der Bundesrepublik hätten seit 1945 aus Sachgründen „mit und ohne Couleur" diesen Weg beschritten?

Professor Dr. *Herzog, Berlin*, stellte die Frage nach dem Sachverstand des leitenden Beamten[2]. Es gehe nicht nur um die Frage, wie man ihn wieder losbekomme, sondern auch darum, wie man ihn zuerst bekomme. Zu prüfen sei, ob und in welchem Umfang man von den Laufbahnvorschriften absehen könne, denn es müsse zweierlei in der Person des Spitzenbeamten zusammenkommen: der Sachverstand und insbesondere die Fähigkeit, den Apparat, an dessen Spitze er stehe, gleichzuschalten, damit er dem Minister als dem politischen Organ voll zur Verfügung stehe. Diese Fähigkeit müsse er auch nachweisen. Deswegen müsse man doch die Frage stellen, ob man nicht hinsichtlich der Auswahl des politischen Beamten konkretere Regeln finden und entwickeln könne, als das bisher geschehen sei.

In seinem Schlußwort unterstrich Staatssekretär *Duppré*, daß er das Institut des politischen Beamten, das an der von ihm bezeichneten Nahtstelle seinen Sinn habe, nicht damit begründet habe, daß es notwendig sei, auf jeden Fall zwei Männer der gleichen politischen Richtung zusammenzubringen. Nach seiner Formulierung müsse es ein „Tandem" sein. Er habe darauf abgestellt, daß zwei Leute zusammenkämen, die in

---

[2] Diese Frage war Gegenstand der 34. Staatswissenschaftlichen Fortbildungstagung der Hochschule für Verwaltungswissenschaften Speyer im Jahr 1966; s. Band 30 ihrer Schriftenreihe: „Sachverstand und Verantwortung in der öffentlichen Verwaltung", 1966.

der Lage seien, im Zusammenspiel das gemeinsame Ziel zu erreichen. Er vertrete die Auffassung, daß der politische Zölibat irgendwie ins Dunkel führen könne. Er halte es auch für möglich, in eine Spitzenposition einen Beamten nach politischen Gesichtspunkten zu berufen, wenn nur sichergestellt sei, daß er überwiegend wegen seiner Sachkenntnis dahin komme. Der Politiker, der ein Ressort leite, müsse die Möglichkeit haben, den ersten Mitarbeiter nach seinem eigenen Herzen und nach seiner eigenen Neigung zu wählen. Wenn dabei dann unter anderem auch noch politische Erwägungen eine Rolle spielten, so sei das nicht zu beanstanden. Daß es dann gerade in der Staatskanzlei, wo der Ministerpräsident die Richtlinien der Politik bestimme, vielleicht angebracht sein könne, unter anderem auch Wert darauf zu legen, daß der Chef der Staatskanzlei als erster Mitarbeiter das gleiche politische Bekenntnis habe, sei verständlich. Das ändere aber nichts daran, daß das entscheidende Motiv für die Auswechselbarkeit des Beamten an der Nahtstelle nicht darin liege, „die Gleichförmigkeit der politischen Gebetbücher" zu sichern.

Duppré wandte sich sodann den Laufbahnvoraussetzungen und ihrer Auflockerung für diese Positionen zu. Hier stelle sich das Element der Bürokratie in seinem eigentlichen Kerngehalt der politischen Leitung gegenüber. Wenn man sich umsehe, seien in der Regel Beamte zu finden, die ganz normal über die reguläre Laufbahn dank ihrer Erfahrungen usw. in der Lage seien, eine Spitzenstellung voll auszufüllen. Es gebe daneben die Möglichkeit und Notwendigkeit, z. B. einen Regierungspräsidenten zum Staatssekretär zu berufen. Für solche Fälle sollten dann allerdings laufbahnrechtliche Ausnahmemöglichkeiten bestehen. Es seien derartige Tendenzen vorhanden.

Bei der Beantwortung der Frage, was der leitende Beamte tun solle, der nicht „seinen Zylinder nehmen" könne oder wolle, schied *Duppré* zunächst alle die Fälle aus, wo es um Recht und Gesetz geht. In diesen Fällen habe er eben sein Votum seinem Vorgesetzten zu präsentieren. Mehr könne er in dieser Situation nicht tun. Wenn man aber über Zweckmäßigkeit zu streiten habe, wenn es darum gehe, wie Dinge zeitlich vorangetrieben oder Erlasse ausgestaltet werden sollten, dann könne man versuchen, die politische Spitze zu überzeugen. Auf der anderen Seite bleibe aber gar nichts anderes übrig, als zu akzeptieren, daß derjenige, der die politische Verantwortung trage, auch die letzte Entscheidung treffe. Wenn wirklich einmal ein Gewissenskonflikt entstehe, so sei derjenige Beamte, der den Status des politischen Beamten habe, in der guten Lage, seinem Minister sagen zu können, er bedaure feststellen zu müssen, daß die notwendige Übereinstimmung nicht mehr bestehe, und er daher um Versetzung in den einstweiligen Ruhestand bitte. Die übrigen Beamten auf Zeit dagegen müßten sehen, wie sie mit ihrer natürlichen Ausstattung an geistigen und seelischen Kräften eine derartige Konfliktsituation bewältigten, bevor sie den letzten Ausweg, die Entlassung aus dem Dienst, suchten. Andere Möglichkeiten sehe er für diesen Fall nicht.

Für den Kreis von Angehörigen des öffentlichen Dienstes, die zum persönlichen Stab des Ministers gehörten, ohne politische Beamte im Sinne des § 31 BRRG zu sein, vertrat der Referent die Ansicht, daß bei einem Regimewechsel eine faire Verhaltensweise es gebiete, die Betroffenen gleichwertig so zu verwenden, daß sie in ihrem beruflichen Fortkommen keinen Schaden nähmen.

Abschließend ging Staatssekretär *Duppré* noch einmal auf das Vertrauensverhältnis ein, das nicht zur Voraussetzung habe, daß Minister und Staatssekretär unbedingt aus dem gleichen politischen Hause kommen müßten. Das Vertrauensverhältnis ende aber nicht beim Dienstzimmer. Der Staatssekretär müsse den Minister häufig begleiten in seine Wohnung, zu Sitzungen und allen möglichen Veranstaltungen, und hierbei sei — abgesehen von der fachlichen Qualifikation — ein Harmonieren beider wichtig. All dies könne man aber nicht reglementieren, weswegen man der Persönlichkeit, die auf Zeit zur politischen Leitung berufen sei, einen gewissen Spielraum bei der Auswahl der engsten Mitarbeiter einräumen müsse.

Staatsbehörden im politischen Spannungsfeld

Von Michael Fellner

Das Thema bedeutet einen besonderen Aspekt für das Spannungsverhältnis Verwaltung und Politik. Im allgemeinen sprechen darüber nur Vertreter des gleichen Standorts, also etwa Politiker unter sich oder Laufbahnbeamte unter sich. Auch abgesehen davon ist eine Art behutsamer Distanz am Werk. Wer aber den Gegenstand abhandeln will, muß es ohne Umschweife tun. Dem scheint nun die objektivierte Fassung des Themas mit dem Organisationsbegriff der Behörde nicht gerade entgegenzukommen. Was eine Behörde ist, läßt sich bekanntlich deshalb so schwer sagen, weil naheliegende Begriffselemente, wie Stelle, Dienststelle oder Amt ihrerseits ein Fragezeichen vor sich her tragen. Aber unser Thema kann deshalb leicht darüber hinwegsehen, weil es ihm überhaupt nur auf die Dienstkräfte ankommt, die in einer organisierten, selbständigen Einheit persönlicher und sachlicher Mittel Aufgaben des Staates erfüllen und dabei auch hoheitlich handeln. Es sind Laufbahnbeamte und Ehrenbeamte, gewählte oder ernannte, politische Beamte im technischen Sinne des Beamtenrechts, aber auch Angestellte mit entsprechenden Aufgaben. So ist der Bogen weit gespannt und eben darauf will sich die Fassung des Themas einstellen. Allerdings geht es durchweg nur leitende Dienstkräfte an, und zwar deshalb, weil im allgemeinen nur sie mit Auftrag und Verantwortung in das politische Spannungsfeld geraten. An der Spitze steht dabei der Minister. Er ist zwar nicht Beamter einer Behörde, aber er leitet eine Behörde in Gestalt seines Ministeriums und ist zudem als Ressortchef Vorgesetzter für die nachgeordneten Behörden aller Stufen. Er ist der Prototyp des Politikers, gleichgültig wie er in seiner Personalität angelegt und beschaffen ist. Das läßt sich, und zwar zugleich für den Abgeordneten, in der parlamentarischen Demokratie schon aus dem Verfassungsrecht ablesen, nachdem das Volk als Träger der Staatsgewalt die Abgeordneten in das Parlament wählt und der Minister dem Parlament mit all seinem Tun und Lassen verantwortlich ist. Wer sich entschlossen hat, ein Mandat oder Amt dieser Art anzunehmen, ist Politiker kraft Verfassungsauftrags, dazu bestimmt, nach Maßgabe der Rechtsordnung, insbesondere nach der Fundamentalnorm der Rechtsstaatlichkeit und nach dem Verfassungsprinzip der Gewaltenteilung, auf die Herrschaftsverhältnisse Einfluß zu nehmen. Wer dergestalt Macht gewinnen und ausüben will. wird aber in seiner Person und überall der Politik auch in ihrem Gegensatz zum Sachlichen und Fachlichen und in Gestalt eines Verhaltens begegnen, das von rechtlichen Bindungen zum Nutzen politischer Ziele frei sein möchte. Auf der Gegenseite einer solchen Freizügigkeit siedeln schon die staatssoziologischen Betrachtungen Max Webers den Beamten an. Demnach soll der „echte" Beamte seinem eigentlichen Beruf nach nicht Politik treiben, sondern unparteiisch verwalten. Parteinahme, Kampf, Leidenschaft sind demnach das Element des Politikers. Das Eigenschaftswort „echt", das Max Weber dem Beamten zudenkt, setzt die Existenz von Menschen voraus, die vom Typ abweichen. Ganz dasselbe muß im Einklang mit der Erfahrung bei dem Inhaber eines politischen Amtes oder Mandats mitgedacht werden. Es gibt hüben und drüben Menschen, die zwei Seelen oder die falsche in ihrer Brust tragen. Unter diesen Umständen könnte die Frage nicht wundernehmen, welchen Wert typologische Erörterungen überhaupt haben. Es wird sich aber zeigen, daß der Typus und seine Abweichung ebenso notwendige Leitlinien für das Thema sind wie Amt und Mandat. Grundlage dafür sind nicht Spekulationen, sondern Erfahrungen. Die Vorgänge, die in der Folge dafür Modelle abgeben, sind samt und sonders nicht erfunden, sondern erlebt. Dabei mußte im Sinne des typologisch bestimmten Themas natürlich alles außer Betracht bleiben, was Zeichen des Regelwidrigen, des Einmaligen oder bloß Äußerlichen derart trägt, daß es die Strukturlinien des Staates und der in ihm organisierten Gesellschaft unberührt läßt.

Auf all das müssen nun sogleich bestimmte Vorgänge bei der Wahl eines Landrats die Probe bestehen. Obwohl die Kommunalverwaltung vom Thema ausgespart ist, gehört die Sache deshalb hierher, weil nach der für den Vorgang maßgebenden Landkreisordnung das Landratsamt, soweit es staatliche Aufgaben wahrnimmt, Staatsbehörde ist. Der Landrat wird als leitender Verwaltungsbeamter unmittelbar von den Kreisbürgern gewählt, ohne daß fachliche Anforderungen an die Wählbarkeit gestellt wären. Es geht nicht um Besonderheiten des Landesrechts, die keine weiterreichende Bedeutung beanspruchen könnten. Vielmehr handelt es sich darum, daß einzelne Vorgänge Allgemeingültiges offenlegen. In unserem Fall hatten sich nämlich ein Staatsanwalt und ein Mitglied des Landesparlaments um das Amt beworben. Die Werbung für den Abgeordneten war bis zur massierten Einförmigkeit gegen die Gesetzesparagraphen und den Staatsanwalt gezielt. Plakate, Inserate und Handzettel trommeln: „Juristen sind beim Amt schon vier! Wir brauchen eine offene Tür!" Paragraphenzeichen mit Raubtierzähnen verfolgen den fliehenden Bürger. Schließlich kommt der Slogan „Wer nicht zur Wahl geht, unterstützt den Staatsanwalt". Unterzeichnet hatte auch ein Mitglied des Deutschen Bundestags. Nun ist in Wahlkämpfen gewiß nicht alles als bare

Münze zu nehmen. Mancher Mittäter mag mit dem Lächeln der Auguren dabeisein. Aber auch dann bleibt noch genug des Allgemeingültigen.

Wenn das dafür maßgebende Landesgesetz den Landrat durch die Kreisbürger wählen läßt und wenn es dazu nicht die geringsten fachlichen Anforderungen an die Wählbarkeit stellt, hat es sich gewiß für den politischen Typus entschieden. Die Wahl eines Laufbahnbeamten ist sodann zwar nicht gegen den Sinn des Gesetzes, wohl aber gegen die Absicht seiner Väter. Wo sich die Wahl von Laufbahnbeamten häuft, ist zwar keineswegs das Gesetz, das heißt der objektivierte Wille des Gesetzes, verletzt, aber der Gesetzgeber könnte sich durchaus desavouiert fühlen. Der Einwand etwa, daß Richter und Staatsanwälte nicht Laufbahnbeamte im engeren Sinn der Verwaltung sind, wäre in diesem Zusammenhang nicht angebracht. Hier kommt es objektiv und zugleich ganz im Sinne der Wahlpropaganda darauf an, daß der Bewerber nicht den Typus des Politikers zu vertreten scheint und daß seine Vorbildung von der Rechtskunde bestimmt oder wesentlich mitbestimmt ist. Welchen Typ der in diesem Sinn zu verstehende Laufbahnbeamte sodann auf dem Stuhl des Landrats vertritt, hängt von ihm ab. Von seiner Aufgabe her kann er bleiben, was er ist. Hier liegen die Dinge anders als beim Minister und beim Abgeordneten. Zwar ist die Verwaltung des Landratsamts keineswegs ausschließlich Gesetzesvollzug, am ehesten noch beim staatlichen Amt, am wenigsten naturgemäß bei den Selbstverwaltungsangelegenheiten der Gebietskörperschaft Kreis oder Landkreis. Auch wird der gewählte Landrat nirgends den Gedanken an seine Wiederwahl los. Aber er kann darauf rechnen, daß sich die Wähler für seinen Typ nicht entschieden hätten, wenn sie von ihm etwas anderes erwarten wollten, als er ist. Auf erhoffte Metamorphosen hin gibt im allgemeinen niemand seine Stimme ab. Doch berichtet die Erfahrung auch einmal von einem Wandel, der über beiläufige Abweichungen hinaus ins Typologische reicht. Der als Laufbahnbeamter geprägte Bewerber gibt sich dann im Amt als der Typ des Politikers. Das hat er solange nur mit sich auszumachen, als er nicht jenen Zug des Politischen ins Amt trägt, der von rechtlichen Bindungen wegsehen möchte.

Um nun die Propaganda im Wahlkampf wieder aufzugreifen, so ist das Bedenklichste, zugleich aber das für unser Thema Aufschlußreichste die Art und Weise, wie sich Mitglieder gesetzgebender Körperschaften vom Gesetz distanzieren können. Ein Erklärungsversuch stößt alsbald auf die Praxis der Gesetzgebung. Bei der Vielfalt und Verwicklung der Aufgaben muß der einzelne Abgeordnete weithin dem Sachverstand oder der Führungsrolle anderer aus seiner Fraktion oder einer Koalition folgen. So kommt in ihm kaum das Gefühl des Mitautors am Gesetz auf, näher liegt ihm die Einrede der mehreren. Um so mehr Raum und Gewicht gewinnt die Tätigkeit, die das Parlamentsmitglied, voran der Wahlkreis- oder

Stimmkreisabgeordnete, einer eigenständigen Beziehungspflege widmet. Die Interventionen bei der Exekutive, über die sogleich im einzelnen zu sprechen sein wird, nehmen auf diese Weise überhand. So kommt es auch nicht von ungefähr, daß die Kollektivintervention der Parlamentsausschüsse in Angelegenheiten der Verwaltung ein so blühendes Dasein führt. Derart verblaßt aber im politischen Alltag des Abgeordneten, was die vornehmste Aufgabe des Parlaments ist, der Auftrag zur schöpferischen und allgemeinverbindlichen Ordnung des Zusammenlebens im Staate. Natürlich würde trotz allem keine Propaganda gerade gegen das Gesetz auftreten, wenn es sich nicht zu lohnen schiene. Da lockt die Erfahrung, daß die wenigsten Bürger dankbar der Paragraphen gedenken, wenn sie ihnen nützen. In der Regel denkt niemand freundlich an gesetzliche Bestimmungen, die Handlungsfreiheit oder Hilfe gewährleisten. Die Normen gehen aber auf die Nerven oder wecken wenigstens eine bittere Resonanz, wenn sie Freiheiten, etwa das willkürliche Bauen, beschneiden. Es ist die staatsferne Gesellschaft, auf die eine Propaganda gegen das Gesetz des Staates spekuliert. Sie tut es nicht alle Tage so offen. Die Leidenschaft des Wahlkampfes ist es, die ohne Tarnung in einer primitiven, aber eingängigen Sprache besorgniserregende Anfälligkeiten offenlegt, die da heißen: Kein Interesse am Gesetz, wenn es nicht zu Interessen paßt. Keine Tür zu Juristen, offene Tür zu einem anderen Typ.

Offene Türen wünscht, wer für sich oder andere Vorteil sucht oder Nachteil vermeiden will. Das gute Recht, sich einzeln oder in Gemeinschaft mit anderen schriftlich mit Bitten oder Beschwerden an die zuständigen Stellen und an die Volksvertretung zu wenden, ist als verfassungsmäßiges Grundrecht gewährleistet. Es verpflichtet bekanntlich nur zu einem Bescheid, der ersehen läßt, daß und mit welchem Ergebnis eine Eingabe geprüft wurde. Das genügt dem Verfassungsrecht. Für eine der Gemeinschaft verpflichtete und auf Arbeitsökonomie bedachte Verwaltung ist es zu wenig. Ihr Bescheid soll überzeugen, beruhigen, keinesfalls verärgern oder gar aufreizen. Er soll verbindlich sein, wenn man mit diesem häufig beschworenen Wort nicht den Hintergedanken an einen ungerechtfertigten Vorzug verknüpft. Wie steht es nun, wenn der Bürger nicht unmittelbar, sondern durch einen Politiker, insbesondere ein Mitglied des Bundestags oder des Landtags vorstellig wird? Schritte dieser Art sind so häufig und so nachhaltig geworden, daß die mehr resigniert als schmeichelhaft klingende Version von der Interventionsdemokratie umgeht. In der Tat begegnen die Behörden, wenn man von den Gesetzgebungsbeiträgen der Zentralstellen absieht, der Politik in dieser Gestalt am häufigsten und unmittelbarsten. Abgeordnete seufzen ihrerseits darunter. Aber es gibt bis heute keine politische Kraft, die den einmal entfesselten Strom stoppen könnte, der auch noch vom Motor des politischen Wettbewerbs angetrieben wird. So gilt es für alle Teile, mit der Aufgabe honorig fertigzuwerden. Unabdingbare Voraussetzung dafür ist, daß auf beiden Seiten die Rechtsordnung als verbindlich anerkannt und daß darüber hinaus nicht in Einzelfällen, insbesondere nicht in dem gerade aktuellen Anlaß, sondern im Allgemeinen gedacht wird. Dieses für das Gemeinwesen unentbehrliche Prinzip wird durch das Grundrecht der Gleichheit aller vor dem Gesetz überhöht. So müssen Intervenient und Behörde gleichgestimmt verfahren. Das ist leichter gesagt als getan. Wie wiederum die Erfahrung lehrt, fällt es dem Typ des Laufbahnbeamten und insbesondere des Verwaltungsjuristen leichter als dem Typ des Politikers, im Allgemeinen zu denken. Das ist entgegen dem ersten Anschein auch beim Mitglied der gesetzgebenden Körperschaft keineswegs zu verwundern. Zwar muß die allgemeinverbindliche Norm in Gestalt des formellen Gesetzes durch den Filter des Denkens im Allgemeinen gehen; denn das Gesetz soll im Gegensatz zum Verwaltungsakt nicht den Einzelfall, sondern das Leben in Gruppen und Modellen ordnen. Aber, wie wir schon gesehen haben, ist es eben gerade nicht die Gesetzgebung, die den Politiker im allgemeinen prägt. Ausnahmen bestätigen auch hier nur die Regel, der zufolge der Politiker Wert auf den Erfolg seiner Intervention legt, zumal wenn einflußreiche Gruppen oder Verbände im Spiel sind. Dabei ist eine interessante Erscheinung zu vermerken. Kaum jemand beruft sich darauf, daß der Abgeordnete nicht Vertreter seiner Partei, sondern des ganzen Volkes ist. So wenig steht die maßgebliche Verfassungsbestimmung im allgemeinen Bewußtsein des Volkes. Daher gibt sich der Bürger bei seiner Bitte um Intervention ausdrücklich oder schlüssig als Anhänger des Abgeordneten aus, den er bemüht. Gelegentlich gibt er eine solche Versicherung treuherzig Abgeordneten verschiedener Parteien. Darüber, daß die Intervention nicht die Kraft hat, eine ungerechte Sache zu einer gerechten zu machen, besteht Einigkeit. In die Verfeinerung hinein ist daraus zu folgern, daß auch in der Anwendung des freien Ermessens die Tatsache keine Rolle spielen darf, ob der Bürger unmittelbar oder durch einen Politiker, insbesondere etwa seinen Wahlkreisabgeordneten, vorstellig wird. Das ist schnell gesagt und für unanfechtbar erklärt. Man braucht sich aber nur zu fragen, wieviel Zucht unter Umständen dazu gehört, eine Intervention sachlich und rechtlich gegen persönliche Anfechtungen abzulehnen und eine Ablehnung mit Anstand hinzunehmen.

Eine besondere Rolle spielt hier die Organintervention in der Gestalt, daß das Parlament oder ein Ausschuß von sich aus oder auf eine Eingabe oder Beschwerde hin in Angelegenheiten der Exekutive einen Beschluß faßt, den die Regierung berücksichtigen soll. In verfasungsrechtlicher Beziehung steht fest, daß das Petitionsrecht keine Zuständigkeiten und Befugnisse begründet, daß es diese vielmehr bei der angegangenen Stelle voraussetzt. Das gilt auch für die Eingaben und Beschwerden, die an das

Parlament gerichtet sind. Auch Bundestag und Landtage müssen respektieren, daß die Exekutive in ihren Angelegenheiten nach dem verfassungsmäßigen Teilungsprinzip eine eigenständige Gewalt ausübt. So können Parlament und Parlamentsausschüsse Eingaben und Beschwerden in Angelegenheiten der Verwaltung nur mit der Kompetenz behandeln, die ihnen in ihrem Verhältnis zur Verwaltung zukommt, das ist die Kontrolle der Regierung. Es ist hier nicht der Ort, die darin steckenden Spannungen auszubreiten. Sie flackern immer wieder auf, gehen aber auch immer wieder im Pragmatischen unter. Die Bereitschaft der Regierung zum Arrangement verstärkt, was dabei gerne übersehen wird, in einer Art Drittwirkung die Position des Gesuchstellers oder Beschwerdeführers, zu dessen Gunsten das Parlament beschlossen hat. Ausgiebige Erfahrungen dazu hat die Wohnraumbewirtschaftung beigesteuert, als unzählige Gesuche um Zuteilung einer Wohnung an Parlamentsausschüsse gingen. Ihre Mitglieder können deshalb kein gültiges Urteil gewinnen, weil bei dem Mißverhältnis von Angebot und Nachfrage Wohnungen nur nach der Dringlichkeit der Bewerbung vergeben werden können und weil die höchste Dringlichkeit nur örtlich im Vergleich mit den anderen Bewerbern festgestellt werden kann. Der Ausschuß sieht aber nur das Anliegen des Petenten vor sich und, wenn es schwer oder hart ist, wird er von der Regierung deshalb allein Berücksichtigung verlangen. Die noch schwerer wiegenden Umstände von solchen Wohnungssuchenden, die keine Eingabe gemacht haben, bleiben derart außer Betracht. Die Position des Petenten wird also, wie man deutlich sieht, durch das Arrangement zwischen Parlament und Exekutive angehoben. Diese Art von Reflexwirkung reicht sodann bis zu den Außenbehörden. Der Leiter eines großstädtischen Wohnungsamts hat seinerzeit angeordnet, daß Beschlüssen des Landtagsausschusses für Eingaben und Beschwerden immer alsbald zu entsprechen ist. Er hat diese Maßnahme damit zu begründen versucht, daß er den Aufenthalt mit Mahnschreiben und Berichten über längere Zeiträume hinweg angesichts der davon reduzierten Verwaltungskraft seines Amtes nicht vertreten könne und wolle.

Die Figur der politischen Intervention ist es auch in der Folge, die unser Thema aufzuklären geeignet ist. Ihr Adressat ist in der Mittelstufe der allgemeinen inneren Verwaltung der Regierungspräsident. Er vertritt die Staats- oder Landesregierung in seinem Regierungsbezirk auf breitem Feld, weil in seiner Behörde das Prinzip der Einheit der Verwaltung noch so verkörpert ist wie sonst nirgends. Bei den Massenvorgängen versteht es sich von selbst, daß auch wichtigere Angelegenheiten von leitenden Mitarbeitern des Regierungspräsidenten, vielfach im Zusammenwirken mehrerer Abteilungen oder Referate, erledigt werden. Zeichnungserlasse tragen dem Rechnung. Aber soweit die Bezirksregierung im politischen Spannungsfeld steht, insbesondere bei politischen Interventionen, kommen die Dinge doch erfahrungsgemäß auf den Regierungspräsidenten zu, wenn nicht sogleich, so doch in der Schlußphase. Natürlich ist es nicht gleichgültig, wer dort steht. Das leuchtet ohne weiteres ein, soweit es sich um persönliche Qualitäten handelt. Es gilt aber auch für den Typ. Die Befähigung zum höheren Verwaltungsdienst bescheinigt eine rechtliche Schulung, die dem in der Antwort auf ein totalitäres System entwickelten Rechtsstaat entspricht. Nur die personelle Rechtsausstattung genügt unserer hochentwickelten Normenwelt. Widersprüche darin müssen sich entweder entgegen der bloßen Logik von Ziel und Mittel bewähren oder sie müssen konsequent aufgelöst werden. Der Regierungspräsident hat sachlich, gerecht, unparteiisch zu verwalten. Wenn er „jederzeit" in den einstweiligen Ruhestand versetzt werden kann, ist er in der Tat gemäß dem dafür üblichen Sprachgebrauch ein politischer Beamter, während das Wesen seines Auftrags gerade nicht von der dynamischen Politik geprägt ist. Im Gegenteil, in der Mittelstufe der allgemeinen inneren Verwaltung tut eine Konstante not. Wo fast alles in Wahlperioden und Widerrufsvorbehalten fließt, braucht es ein Minimum an Statik. Statik bedeutet erfahrungsgemäß auch Abstand in einem guten Sinn, Abstand von den ewig fließenden Wellen der Interessen und Interventionen. Das Wissen darum findet gelegentlich auch einen dezidierten Niederschlag in der Rechtsordnung. So hat das Bundesbaugesetz die Zulassung von Bauvorhaben im sogenannten Außenbereich, wo der billige Baugrund und ein abgeschiedenes Wohnen locken, nach langwierigen Beratungen zur Wahrung der öffentlichen Interessen den höheren Verwaltungsbehörden vorbehalten. Es fragt sich in der Tat ernstlich, ob eine Einreihung des Regierungspräsidenten in die Kategorie der politischen Beamten nicht ausschließlich oder doch hauptsächlich von historischen Reminiszenzen lebt. Heute ist das Amt von der Rechtsstaatlichkeit geradezu geprägt und besonders von daher auf Stetigkeit angelegt. Bayern trägt dem Rechnung; das dafür maßgebliche Landesrecht kennt den politischen Beamten allerdings überhaupt nicht.

Ganz anders verhält es sich mit den Ministerien. Sie sind zwar vom Verfassungsprinzip der Gesetzmäßigkeit der Verwaltung genauso gebunden wie die unterste und kleinste Behörde. Sie unterliegen heute auch wie die Außenbehörden der gleichen Kontrolle der Verwaltungsgerichte und nicht erst der Oberverwaltungsgerichte. Aber das Ministerium erhält seinen unzerstörbaren Stempel vom Minister. Alle Dienstkräfte sind unmittelbare Gehilfen bei einer Leistung, die der Minister nicht nur verfassungsrechtlich gegenüber dem Parlament zu verantworten, sondern auch politisch gegenüber seiner Partei, seiner Fraktion und gegenüber einem unübersehbaren Feld von Interessenten und Intervenienten zu vertreten hat. Das gilt für die tägliche Verwaltung. Das gilt auch für die Initiative zur Gesetzgebung, die zwar verfassungsrechtlich bei der Regierung steht, im Ressortministerium aber praktisch beheimatet ist. Es ist kein Wort darüber zu verlieren, wieviel dabei überall von der Persönlichkeit des jeweiligen Ministers abhängt. Der Vollblutpolitiker macht es anders als der Mann, der als Laufbahnbeamter gekommen ist und es seinem Wesen nach bleibt. Herkunft, Vorbildung, Temperament des Ministers sind es neben vielen anderen Elementen, die seinen Stil bestimmen. Die Palette für das Typenbild des Ministers ist viel weiter und bunter als die der Laufbahnbeamten, die allesamt mehr oder minder von der gemeinsamen Herkunft, Vorbildung und Fortbildung geprägt sind. Dazu wird gelegentlich selbst heute die Meinung verbreitet, daß die Ministerialbürokratie übermächtig sei und daß sich der Minister in ihrer Gewalt befindet. Die Wirklichkeit ist durchweg anders oder doch anders geworden. Richtig ist, daß sich ein politisches Spannungsfeld im Sinne unseres Themas in den Ministerien selbst befindet. Politische Ziele und Methoden können in Widerstreit geraten mit der Rechtsordnung, mit einer als bewährt empfundenen Übung oder auch mit einer als zuverlässig bewerteten Erfahrung. Es bedarf keiner Erklärung, welcher Typ eher geneigt ist, sich auf Rechtsordnung, Übung und Erfahrung zu berufen. Wieviel der Minister darauf gibt, ist seine Sache und vor allem Sache seiner Verantwortungsbereitschaft. Die darin steckende Anlage zum Dissens wäre nur dann beseitigt, wenn alle Beteiligten immer darüber einig wären, daß eine Sache nach Ziel und Weg zugleich politisch, rechtlich und sachlich in Ordnung geht. Weil das gar nicht möglich ist, wird das Spannungsfeld bleiben.

Hier ist nun ein offenes Wort über das Verhältnis des Politikers zu jenem Typ zu sagen, für den der Laufbahnbeamte repräsentativ ist. Ursprünglich ging der Beamte im Gefolge des Monarchen, war Teilhaber am Glanz oder doch am Ansehen der Monarchie. Die Minister waren Beamte des Königs und kamen zum großen oder größten Teil aus dem Kreis der Laufbahnbeamten. Als der verlorene erste Weltkrieg die Monarchie durch die parlamentarische Demokratie von Weimar ersetzte, konnte sich das geschichtlich begründete und zudem bewährte Berufsbeamtentum behaupten. Fehlhandlungen des republikanischen Beamtenkörpers wurden gerade mit Einbrüchen in die Institution des früher als makellos bewerteten Berufsbeamtentums erklärt. Dazu gibt es einen interessanten Beitrag. Max Weber kommt in seinem berühmt gewordenen Vortrag über Politik und Beruf, den er im Winter 1918/19 vor dem Freistudentischen Bund in München gehalten hat, auf die „ungeheuere" Bedeutung zu sprechen, die das geschulte Fachbeamtentum in Deutschland erreichen konnte, so daß es nicht nur die Fachbeamtenstellen, sondern auch die Ministerposten für sich beanspruchte. Im Zusammenhang damit erinnert Max Weber an eine vom Verlauf des Krieges bestimmte Aussprache über die Parlamentarisierung, die im Jahr zuvor im Bayerischen Landtag stattgefunden hatte. Teilnehmer hatten dabei geltend gemacht, daß „die begabten Leute nicht mehr Beamte werden, wenn man die Parlamentarier in die Ministerien“ setzt. Dem fügt Max Weber hinzu, die Beamtenverwaltung habe durch Abkapselung ihrer Arbeit die Parlamente auch daran gehindert, von wenigen Ausnahmen abgesehen, wirklich brauchbare Verwaltungschefs aus ihrer Mitte überhaupt heranzubilden. So lagen die Dinge und daher kommt auch das Maß nicht von ungefähr, in dem Laufbahnbeamte noch in der Weimarer Zeit Minister wurden. Der NS-Staat hat dem ein Ende gesetzt. Die Beamten hatten sich mit wenigen Ausnahmen als verfassungstreu erwiesen und den Radikalismus als Mittel zur Lösung der wirtschaftlichen und staatspolitischen Schwierigkeiten abgelehnt. Sie waren schon deshalb im ganzen mindestens zur Degradierung bestimmt. Darüber hinaus mußte der Staat überhaupt in die zweite Reihe rücken, nach dem Leitwort „Die Partei befiehlt dem Staat“. Dem Staat war nach einer gängigen Formel die Statik, der Partei aber die Dynamik des Volkslebens zugewiesen. Gemäß einem weitgesteckten Ziel sollte der Staat eines Tages sogar in der Partei aufgehen. Mittlerweile haben bewährte Politiker mit dem Titel des alten Kämpfers Staatsämter ohne Rücksicht auf Vorbildung und Vorbereitung übernommen. Aus diesen Vorgängen ist unschwer abzulesen, welche Rolle dem politisch unbeschriebenen oder gar lädierten Laufbahnbeamten auch und gerade dann verblieb, wenn er das Zeug für eine leitende Stelle hatte. Die totale Politisierung hat den Kämpfer, Genossen und Paladin auf Kosten des von sachlicher Vorbereitung und Leistung geprägten Typs in Staatsämter eingesetzt. Die Inferiorität eines undynamischen Staates, des Apparates, der Bürokratie gegenüber der Partei mit ihren Gliederungen und politischen Leitern war besiegelt. Ein Typ lehnte den anderen ab. Mißachtung, Verachtung, Feindseligkeit waren mehr oder minder getarnt am Werk. Solche Vorgänge pflegen nicht einfach in der Geschichte unterzugehen. Sie hinterlassen nicht nur ihre Spuren, sondern auch ihre Erfahrung. Dazu rechnet zweifellos auch die, daß eine Verwaltung unter einem ganz oder fast ganz politisch geprägten Chef auch schwierige Aufgaben mit Hilfe der im sogenannten Apparat steckenden Sachkunde und Erfahrung bewältigen kann. Wer die Entwicklung von der Monarchie über die Weimarer Republik bis heute erlebt hat, kann den Abschnitt des NS-Staates aus der für die Gegenwart maßgeblichen Ursachenreihe nicht wegdenken. Wie steht es nun heute? Vielleicht kann das typologische Verhältnis zwischen dem Politiker und dem leitenden Verwaltungsbeamten aus der Laufbahn bei einer Fülle von Verschiedenheiten insgesamt am ehesten als Entfremdung diagnostiziert werden. Entfremdungen sind aber keineswegs da gut, wo im Zeitalter des „Teams“ Hand in Hand gearbeitet werden muß. Es gibt ganz gewiß Aufgaben, die ohne den Motor des Politischen in der Verwaltung nicht bewältigt werden können.

Es gibt aber auch genug Vorhaben, die nicht aus sachlichen, sondern aus politischen Gründen unterbleiben oder gehemmt werden. So weiß alle Welt, daß die vielberedete Verwaltungsvereinfachung sich zwar nicht in einer Neugliederung der Verwaltungsbezirke erschöpfen darf, daß sie aber auch ohne eine solche Operation nicht wirksam ist. So erhebt sich die Frage nach der politischen Kraft, die im Angesicht der davon betroffenen Wähler einen derart einschneidenden Plan auf sich nehmen und durchsetzen will. Ein maßstäblich kleineres, aber nicht weniger überzeugendes Beispiel bietet das Krankenhauswesen. Es läge nahe, daß der Staat ein nach Schwerpunkten orientiertes Netz von Krankenhausbauten derart straff plant, daß erhebliche Abweichungen keine Aussicht auf Förderung haben, insbesondere nicht aus Mitteln des staatlichen Finanzausgleichs. Der Antrieb zu einer solchen Ordnung würde noch dadurch verstärkt, daß auch abgewürdigte Krankenhäuser eine dringliche Aufgabe zu erfüllen hätten, nämlich die Aufnahme von alten oder gebrechlichen Menschen, die nur einer Heimpflege bedürfen, aber keineswegs auf die hochqualifizierte persönliche und sachliche Ausstattung eines modernen Krankenhauses angewiesen sind. Zwar ist heute die Gefahr von Fehlinvestitionen deshalb nicht so schwerwiegend, weil der Bedarf an Krankenhausbetten fortgesetzt steigt. Das hat seine Gründe, einmal im Versagen der Familien- und Heimpflege, sodann in der Notwendigkeit der stationären Aufnahme für Diagnose und Therapie. Aber das ändert nichts an der Notwendigkeit der Planung. Wo sie trotzdem unterbleibt oder nicht folgerichtig durchgeführt wird, entscheidet die politische Rücksicht auf solche Gemeinden oder Regionen, denen aus sachlichen Gründen die staatliche Förderung zu versagen wäre.

Gemäß dem erklärten Verzicht auf Umschweife kann schließlich die Ämterpatronage nicht übergangen werden. Solange es den Staat und seine Ämter, gleichzeitig aber Parteien oder parteiähnliche Vereinigungen gibt, wird die Patronage leben. Die Behörden sind an dieser besonderen Art politischer Spannung aktiv beteiligt, soweit sie für Ernennungen zuständig sind. Sie sind es in der leidenden Form insofern, als sie derart protegierte Dienstkräfte entweder an der Spitze oder in der Arbeitsgemeinschaft haben. Gemeint sind alle Personen, die ohne eine politische Verbindung nicht ernannt oder doch nicht so verwendet würden, wie es geschieht. Hier ist der richtige Ansatz, ein Leitmotiv des ganzen Themas offenzulegen, nämlich daß es keinen vollkommenen Staat, keine perfekte Politik und keine perfekte Verwaltung gibt. Aber alles sollte möglichst gut sein, wenn das Gemeinwesen nicht in Gefahr geraten soll. So wie es dabei im allgemeinen auch auf das Maß oder Übermaß des Politischen in der öffentlichen Verwaltung ankommt, so im besonderen auf das Maß der Ämterpatronage. Erträglich ist es noch, wenn wenigstens niemand verdrängt wird, der in seiner fachlich-persönlichen Ausstattung besser ist als der begünstigte Bewerber. Dabei bieten eine mangelnde Offensichtlichkeit von Unterschieden, auch abweichende dienstliche Beurteilungen ohnehin der Politik ihre Schützenhilfe an. Dagegen wird die Hutschnur um so mehr und um so gefährlicher überschritten, je größer die Distanz in den Beurteilungsmerkmalen ist und je öfter sie gegenüber politischen Bevorzugungen unter den Tisch fällt. Hutschnur bedeutet Grenze und Warnung zugleich. Abwege der Patronage mögen mancherorts nicht auf die gleiche Weise empfunden werden wie eine illegale Bereicherung mit Geld und Geldeswert. Aber auch sie machen das Gemeinwesen labil und schüren an der Krise mit. Sie fordern die hergebrachten Grundsätze des Berufsbeamtentums und den ebenso verfassungsmäßig garantierten Zugang zum Amt nach Eignung, Befähigung und fachlicher Leistung heraus. Sie richten einen Schaden am Nachwuchs an, der mangels statistischer Erfaßbarkeit zwar übersehen werden mag, der aber keineswegs unterschätzt werden darf. Je mehr sich ein junger Mensch mit Recht zutrauen darf, um so weniger wird er sich für einen Beruf entschließen, in dem die Ämter und vor allem die Spitzenstellen des Laufbahnbeamten nach leistungsfremden Merkmalen und gar als politischer Lohn vergeben werden. Schließlich trägt eine Patronage auch nicht gerade dazu bei, Entfremdungen zwischen dem Typ des Politikers und dem Typ des Laufbahnbeamten abzubauen.

Diese Entfremdung gipfelt insgesamt darin, daß der Politiker den Beamten gern als eng und unbeweglich einschätzt, während umgekehrt die nicht immer neidlos anerkannte Beweglichkeit des politischen Typs nur unter Einschränkungen als Tugend anerkannt zu werden pflegt. Dem Maß der Entfremdung entspricht im allgemeinen auch der Mangel an Sympathie. Es gibt genug Erfahrungen dafür, daß sich ein Politiker dem Vertreter des eigenen Typs aus einer anderen, auch der gegnerischen Partei, näher fühlt als dem Typus des Laufbahnbeamten, auch wenn dieser von einem Mitarbeiter aus der engsten Umgebung repräsentiert wird. Unter solchen Umständen begleitet das Thema längst auch die Frage, wie es anders sein könnte. Dazu mag der Typus des Politikers, gar des Vollblutpolitikers, den Standpunkt vertreten, daß es sich hier um eine dialektische Spannung handelt, die nicht aufgelöst werden kann, aber auch nicht aufgelöst werden soll. Er wird sagen, daß sich der Politiker an der Macht orientieren muß und daß sein Typ davon geprägt ist. Das war nach dem Mißbrauch der Staatsallmacht und ihrem Zusammenbruch nicht mehr so klar und sicher gesagt worden. Da hat es Gespräche gegeben, bei denen auch Minister die Macht eher ihrer Bürokratie zuschreiben wollten als ihrer Politik. Erst allmählich kam die Meinung durch, daß die Macht doch nicht an sich böse sein könne, weil sie schließlich für die Durchsetzung des Guten gebraucht wird. Wo aber Macht gebraucht wird, bedeutet es in der parlamentarischen Demokratie Partei, Fraktion, Koalition und sie setzt Wählerstimmen voraus. Auch Spitzenkräfte aus der Laufbahn haben meist kein allzu großes Verständnis dafür, wenn es um Gegensätze zu Sachentscheidungen geht. Der Minister dagegen, um wiederum den Prototyp des Politikers zu präsentieren, ist durchweg aus anderem Stoff. Auch sind die Zeiten, für die Max Weber sagen konnte, daß aus dem Parlament nur ausnahmsweise ministerable Persönlichkeiten hervorgehen, längst vorbei. Abgeordnete bereiten sich auf das Ministeramt in einer Volksvertretung vor, die zum fast dauernd tagenden Arbeitsparlament geworden ist und das dafür eine große Zahl von Berichterstattern, Ausschußmitgliedern und auch Ausschußvorsitzenden braucht. Die Regierungsanwartschaft der Fraktionsführer und Ausschußvorsitzenden bringt eine Figur hervor, die dem Typ des Laufbahnbeamten vorantritt, nämlich den *Laufbahnpolitiker*. Der erfolgreiche Laufbahnpolitiker und der Anwärter darauf kommt nicht von ungefähr zu einem Abstand von dem in seiner Relation noch so bewährten Laufbahnbeamten. Der Politiker pflegt eine solche Distanz mit einem Blick in die Geschichte. Er weiß sich als siegreicher Typ und ist für alle Zeit zur Wahrung des Besitzstandes entschlossen. Natürlich wäre es absurd, heute wie zu Max Webers Zeiten zu sagen, daß begabte Menschen deshalb nicht mehr Laufbahnbeamte werden wollen, weil sie den Minister nicht erreichen können. Heute drehen sich solche Gespräche nicht um den Minister, sondern gelegentlich um den Regierungspräsidenten und schon lange nicht mehr um den Landrat. Je mehr aber die Politik den Typ des Laufbahnbeamten und seinen Leistungsstil verdrängt oder auch nur unter der verdienten Achtungsmarke spürbar oder gar verletzend einschätzt, desto geringer werden Leistungsfreude und Leistungsstärke des Beamtentums und, was noch mehr bedeutet, die Anziehungskraft für einen hochwertigen Nachwuchs sein.

Von beiden Seiten her tut, wenn auch mit verschiedenen Gewichten, eine Harmonisierung not. Motiv und Maßstab dafür setzen nicht Typen, sondern über ihnen mit einer keineswegs ausschlagbaren Verbindlichkeit die rechtliche Ordnung und das Gemeinwohl.

Der damit zu Ende gehende Versuch einer Analyse ist dem Einwand ausgesetzt, daß er zu scharf trennt und dabei die vielfältigen Gegenbeispiele, Abweichungen und Mischformen vernachlässigt. Aber es kam darauf an, durch ein politisches Spannungsfeld rationale Linien zu ziehen.

Aussprache zu dem Vortrag von Michael Fellner

Bericht von Alfons Noll

Staatssekretär *von der Groeben*, Kiel, bemerkte einleitend, man könne der Verwaltungshochschule nicht dankbar genug sein für die Durchleuchtung der Verwaltungspraxis, weil dies für eine verwaltungswissenschaftliche Erfassung notwendig sei. Er ging dann von den geschilderten Spannungen aus und stellte fest, daß sie für denjenigen, der ihnen unterworfen sei, vielleicht immer etwas schmerzlich seien. Demgegenüber dürfe aber nicht übersehen werden, daß die Psychologen auch lustvolle Spannungen kennten, und man könne sich doch fragen, inwieweit diese auch ins Positive gewendet werden könnten. Wenn er sich auch der Analyse des Referenten weitgehend anschließe, wolle er doch in einigen Punkten vielleicht etwas andere Akzente setzen. Das politische Spannungsfeld fasse Politik und Verwaltung zusammen. Politik im weiteren Sinne ende nicht im Wirkungskreis des Politikers, sondern umfasse das ganze öffentliche Leben, also auch die Verwaltung. Der Versuch, den Typ des Politikers gegen den des Verwaltungsmannes abzugrenzen, sei zwar idealtypisch und zur Orientierung des forschenden Auges nützlich und notwendig. Er könne aber auch in die Irre führen, wenn es um leitende Verwaltungsbeamte mit größerer Verantwortung gehe, in denen doch wohl immer ein Stück Politiker stecken müsse, auch wenn sie reine Laufbahnbeamte seien. Die von den Kreistagen in Schleswig-Holstein gewählten Landräte seien ausschließlich Verwaltungsjuristen, also Laufbahnbeamte, ohne daß man ihnen das Spezifikum auch eines der Politik nahestehenden Mannes absprechen könne und solle, was durchaus nicht immer im Sinne einer parteipolitischen Bindung zu verstehen sei; diese liege keinesfalls immer vor. — Es sei zwar richtig, daß im gewaltengeteilten Staatswesen die Verwaltung mehr das statische und die Politik mehr das dynamische Element verkörpere. Niemand werde den hier so beredt vorgetragenen Nutzen des konservativen Elements der Beharrlichkeit und Langlebigkeit besonders in Zeiten der labilen Gesellschaftslage mit Tendenzen zum Umsturz verkennen. Andererseits habe behördliche Verwaltung von jeher sich auch dynamisch entwickeln können. *Von der Groeben* erinnerte in diesem Zusammenhang an jenen Landrat Gerstein im Ruhrgebiet, der Wegbereiter für die Emschergenossenschaft für die Entwässerung und Bewässerung des Ruhrgebiets und nachher auch für die Gründung des großen Versorgungszentrums VEB gewesen sei.

Für sicherlich noch bedeutender hielt *von der Groeben* den Wandel des Staats- und Gesellschaftsbildes. Die Schnelligkeit dieses Wandels werde dadurch schon anschaulich, daß wir nicht mehr von der industriellen, sondern der nachindustriellen Gesellschaft sprächen. Dieser Wandel lasse sich sehr vereinfacht auf den Nenner bringen, daß der Staat nicht mehr aus einer vorgegebenen Autorität heraus als waltendes Element und Hüter der Ordnung über der Gesellschaft throne, sondern daß er sich als ein für Regulierungsbedürfnisse der pluralistischen Gesellschaft zugeschnittener Ordnungsfaktor begreife, der aber dabei doch in dieser Gesellschaft verankert und von ihr abhängig bleibe und seine Funktionen letztlich und endlich nur in Abhängigkeit oder auch in Übereinstimmung mit dieser Gesellschaft ausüben könne. Es sei doch ein Irrtum zu glauben, daß die Verwaltung von dieser Erkenntnis und Auffassung der Staatsfunktionen unberührt bleiben könne, wenn auch zunächst die Regierungsgewalt Adressat solcher veränderter Anschauungen sei. Der Prozeß des ständigen Interessenausgleichs, die Regulierung des differenzierten sozialen Lebens und die weitgehende Vorbeugung gegen Konflikte vollzögen sich ja gerade auch in der Verwaltung, erfülle ihr Leben zu einem wesentlichen Teil und müsse daher auch ihre Arbeitsweise, ihre Zielsetzung, ihre Loyalität und ihre Autarkie stark beeinflussen. Das heiße nun nicht, daß beide Bereiche, Politik und Verwaltung, ineinander übergingen. Aber ihre Berührungsflächen seien doch sehr viel größer geworden. Es gebe immer mehr Vorfälle, bei denen beide Glocken angeschlagen würden.

Von besonderer Bedeutung sei derjenige, der im Schnittpunkt stehe, also in erster Linie der Ressortminister. Er müsse die schwere Kunst beherrschen, dem politischen Amt und der administrativen Führungsaufgabe gleichermaßen gerecht zu werden. Kein Leitfaden und keine Usance hülfen ihm hier. Daher komme es wohl auch, daß das, was hier geschehe, von Ort zu Ort, von Land zu Land, von Ressort zu Ressort so unendlich verschieden sei. Der Minister werde aber seine Aufgabe sicher nicht richtig erfüllen, wenn er beispielsweise in der Morgenpost die politischen Dinge von den unpolitischen sortiere, wenn er überhaupt den Versuch unternehme, seine Verwaltungsbeamtenschaft mehr oder weniger gegen die politischen Probleme abzuschirmen. Auch solche Tendenzen gebe es. In der Diskussion über die jetzt so viel in Rede stehenden Führungsstäbe oder braintrusts sei ihm immer wieder gesagt worden, sie sollten jetzt die Stellen für die Ausarbeitung von Programmen und ihre Verankerung im politischen Raum sein. *Von der Groeben* hielt dies für außerordentlich bedenklich, wenn man bedenke, daß beispielsweise in einem Ministerium Referenten und Abteilungsleiter täglich an solchen Projekten verantwortlich zu arbeiten hätten. Sicher werde der Minister seiner Aufgabe gerecht werden, wenn er den Apparat gegen die Einwirkungen aus dem politischen Raume, wie die Interventionen usw., abzuschirmen verstehe. Vor allem aber sei es von Bedeutung, wie der Minister die Kunst des Regierens beherrsche, ob er es verstehe, seinen Beamten ein möglichst großes Maß an Verantwortung auch für politisch relevante Dinge zu lassen und sich nicht in Kleinigkeiten zu mischen.

Daß die behördliche Verwaltung sich der veränderten Lage, bei der sich Politik und Verwaltung viel stärker als früher berührten, noch nicht immer völlig bewußt geworden sei, hat nach Ansicht *von der Groebens* zwei Gründe. Einmal liege es daran, daß der Auftrag der Verwaltung im Grundgesetz keine Antwort auf die Frage finde, wie die Verwaltung ihre Ordnungsfunktionen im pluralistischen Gemeinwesen wahrzunehmen habe, und sich das Grundgesetz höchstens mit dem Hinweis auf die hergebrachten Grundsätze des Berufsbeamtentums, also mit einer doch im wesentlichen rückgewandten Schau begnüge. Dies sei Grund genug dafür, hier auch einmal den Hebel der Wissenschaft anzusetzen. Der zweite Grund sei der, daß die in der Verwaltung, besonders auch die in Spitzenstellungen Tätigen, infolge ihrer doch überwiegend formaljuristischen, überholten Aus- und Fortbildung häufig nicht das genügende Rüstzeug hätten, die modernen, so vielgestaltigen Verwaltungsprobleme mit ihrer Verharkung in den politischen Raum hinein richtig zu werten.

Eines der modernen Zauberworte heiße Kooperation. Man solle sich zwar gewiß nicht vom magischen Dunst solcher Formeln benebeln lassen. Aber damit könne gerade das Miteinander von Politik und einer in ihrer Eigenständigkeit nicht zu berührenden, in ihrem selbständigen Bereich vielleicht sogar stärker zu institutionalisierenden Verwaltung stärker herausgestellt werden. So verstanden habe Kooperation also gerade nicht den Sinn einer stärkeren Politisierung der Verwaltung und auch nicht den einer Zunahme der vom Referenten mit Recht kritisierten Intervention und Patronage, von der ein einziger Fall, wenn er grob genug sei, bei vielen der Bediensteten sehr viel Unheil stiften könne, wegen der Vorstellung, so könne es ihnen auch ergehen. *Von der Groeben* befürwortete Kooperation in dem Sinne, daß man versuche, einander besser zu verstehen und einander vielleicht zu überzeugen. Er verdeutlichte das an zwei Beispielen:

Die für den Gesetzgeber unumgängliche, detaillierte Kenntnis der Auswirkung gesetzgeberischer Tätigkeit auf die Verwaltung an der Front könne nur durch ein enges Zusammenarbeiten zwischen dem Parlament und den fähigsten Kräften dieser Verwaltung erreicht werden. Dies könne nicht durch die jetzt allenthalben im Aufbau begriffenen parlamentarischen Dienste geschehen, mit denen neben einer hier mitunter nicht voll funktionierenden Ministerialbürokratie ein weiterer zur Sterilität verurteilter Apparat entstehe. Auf dem Gebiet der Raumordnung und der planenden Verwaltung wachse der Exekutive eine weit in den empfindlichen Bereich des Parlaments vorstoßende Funktion zu, für die rechtzeitig und vielleicht in Vernachlässigung der alten Vorstellung der Gewaltenteilung eine enge Zusammenarbeit mit den eigentlichen politischen Kräften gesucht werden solle.

Kooperation zwischen Politik und Verwaltung beinhalte also größere Flexibilität in ihrem Verhältnis zueinander, gegenseitiges Vertrauen und gegenseitges Sich-Überzeugen. Die Chancen, einander auch im gegenseitigen Verständnis näher zu kommen, seien von beiden Seiten noch nicht ausgeschöpft. In einer Welt des Alpdrucks der Atomisierung und des Auseinanderlebens aller Kräfte des geistigen und technischen Spezialistentums sei es die vordringlichste Aufgabe des Politikers, die Klammer über der materiellen Diaspora und der Fachverherrlichung zu bilden. Alle Anstrengungen würden aber vergebens sein, wenn nicht alle Kräfte zusammenarbeiteten. Hier könne gerade die innere Verwaltung in Zusammenarbeit mit der Politik eine bedeutsame Rolle spielen.

Professor Dr. *Knöpfle* griff das im Referat angesprochene Stichwort von der „Interventionsdemokratie" auf: Einmal könne das Parlament oder ein Parlamentsausschuß qua Verfassungsorgan bei der Verwaltung intervenieren. Dann könne nur die Regierung Adressat sein. Damit werde die Frage der verfassungsrechtlichen Relevanz sogenannter schlichter Parlamentsbeschlüsse[1] berührt. Eine Bestimmung wie die in der Geschäftsordnung des bayer. Landtags (§ 87 Abs. 3), wonach die Regierung unter bestimmten Voraussetzungen einem Parlamentsbeschluß, mit dem ihr eine Eingabe „zur Berücksichtigung" zugeleitet werde, Rechnung zu tragen habe, begegne verfassungsrechtlichen Einwänden grundsätzlicher Art, die hier aber nicht weiter verfolgt seien. Die von Regierungspräsident Dr. Fellner erwähnte „Bereitschaft zum Arrangement" könne sich dann verhängnisvoll auswirken, wenn sie zu rechtlich bedenklichen oder gar verfassungswidrigen Praktiken und Regelungen führe. Ein bezeichnendes Schlaglicht auf das „Spannungsfeld" zwischen politischem Bereich und Verwaltung werfe eine Auseinandersetzung im Petitionsausschuß des bayer. Landtags im Juli 1948 über die Durchführung auf Berücksichtigung lautender Beschlüsse zu Eingaben in Wohnungsangelegenheiten: Gegen den Vorwurf des Ausschußvorsitzenden, die Verwaltung behandle solche Parlamentsbeschlüsse nur schleppend, berief sich der Regierungsvertreter auf die nach dem Gewaltenteilungsgrundsatz bestehende Selbständigkeit der vollziehenden Gewalt bei Einzelfallentscheidungen. Als auch der Münchner Oberbürgermeister die Meinung vertreten habe, für die Verwaltung bestehe eine rechtliche Verpflichtung zur

[1] Hierzu s. Klaus-Albrecht Sellmann, Der schlichte Parlamentsbeschluß, Berlin 1966.

Vollziehung von Ausschußbeschlüssen nicht, sei es zu erheblicher Unruhe (Zurufe: Unerhört, Diktatur, dann gehen wir nach Hause) gekommen. Trotz der Darlegungen der Stadt, daß die Übung, demjenigen Recht zu geben, der zuerst das Ohr des Landtags gewinne, „zum Gegenteil eines Rechtsstaats“ führen müsse, weil sie dessen Grundlage, eben die Gerechtigkeit, ausschalte, habe der Ausschuß beschlossen, die Staatsregierung um die Einleitung eines Disziplinarverfahrens gegen den Leiter des Wohnungsreferates wegen unzulänglicher Ausführung seiner Beschlüsse zu ersuchen[2]. Wenngleich heute „zivilere Formen“ üblich seien, sei auch heute noch, wie der Referent zutreffend dargelegt habe, die Beziehung zwischen politischem Bereich und gesetzesgebundener Verwaltung vielfach durch mangelndes Verständnis getrübt. Der Hinweis auf die Notwendigkeit des allgemeinen Gesetzes und seine Beachtung bringe in dem Kampf um Wählerstimmen eben nicht viel ein. — Die zweite Variante sei die Intervention des einzelnen Abgeordneten, die manchen Mandatsträger erheblich in Anspruch nehme. Insbesondere der Stimmkreisabgeordnete pflege sich der größeren Projekte in seinem Stimmkreis anzunehmen und werde vielfach von der Verwaltung gerne als Promotor, der an keinen Dienstweg gebunden ist, zur Unterstützung ihrer Vorhaben „eingespannt“. Umgekehrt nehmer er sich aber auch auf Bitten des Bürgers des bei der Verwaltung anhängigen Einzelfalles an und werde so zu einem ihr nicht immer angenehmen Gegenspieler. Es sei erstaunlich, daß das Verhältnis zwischen der öffentlichen Verwaltung und dem so tätigen einzelnen Abgeordneten rechtlich so gut wie nicht geordnet sei, wenn man von den Bestimmung über einen bevorzugten Empfang bei Behörden auch außerhalb der allgemeinen „Parteiverkehrszeiten“ absehe (s. z. B. § 36 Abs. 1 der bay. Allgemeinen Dienstordnung für die Staatsbehörden v. 22. 12. 53, BayBS I S. 165; mehrfach geändert). Zu fragen bleibe, ob etwa aus dem Wesen der parlamentarischen Demokratie, insbesondere aus dem Prinzip der politischen Repräsentation, ein ungeschriebenes Recht des einzelnen Abgeordneten abzuleiten sei des Inhalts, sich in allgemeinen Verwaltungsangelegenheiten seines Stimmkreises wie in Einzelfällen an die Exekutive zu wenden und, ohne Bevollmächtigter eines Beteiligten zu sein, zu Verfahren als eine Art „Vertreter des öffentlichen Interesses“ beigezogen zu werden. Zum Beispiel von Fellner, daß sich derselbe Petent vielfach an verschiedene Abgeordnete wende, gab *Knöpfle* das Gegenbeispiel, daß ein Abgeordneter, der von beiden Parteien angegangen wurde, sich in Unkenntnis seiner früheren Intervention auch für die andere Partei eingesetzt habe. — Eine Berührungsfläche eigener Art zwischen Verwaltung und politischem Bereich ergäbe sich schließlich dann, wenn ein Stimmkreisabgeordneter dem Kabinett angehöre. Wenn dieser als Abgeordneter sehr aktiv sei, könne sich ein „kurzgeschlossener Be-

[2] s. Bayer. Landtagsdienst Nr. 191 vom 6. 7. 1948, Blatt 7 ff.

hördenweg" dergestalt herausbilden, daß sich Bürgermeister und Landräte mit ihren Anliegen unmittelbar an „ihren Minister" wenden. So könne es dazu kommen, daß eine Angelegenheit zuerst an die Ministerialebene herangetragen werde, ehe die Mittelinstanz davon erfahre; bisweilen erhalte diese die Vorgänge nicht „von unten", sondern mit gewissen Intentionen „von oben".

Hinsichtlich der Ämterpatronage stellte *Knöpfle* die Frage, ob es richtig sei, hier einen großzügigen Maßstab anzulegen im Hinblick darauf, daß es eben keinen vollkommenen Staat gebe, und über derartige Erscheinungen hinwegzusehen, wenn sie sich im ganzen in tragbaren Grenzen hielten, oder ob nicht eigentlich jeder gravierende Einzelfall einer Ämterbesetzung nach unsachlichen Gesichtspunkten die Spitzen der Verwaltung unter dem politisch Entscheidenden auf den Plan rufen müsse.

Regierungspräsident Dr. *Fellner* stimmte in seinem Schlußwort Staatssekretär von der Groeben darin zu, daß natürlich auch auf der Seite des verwaltenden Typs, mindestens in den Spitzenstellungen, eine politische Affinität mitzubringen sei, wie das bei der nachwachsenden Generation mehr als früher der Fall sei. Eine politische Abstinenz oder eine radikale Abkehr von der Einsicht ins Politische halte auch er für einen kapitalen Fehler. Es sei richtig, daß in der Verwaltung leider auch Menschen arbeiteten, die sozusagen in Reagenzgläsern verwalteten und von der Realität des Politischen, das nicht immer von einer filigranhaften Subtilität einer höheren Ordnung geprägt sei, keine Notiz nehmen wollten. Das sei natürlich ein Manko. — Die Frage von Knöpfle zur Ämterpatronage beantwortete *Fellner* dahin, daß seine Auffassung von der Einsicht in die harten Realitäten dieses Daseins geprägt sei. Auch er habe eine Zeit hinter sich, in der er kompromißlos und absolut mit seinem ganzen Temperament verkündet habe, daß die Ämterpatronage in allen Fällen illoyal, rechtswidrig, unmoralisch und vor allem wegen der Wirkungen auf den Nachwuchs vernichtend sei. Wenn gravierende Unterschiede in den dienstlichen Beurteilungen nicht hart dagegenständen, würde er jedoch heute als Realist kein allzu großes Lamento schon aus dem pragmatischen Grund anheben, weil die Dinge gar nicht in den Griff zu bekommen seien, da vieles hier unterschwellig hinzukomme, ohne jedoch ein Plädoyer für die Ämterpatronage halten zu wollen. Wenn man schon nicht in der Lage sei, eine „Zwei" oder „Drei" in dem schülermäßigen Beurteilungssystem sozusagen mit der Präzision eines „Goldenen Schusses" zu verteilen, dann entzöge es sich auch der Kritik, wenn der Politiker sage, daß er es viel besser verstehe, da hier Kräfte am Werk seien, die er gebührend hoch einschätze. Im übrigen werde er demnächst Gelegenheit nehmen, gegen das bestehende Beurteilungssystem, das erstens einmal reifer Menschen unwürdig sei und überdies von niemandem mit gutem Gewissen ausgeübt und ertragen werden könne, zu Felde zu ziehen.

Politische Betätigungsfreiheit und dienstrechtliche Loyalitätspflicht

Von Johann Schmidt

I.

Den Beamten und Richtern sind in der Ausübung der Grundrechte und damit auch in der Wahrnehmung der aus den Grundrechten sich ergebenden politischen Betätigungsfreiheit *Beschränkungen* auferlegt. Das ist keine neue Erkenntnis, sondern wohl allgemeine Meinung[1]. Es sind allerdings unterschiedliche Begründungen dafür anzutreffen, die im einzelnen hier nicht darzulegen sind. Nur soviel sei gesagt, weil es mir für den Umfang der Beschränkungen darauf anzukommen scheint: Entgegen einer im beamtenrechtlichen Schrifttum und auch in der Rechtsprechung immer wieder vertretenen Meinung[2] ist es meines Erachtens verfehlt, aus der Tatsache des freiwilligen Eintritts in das Beamten- oder Richterverhältnis einen rechtlich relevanten Verzicht auf die Ausübung von Grundrechten herzuleiten. Es ist auch nicht notwendig, den Begriff des besonderen Gewaltverhältnisses zur Rechtfertigung der Beschränkungen ins Feld zu führen, einen Begriff, der ohnehin neuerdings zum Teil auf heftige Ablehnung stößt[3], wobei es hier offenbleiben kann, ob diese Ablehnung berechtigt ist.

Die Antwort auf die Frage nach dem Rechtsgrund für die Beschränkungen und nach deren Umfang ergibt sich unmittelbar aus dem Grund-

---

[1] s. u. a. Plog-Wiedow, Bundesbeamtengesetz, Hermann-Luchterhand-Verlag Neuwied, 1966 (Loseblattsammlung), Rd.Nrn. 14, 15 zu § 2; Fischbach, Bundesbeamtengesetz, 3. Aufl., 1964, Carl-Heymanns-Verlag, Bd. I Einleitung C I, II; Bochalli, Bundesbeamtengesetz, C. H. Beck'sche Verlagsbuchhandlung, 2. Aufl., 1958, Teil I, Einleitung I; Hartmann-Janssen, Bayerisches Beamtengesetz, Kommunalschriften-Verlag J. Jehle, München, 3. Aufl., 1967, Erl. 1c zu Art. 2; Hefele-Schmidt, Bayerisches Beamtengesetz, Hermann-Luchterhand-Verlag Neuwied, 1961, Erl. 3 zu Art. 2; Ebert, Das Recht des öffentlichen Dienstes, Erich-Schmidt-Verlag Berlin, 1965, Erl. B I 14.

[2] Fischbach, a.a.O., Einleitung C II; Bochalli, a.a.O., Teil I, Einleitung I; Hefele-Schmidt, a.a.O., Erl. 3 zu Art. 2; Ebert, a.a.O., B I 14; BayVGH n. F. 7, 152; OVG Rheinland-Pfalz, U. v. 11. 12. 1951, AS 1, 123 = DVBl. 1952, S. 599. Dafür, daß die Freiwilligkeit des Eintritts allein die Einschränkung von Grundrechten nicht rechtfertigt: Bundesverwaltungsgericht, U. v. 22. 2. 1962, BVerwGE 14, 21 [25]; Hartmann-Janssen, a.a.O., Erl. 1c zu Art. 2.

[3] z. B. Spanner, Anmerkung zum Urteil des OVG Münster v. 19. 7. 1962 in: DÖV 1963, S. 29/30.

gesetz. Hält man sich die überkommene Struktur des deutschen Berufsbeamtentums und des Berufsrichtertums als der Träger der vollziehenden und der rechtsprechenden Gewalt vor Augen, so ist ohne weiteres klar, daß diese Struktur ohne teilweise Beschränkung in der Ausübung der Grundrechte durch die Beamten und Richter nicht möglich ist. Man denke nur etwa an die Gehorsamspflicht, das Recht der Nebentätigkeit, die Verschwiegenheitspflicht, die — neuerdings gemilderte — Residenzpflicht, aber auch an die politische Betätigung. Wenn das Grundgesetz einerseits die Grundrechte für jeden gewährleistet, andererseits aber gleichzeitig die Übertragung der Ausübung hoheitsrechtlicher Befugnisse als ständige Aufgabe in der Regel an Berufsbeamte und Berufsrichter vorschreibt und dazu ausdrücklich bestimmt, daß das Recht des öffentlichen Dienstes unter Berücksichtigung der hergebrachten Grundsätze des Berufsbeamtentums zu regeln ist, so kann daraus nur ein Schluß gezogen werden: Das Grundgesetz selbst beschränkt die Ausübung der Grundrechte durch die Beamten und Richter in dem Maße, als dies mit Rücksicht auf die Erfüllung der diesen im Rahmen des hergebrachten öffentlich-rechtlichen Dienst- und Treueverhältnisses übertragenen Aufgaben erforderlich ist[4]. Daraus folgt zwangsläufig, daß die Beschränkung keines qualifizierten Gesetzes im Sinn des Art. 19 Abs. 1 GG bedarf und daß Beschränkungen nicht nur in bezug auf solche Grundrechte möglich sind, für die die jeweiligen Grundrechtsnormen eine Beschränkung durch Gesetz besonders zulassen. Es ist nicht einmal eine ausdrückliche Einschränkung in der Ausübung von Grundrechten durch dienstrechtliche Normen erforderlich, es genügt vielmehr schon, wenn das von dem Beamten oder Richter geforderte Verhalten einer Dienstpflicht entspricht, deren Erfüllung ohne Beschränkung in der Ausübung von Grundrechten nicht denkbar ist. Die hier vertretene Ansicht findet ihre Bestätigung mittelbar auch in der Einfügung des Art. 17 a GG. Nach dieser Vorschrift können Gesetze über Wehrdienst und Ersatzdienst bestimmte Grundrechte einschränken. Einer derartigen Ermächtigung bedurfte es deshalb, weil Art. 33 Abs. 4 und 5 GG für den Wehr- und Ersatzdienst nicht gelten und weil es auch sonst eine grundgesetzliche Vorformung des Wehrdienst- und Ersatzdienstverhältnisses nicht gibt. Anders als für die Beamten und Richter läßt sich sonach für die Soldaten und Ersatzdienstpflichtigen eine unmittelbare Beschränkung in der Ausübung von Grundrechten durch das Grundgesetz selbst nicht herleiten. Die Einfügung des Art. 17 a GG läßt übrigens auch die Auffassung des Verfassungsgesetzgebers erkennen, daß daß besondere Gewaltverhältnis für sich allein nicht ausreicht, um die Beschränkung in der Ausübung von Grundrechten zu rechtfertigen.

---

[4] In diese Richtung weist das Urteil des Bundesverwaltungsgerichts v. 22. 2. 1962, BVerwGE 14, 21 [24/25].

II.

Die *dienstrechtliche Normierung der politischen Pflichten und Rechte der Beamten und Richter* — angesichts der Vielzahl der Beamtengesetze sollen hier nur das Bundesbeamtengesetz[5], das Beamtenrechtsrahmengesetz[6] sowie das Deutsche Richtergesetz[7] betrachtet werden — hält sich in den aufgezeigten verfassungsrechtlichen Grenzen. Diese Gesetze setzen die grundsätzliche politische Meinungs- und Betätigungsfreiheit voraus, wenn sie bestimmen[8], daß die Ernennungen ohne Rücksicht auf politische Anschauungen vorzunehmen sind und daß der Beamte bei politischer Betätigung diejenige Mäßigung und Zurückhaltung zu wahren hat, die sich aus seiner Stellung gegenüber der Gesamtheit und aus der Rücksicht auf die Pflichten seines Amtes ergeben; für die Richter ist die Mäßigungspflicht dahin gefaßt, daß sie sich innerhalb und außerhalb ihres Amtes, auch bei politischer Betätigung, so zu verhalten haben, daß das Vertrauen in ihre Unabhängigkeit nicht gefährdet wird.

Die grundsätzliche politische Meinungs- und Betätigungsfreiheit wird indessen in zweifacher Hinsicht gesetzlich beschränkt. Neben die Pflicht zur Mäßigung bei der — den Beamten und Richtern freigestellten — politischen Betätigung tritt das *Verbot* einer ganz bestimmten politischen Meinung und Betätigung sowie das *Gebot* einer ganz bestimmten Haltung und Betätigung. So schreiben das Beamtenrechtsrahmengesetz[9], das Bundesbeamtengesetz[10] und auch das Deutsche Richtergesetz[11] wörtlich übereinstimmend vor, daß in das Beamten- bzw. Richterverhältnis nur berufen werden darf, wer die Gewähr dafür bietet, daß er jederzeit für die freiheitliche demokratische Grundordnung im Sinn des Grundgesetzes eintritt. Den Beamten und Richtern ist ferner die Pflicht auferlegt, sich durch ihr ganzes Verhalten zu der freiheitlichen demokratischen Grundordnung im Sinn des Grundgesetzes zu bekennen und für deren Erhaltung einzutreten[12]. Soweit diese Gesetze eine Betätigung gegen die freiheitliche demokratische Grundordnung verbieten, handelt es sich allerdings nicht um die Beschränkung einer Freiheit im Rechtssinne, weil es eine dahingehende Freiheit nach dem Grundgesetz schlechthin nicht gibt, und zwar auch nicht für die nicht im öffentlichen Dienst stehenden Staatsbür-

---

[5] In der Fassung v. 22. Oktober 1965, BGBl. I S. 1776.

[6] In der Fassung v. 22. Oktober 1965, BGBl. I S. 1754.

[7] Vom 8. September 1961, BGBl. I S. 1665.

[8] §§ 7, 35 BRRG; §§ 8, 53 BBG; §§ 39, 46 DRiG.

[9] § 4 Nr. 2 BRRG.

[10] § 7 Nr. 2 BBG.

[11] § 9 Nr. 2 DRiG.

[12] § 35 Abs. 1 Satz 2 BRRG; § 52 Abs. 2 BBG; § 46 DRiG i. V. mit § 52 Abs. 2 BBG.

ger. Das Grundgesetz hat nämlich den politischen Relativismus der Weimarer Reichsverfassung überwunden und stellt eine wertgebundene Ordnung dar. Es erklärt deshalb in seinem Art. 21 Abs. 2 solche Parteien, die nach ihren Zielen oder nach dem Verhalten ihrer Anhänger darauf ausgehen, die freiheitliche demokratische Grundordnung zu beeinträchtigen oder zu beseitigen oder den Bestand der Bundesrepublik Deutschland zu gefährden, für verfassungswidrig. Entsprechend erklärt es in seinem Art. 9 Abs. 2 andere Vereinigungen, deren Zwecke oder deren Tätigkeit sich gegen die verfassungsmäßige Ordnung richten, für verboten. Und es sieht in Art. 18 vor, daß jeder, der bestimmte Grundrechte zum Kampf gegen die freiheitliche demokratische Grundordnung mißbraucht, diese Grundrechte verwirkt.

Wenn die dienstrechtlichen Vorschriften über diese abwehrenden Normen des Grundgesetzes hinaus für die Beamten und Richter die Pflicht statuieren, sich durch ihr gesamtes Verhalten — also auch im privaten Bereich! — zu der freiheitlichen demokratischen Grundordnung im Sinn des Grundgesetzes zu bekennen und für deren Erhaltung einzutreten, so ist darin nicht eine grundgesetzwidrige Beschränkung der politischen Meinungs- und Betätigungsfreiheit zu sehen. Hergebrachte Grundsätze des Berufsbeamtentums lassen sich hierfür allerdings nicht ins Feld führen, wie gerade der Art 130 Abs. 2 der Weimarer Reichsverfassung zeigt, der allen Beamten die Freiheit ihrer politischen Gesinnung — und zwar gleich welchen Inhalts — ausdrücklich gewährleistete[13]. Das ändert indessen nichts daran, daß die Pflicht zum Bekenntnis und Eintreten für die freiheitliche demokratische Grundordnung im Sinn des Grundgesetzes sich aus dem Wesen des öffentlichen Dienstes und dessen Funktion als Träger der vollziehenden und rechtsprechenden Gewalt innerhalb der wertgebundenen Ordnung des Grundgesetzes ergibt. Es ist also davon auszugehen, daß auch in bezug auf diese Pflicht das Grundgesetz die entsprechende Beschränkung in der Ausübung der die politische Meinungs- und Betätigungsfreiheit gewährleistenden Grundrechtsnormen für die Beamten und Richter in sich trägt. Das wird besonders deutlich, wenn man sich vergegenwärtigt, daß die freiheitliche demokratische Grundordnung im Sinn des Grundgesetzes eine Ordnung ist, die unter Ausschluß jeglicher Gewalt- und Willkürherrschaft eine rechtsstaatliche Herrschaftsordnung auf der Grundlage der Selbstbestimmung des Volkes nach dem Willen der jeweiligen Mehrheit und der Freiheit und Gleichheit darstellt. Zu den grundlegenden Prinzipien dieser Ordnung sind min-

---

[13] Hinsichtlich der rechtlichen und staatspolitischen Bedeutung des Art. 130 Abs. 2 WRV und seiner Anwendung in der Disziplinarrechtsprechung ist auf die eingehenden Darlegungen von Ule in „Die Entwicklung des Beamtenrechts durch die Rechtsprechung der Verwaltungsgerichte" in der Jubiläumsschrift „Staatsbürger und Staatsgewalt", Verlag C. F. Müller, Karlsruhe 1963, Bd. II, S. 113 ff., zu verweisen.

destens zu rechnen: die Achtung vor den im Grundgesetz konkretisierten Menschenrechten, vor allem vor dem Recht der Persönlichkeit auf Leben und freie Entfaltung, die Volkssouveränität, die Gewaltenteilung, die Verantwortlichkeit der Regierung, die Gesetzmäßigkeit der Verwaltung, die Unabhängigkeit der Gerichte, das Mehrparteienprinzip und die Chancengleichheit für alle politischen Parteien mit dem Recht auf verfassungsmäßige Bildung und Ausübung einer Opposition[14].

Daß unter der Geltung der Weimarer Reichsverfassung von den Beamten ein Bekenntnis und Eintreten für solche Grundsätze nicht gefordert wurde, daß im Gegenteil durch Art. 130 Abs. 2 dieser Verfassung die politische Freiheit der Meinung jeden Inhalts gewährleistet war, hat seinen Grund nicht etwa darin, daß der öffentliche Dienst früher nicht zum Eintreten für die Verfassung verpflichtet gewesen wäre. Es liegt dies vielmehr allein daran, daß die Weimarer Reichsverfassung selbst nicht auf derartige Werte festgelegt war. Sie war politisch wertneutral, was sich insbesondere darin ausdrückte, daß sie, jedenfalls nach der damals herrschenden staatsrechtlichen Theorie und auch nach der Praxis[15] gemäß ihrem Art. 76 frei abänderbar war.

Ist somit unbedenklich davon auszugehen, daß das Gebot an die Beamten und Richter, sich zur freiheitlichen demokratischen Grundordnung im Sinn des Grundgesetzes zu bekennen und für ihre Erhaltung einzutreten, verfassungsmäßig ist, ja im Grundgesetz selbst verankert ist, so ist doch das Verhältnis dieses Gebots zum Parteienprivileg des Art. 21 GG ein nicht einfaches Problem, dem besondere Aufmerksamkeit gebührt. Erinnern wir uns, daß die Bundesregierung in einer außerordentlichen Kabinettssitzung am 19. September 1950[16] einen heute noch geltenden Beschluß erlassen hat mit dem Ziel, alle Anhänger kommunistischer oder rechtsradikaler staatsfeindlicher Organisationen aus dem Bundesdienst zu entfernen. Der Beschluß stellt zunächst fest, daß die Teilnahme an gegen die demokratische Grundordnung gerichteten Bestrebungen und Organisationen, die aktive Betätigung in ihnen oder eine Unterstützung ihrer Ziele eine schwere Verletzung der Dienstpflichten darstellt. Damit verbunden ist die Warnung vor solchem Verhalten und das Verbot der Zugehörigkeit zu derartigen Organisationen. Eine Reihe von verfassungswidrigen Organisationen, darunter die KPD und die SRP, wurde, ohne Anspruch auf Vollständigkeit, aufgezählt. Der Beschluß enthält ferner die Anweisung an die zuständigen Dienstvorgesetzten, gegen Beamte und öffentliche Bedienstete, die ihre Treuepflicht verletzen, künftig mit dem Ziel der Entfernung aus dem Dienst einzuschreiten, und die Anweisung

---

[14] BVerfGE 2, 12; 5, 140.

[15] s. das sog. „Ermächtigungsgesetz" v. 24. März 1933 (RGBl. I S. 141).

[16] GMBl. 1950, S. 93.

zu prüfen, wie weit gegen Beamte und Angestellte wegen ihres Verhaltens vor Erlaß des Beschlusses disziplinarisch vorzugehen sei. Er enthält schließlich eine Empfehlung an die Landesregierungen, sofort entsprechende Maßnahmen zu treffen. Dieser Beschluß gab Anlaß zu vielfachen Auseinandersetzungen. So hat ihn ein Rechtsgutachten der Gesellschaft zur Wahrung der Bürgerrechte e. V. Mannheim-Heidelberg[17] als mit dem Grundgesetz nicht vereinbar erklärt, während Grewe[18] und Scheuner[19] ihn in getrennten Gutachten für verfassungsmäßig hielten. Ule hingegen hat mehrfach die Auffassung vertreten[20], daß der Beschluß insoweit verfassungswidrig sei, als er auch die Betätigung für die damals noch nicht vom Bundesverfassungsgericht verbotene KPD und SRP betraf. Nun mag im Herbst 1950 die Situation besonders mißlich gewesen sein, weil damals das Bundesverfassungsgericht überhaupt noch nicht errichtet war, andererseits aber die Bundesregierung unter dem Eindruck des Koreakrieges eine akute Gefahr abwehren zu müssen glaubte. Das Problem hat aber auch heute seine Bedeutung keineswegs verloren. Man braucht sich nur vorzustellen, daß etwa das KPD-Verbot aus politischen Erwägungen wieder aufgehoben würde oder daß die Entwicklung innerhalb einer Partei Anlaß zu Bedenken gegen deren Verfassungsmäßigkeit gäbe, aber ein Verbot nicht beantragt oder nicht ausgesprochen würde.

Eine Betrachtung der Rechtsprechung des Bundesverfassungsgerichts zu Art. 21 GG läßt nur den Schluß zu, daß man Ule folgen muß. So hat das Bundesverfassungsgericht zunächst klargestellt, daß bis zu seiner Entscheidung niemand die Verfassungswidrigkeit einer Partei rechtlich geltend machen kann und daß insofern seiner Entscheidung konstutive Wirkung zukommt[21]. Das nach dem Grundgesetz bestehende Entscheidungsmonopol des Bundesverfassungsgerichts für die Feststellung der Verfassungswidrigkeit einer Partei schließt jedes administrative Einschreiten gegen den Bestand einer politischen Partei schlechthin aus, mag sie sich der freiheitlich-demokratischen Grundordnung gegenüber noch so feindlich verhalten[22]. Das in erster Linie die Parteiorganisationen schützende Privileg in Art. 21 Abs. 1 Satz 2 GG erstreckt sich auf die Funktionäre und Anhänger einer politischen Partei, soweit jene mit allgemein erlaubten Mitteln für die Partei tätig sind. Könnte diese Tätig-

---

[17] In „Politische Treuepflicht im öffentlichen Dienst“, herausgegeben vom Deutschen Bund für Bürgerrechte, Frankfurt am Main, 1951.

[18] s. oben Fußnote 17.

[19] s. oben Fußnote 17.

[20] s. Fußnote 13 sowie in der Abhandlung „Öffentlicher Dienst“ in Bettermann-Nipperdey, „Die Grundrechte“, Handbuch der Theorie und Praxis der Grundrechte, Bd. IV, 2. Halbband, S. 537 ff. [S. 604/605], Duncker & Humblot, Berlin 1962.

[21] BVerfGE 12, 296 [304/305].

[22] BVerfGE 5, 85 [140].

keit als strafbares Unrecht verfolgt werden, so würde der den Parteien durch das Grundgesetz gewährte Schutz ausgehöhlt werden. Die Zugehörigkeit zu einer politischen Partei, die nicht für verfassungswidrig erklärt ist, ist damit nicht rechtswidrig[23]. Das Grundgesetz nimmt die Gefahr, die in der Gründung oder Tätigkeit einer verfassungswidrigen Partei bis zur Feststellung ihrer Verfassungswidrigkeit besteht, um der politischen Freiheit willen in Kauf. Weil die Parteien verfassungsrechtlich relevante Integrationsfaktoren sind, schließt es die Möglichkeit aus, daß eine Partei dem Zugriff der Exekutive oder des Gesetzgebers ausgesetzt wird. Das Grundgesetz sieht aber als Korrelat der Freiheit der Parteigründung die Möglichkeit vor, daß die politische Partei für verfassungswidrig erklärt wird; die Entscheidung darüber ist aber ausschließlich dem Bundesverfassungsgericht vorbehalten. Diese Regelung enthält eine verfassungsrechtliche Grundsatzentscheidung, die auch für das Strafrecht verbindlich ist[24]. Mit Rücksicht auf diese Grundsatzentscheidung ist auch der Ausschluß eines Verfolgten von Entschädigungsleistungen nicht mit der Begründung zulässig, er habe die freiheitliche demokratische Grundordnung bekämpft, wenn sich seine Tätigkeit darin erschöpfte, im Rahmen einer noch nicht verbotenen verfassungswidrigen Partei sich für die Verwirklichung ihrer Ziele mit allgemein erlaubten Mitteln einzusetzen[25]. Das Grundgesetz mußte, wenn es die Parteien als Faktoren des Verfassungslebens anerkennt, ihren Status sichern. Dazu gehört auch die Regelung der Frage, was diejenigen, die für die Partei tätig werden, tun dürfen und was sie unterlassen müssen, solange nicht die Partei durch das Bundesverfassungsgericht für verfassungswidrig erklärt wird. Nach Art. 21 GG dürfen sie bis zum Spruch des Bundesverfassungsgerichts mit den allgemein zulässigen Mitteln im Rahmen der Partei an der politischen Willensbildung des Volkes mitwirken. Sie müssen dagegen alles unterlassen, was nach den allgemeinen Rechtsvorschriften verboten ist. Wenn sich also ihre Tätigkeit darin erschöpft, sich für die Verwirklichung der Ziele der Partei mit allgemein erlaubten Mitteln einzusetzen, so sind sie durch das Parteienprivileg auch dann geschützt, wenn ihre Partei durch spätere Entscheidung des Bundesverfassungsgerichts für verfassungswidrig erklärt wird. Die von der Verfassung eingeräumte Befugnis macht das Handeln rechtmäßig. Die Rechtsordnung kann nicht ohne Verstoß gegen den Grundsatz der Rechtsstaatlichkeit die zunächst eingeräumte Freiheit, eine Partei zu gründen und für sie im Verfassungsleben zu wirken, nachträglich als rechtswidrig behandeln. Was das Grundgesetz gestattet, kann das Strafgesetz nicht verbieten[26].

---

[23] BVerfGE 17, 155 [166].
[24] BVerfGE 12, 296 [306].
[25] BVerfGE 13, 46 [53].
[26] BVerfGE 12, 296 [306/307].

Diese Entscheidungen des Bundesverfassungsgerichts sind zwar vornehmlich in bezug auf die Strafrechtsordnung ergangen, doch rechtfertigt dies nicht etwa den Schluß, daß ihnen für das Dienstrecht der Beamten und Richter keine oder nur geringere Bedeutung zukomme. Das Parteienprivileg des Art. 21 GG kann die ihm vom Grundgesetz zugedachte Funktion nur erfüllen, wenn seine ungeteilte Geltung in allen Bereichen des Verfassungslebens sichergestellt ist. Die Zugehörigkeit zu einer vom Bundesverfassungsgericht nicht für verfassungswidrig erklärten politischen Partei oder die Betätigung für sie mit allgemein erlaubten Mitteln und in den für jegliche politische Betätigung der Beamten und Richter gezogenen Grenzen ist sonach keine Verletzung dienstrechtlicher Pflichten, und zwar auch dann nicht, wenn der Dienstherr die betreffende Partei für verfassungswidrig hält und die Beamten und Richter von seiner Auffassung in Kenntnis setzt.

Anders ist m. E. die Rechtslage hinsichtlich der nicht vom Parteienprivileg des Art. 21 GG erfaßten sonstigen politischen Vereinigungen. Nach Art. 9 GG haben zwar alle Deutschen das (Grund-)Recht, Vereine und Gesellschaften zu bilden, und § 3 Abs. 1 des Vereinsgesetzes[27] schreibt vor, daß ein unter Art. 9 GG fallender Verein erst dann als verboten behandelt werden darf, wenn durch Verfügung der Verbotsbehörde festgestellt ist, daß er sich gegen die verfassungsmäßige Grundordnung richtet. Das Grundgesetz verleiht indessen den sonstigen politischen Vereinigungen nicht wie den politischen Parteien die Bedeutung von verfassungsrechtlichen Integrationsfaktoren; für eine Gleichbehandlung besteht sonach kein Anlaß. Die Ausübung des Grundrechtes aus Art. 9 GG durch die Beamten und Richter unterliegt deshalb den bereits dargestellten Einschränkungen in gleicher Weise wie die Ausübung anderer Grundrechte.

III.

Das Recht des öffentlichen Dienstes schränkt die politische Betätigungsfreiheit der Beamten in Übereinstimmung mit dem Grundgesetz schließlich insofern ein, als es in § 35 BRRG und § 52 BBG vorschreibt, daß der Beamte dem ganzen Volke dient, nicht einer Partei, sowie daß er seine Aufgaben unparteiisch und gerecht zu erfüllen und bei seiner Amtsführung auf das Wohl der Allgemeinheit Bedacht zu nehmen hat. Dies führt auf ein weiteres, besonders wichtiges und ernstes Problem. Die *Ämterpatronage*, gleichviel ob sie nur die Versorgung einzelner oder die Beherrschung der Verwaltung durch Parteien oder Interessentengruppen

---

[27] Vom 5. August 1964, BGBl. I S. 593.

bezweckt, ist nach Art. 33 Abs. 2 und 3 GG schlechthin verfassungswidrig. Und dennoch hat sie offenbar ein erschreckendes Ausmaß angenommen. So stellt Werner Weber[28] fest, das Kommunalwesen in Kreisen und Gemeinden habe sich, vor allem in Norddeutschland, personell und sachlich weithin aus einer fruchtbaren Kooperation von Berufsbeamtentum und Bürgerschaft in eine direkte Herrschaft der örtlichen oder regionalen Parteiapparate umgebildet, die selbst die kleinsten Beamtenpersonalentscheidungen nicht aus der Hand lasse. Bernhard Wilhelm[29] spricht davon, daß sich in einigen Verwaltungen bereits die Tendenz zur Identifizierung fast des gesamten höheren Dienstes mit „Politikern im Beamtenstatus" abzeichne, d. h. eine Tendenz zur Auswahl der Bewerber, Beförderung der Beamten und Besetzung wichtiger Ämter ausschließlich nach parteipolitischen Gesichtspunkten. Angesichts solcher Äußerungen kommt einem der Leitsatz in den Sinn, den Kafka auf der Tagung der Vereinigung der Deutschen Staatsrechtslehrer über die verfassungsrechtliche Stellung der politischen Parteien im modernen Staat im Jahr 1958 aufgestellt hat[30] und der da lautet: Patronage ist mit jeder Form der Herrschaft untrennbar verbunden. Kafka hat allerdings hinzugefügt: Patronage durch politische Parteien ist keine Verletzung des Leistungsprinzips.

Eine auf Beherrschung von Ämtern oder ganzer Verwaltungen gerichtete Ämterpatronage hat notwendig zum Ziel, daß die protegierten Beamten den Interessen der betreffenden Partei oder Gruppe dienen[31]. Daß die Patronage etwa nicht die Parteilichkeit der Beamten bezweckt, sondern nur den Machtanspruch einer anderen Partei oder Gruppe hintanhalten möchte, ist zwar denkbar, doch würde dies eine Ausnahme sein, die hier außer Betracht bleiben kann. Kommen die betreffenden Beamten den Wünschen ihres „Patron" entgegen, so verletzen sie ihre Pflicht, Diener des ganzen Volkes und nicht einer Partei zu sein sowie ihre Aufgaben unparteiisch und gerecht zu erfüllen und auf das Wohl der Allgemeinheit bedacht zu sein. Denn mit jeder Partei, ganz gleich wo sie nach ihrem Programm oder weltanschaulich steht, verbindet sich begrifflich die Interessenvertretung eines Teils des Volkes, niemals des ganzen Volkes. Parteiinteressen sind notwendig partielle Interessen[32]. Das gilt auch für die Regierungsparteien. Aus dieser Sicht — und das ist besonders zu betonen — ist es unerheblich, ob der betreffende Beamte die laufbahnrechtlichen Eignungsvoraussetzungen für sein Amt besitzt. Deshalb kann

---

[28] „Die Gegenwartslage des höheren Beamtentums" in der Jubiläumsschrift „Staatsbürger und Staatsgewalt", C. F. Müller, Karlsruhe 1963, Bd. II, S. 147 ff. [151].

[29] „Verfassungswidrige Tendenzen im Recht des öffentlichen Dienstes", ZBR 1966, S. 357 ff., 361.

[30] VVDStRL Heft 17 (1959), S. 53 ff.

[31] Die sog. „politischen Beamten" (vgl. § 31 BRRG; § 36 BBG) stehen hier nicht zur Betrachtung; es ist nur von den sonstigen Beamten die Rede.

[32] Wilhelm, a.a.O. (s. oben Anm. 29), S. 361.

den Vorwurf einer unzulässigen Ämterpatronage nicht das Argument ausräumen, das Leistungsprinzip werde im konkreten Fall nicht verletzt, weil der Betreffende sämtliche fachlichen Voraussetzungen erfülle. Im Gegenteil, gerade ein fachlich besonders tüchtiger Beamter, der seine Pflicht zur Unparteilichkeit nicht ernst zu nehmen gewillt ist und Parteiinteressen dient, kann viel gefährlicher sein als ein fachlich nicht vorgebildeter Bewerber. Es ist hier bewußt von Gefährlichkeit die Rede. Greift die Ämterpatronage weiter um sich, so wird nicht nur das verfassungsrechtlich installierte und geschützte Berufsbeamtentum letztlich zerstört. Darüberhinaus wird ein Grundprinzip unserer Verfassung die Gewaltenteilung, wenn auch nicht formal, so doch faktisch ernstlich gefährdet. Den Parteien kommt es nach dem Grundgesetz zu, bei der politischen Willensbildung des Volkes, insbesondere im Zusammenhang mit den Wahlen mitzuwirken. Sie bestimmen auch die Gesetzgebung, wenngleich „ihre" Abgeordneten nach Art. 38 GG an Aufträge und Weisungen nicht gebunden und nur ihrem Gewissen unterworfen sind[33]. Schließlich haben sie legitimen Einfluß auf die Regierung und damit auch auf die Leitung der Verwaltung. Würden sie darüber hinaus die Verwaltung selbst beherrschen, so bliebe von der Gewaltenteilung nichts übrig.

Mit disziplinären Maßnahmen kann man dieser Gefahr nicht wirksam begegnen. Die Dienstpflichtverletzungen derjenigen Beamten, die sich zu Dienern von Parteien machen lassen, werden schwerlich zu ahnden sein, weil die solche Patronage betreibende Partei, sei es allein, wenn sie allein die Macht zur Patronage hat, sei es im Verein mit einer anderen Partei, mit der sie sich über einen Proporz einig ist, dies zu verhindern wissen wird. Bloße Appelle an die Einsicht der Parteien und der Beamten fruchten offenbar wenig. Warnende und beschwörende Stimmen haben sich schon viele erhoben, die Entwicklung aber kaum beeinflußt.

Ein Heilmittel könnte es vielleicht sein, von den Beamten parteipolitische Abstinenz zu verlangen. Wenn kein Beamter Mitglied einer Partei sein dürfte, würde der Druck entfallen, um des Fortkommens willen der das Rathaus oder die Verwaltung beherrschenden Partei zunächst den kleinen Finger des Parteieintritts und später die ganze Hand zu reichen. Vorschläge in dieser Richtung, die schon mehrfach gemacht wurden[34], sind jedoch aus rechtlichen Gründen nicht durchführbar. Ule

---

[33] Zu der theoretisch prinzipiellen Unvereinbarkeit des Art. 21 GG mit dem Art. 38 GG und den daraus sich ergebenden Fragen siehe die Entscheidungen des Bundesverfassungsgerichts BVerfGE 2, 72 f. und 4, 149.

[34] s. etwa Heyland, „Das Berufsbeamtentum im neuen demokratischen Staat", Walter de Gruyter & Co., Berlin 1949, S. 114; Eschenburg, „Der Beamte in Partei und Parlament", in: Kleine Schriften für den Staatsbürger, Heft 15,

meint zwar[35], ein Verbot jeglicher Betätigung für eine politische Partei verletze den hergebrachten Grundsatz der politischen Meinungs- und Betätigungsfreiheit der Beamten, es könne aber mit Art. 33 Abs. 5 GG dann vereinbar sein, wenn die Aufhebung dieses Grundsatzes nötig wäre, um die Einrichtung des Berufsbeamtentums im demokratischen Parteienstaat zu erhalten. Falls die Integrität des Berufsbeamtentums durch die Verbindung der Beamten zu den politischen Parteien entscheidend geschwächt würde und eine am Wohl der Allgemeinheit orientierte Erfüllung der den Beamten gestellten Aufgaben nicht mehr möglich wäre, so müßte den Beamten nicht nur die parteipolitische Betätigung, sondern auch die Zugehörigkeit zu politischen Parteien untersagt werden. Dem ist entgegenzuhalten: Nach dem Grundgesetz haben die Parteien die Integrationsfunktion, daß sich in ihnen und durch sie die politische Willensbildung des Volkes vollzieht. Diese Willensbildung erschöpft sich nicht in der Ausübung des Wahlrechts. Die Auseinandersetzungen über das politisch Notwendige und Zweckmäßige, die Richtungskämpfe, kurz, der Prozeß der politischen Willensbildung findet vornehmlich *in* den Parteien statt. Sie präsentieren nicht nur das Programm — hier ist nicht so sehr ein ideologisches Programm gemeint als die Festlegung der politischen Aktionen des Alltags —, sondern daneben auch die Männer, die es als Abgeordnete in den Parlamenten und als Regierungsmitglieder vollziehen. Mit der Wahl allein hat der Bürger nur die Auswahl unter dem, was andere sachlich und personell bereits festgelegt haben und fortlaufend festlegen. Zwar hat auch der Wahlzettel erzieherische Wirkungen, eine wirkliche Einflußnahme auf das politische Geschehen ist indessen nur durch aktive Betätigung in den Parteien möglich. Wenn aber das Grundgesetz den Parteien diese Funktion zuweist, so gebietet es im Grunde die staatsbürgerliche Verantwortung, sich dieses Instruments der politischen Willensbildung zu bedienen. Jedenfalls kann eine so große Zahl von Staatsbürgern, wie sie die Beamtenschaft darstellt, von der politischen Willensbildung nicht von Rechts wegen ausgeschlossen werden, ohne daß das Prinzip der Demokratie als solches entscheidend beeinträchtigt wird. Dagegen spricht nicht, daß das Grundgesetz selbst in Art. 137 Abs. 1 die gesetzliche Beschränkung der Wählbarkeit u. a. von Beamten und Richtern zuläßt. Hier handelt es sich immerhin um eine besonders qualifizierte Art der politischen Betätigung.

Es muß also ein anderes, möglichst wirksames Mittel gegen den Krebsschaden am Mark von Parteien und Staat, wie die Ämterpatronage einmal genannt wurde, gefunden werden. Wir haben in Deutschland zu schlechte

herausgegeben vom Institut zur Förderung öffentlicher Angelegenheiten, Frankfurt/Main, Alfred Metzner Verlag, Frankfurt 1952; weitere Nachweise bei Wilhelm, a.a.O., S. 361 f. (Anm. 31—36).

[35] a.a.O. (Öffentlicher Dienst), (s. oben Anm. 20), S. 654.

politische Erfahrungen gemacht, als daß wir es uns erlauben könnten, darauf zu vertrauen, das Äußerste werde schon nicht eintreten, die Entwicklung in anderen Ländern, insbesondere in Amerika und England, zeige ja bereits die Tendenz zur Besserung. Der Vorschlag von Werner Weber[36], das Amt des Bundespräsidenten um eine personalpolitische Patronanz für das Beamtentum anzureichern, dürfte wenig Erfolgsaussichten haben. Er scheint mir einmal zu sehr von der Idee beeinflußt, der Beamtenschaft den Dienstherrn wieder institutionell und personell greifbar zu machen — das wäre allenfalls für die Bundesbeamten, nicht aber für die Beamten der Länder und Kommunen verfassungsrechtlich möglich —, zum anderen aber wäre wohl das Amt des Bundespräsidenten nach seinem Wesen nicht geeignet, den notwendig harten Kleinkrieg gegen die Ämterpatronage führen zu können. Ein Vorschlag von Wilhelm[37] faßt einen Beamtenbeauftragten, ähnlich dem Wehrbeauftragten, ins Auge. Hier wären eher Möglichkeiten denkbar, solche Beauftragte des Bundes und der Länder mit Vollmachten zu versehen, die ausreichen, um die politische Betätigung der Beamten auf das zulässige Maß zurückzuführen. Eine Patentlösung bietet indessen auch dieser Vorschlag nicht an. Es wird überhaupt schwierig, wenn nicht unmöglich sein, der Ämterpatronage mit Hilfe von Institutionen zu begegnen. Entscheidend wird allein die Erziehung des Nachwuchses sein. Dazu ist es aber unerläßlich, das Bewußtsein von der Verfassungswidrigkeit der Ämterpatronage stets wachzuhalten.

IV.

Es bleibt nun noch zu betrachten, welche *Schranken der politischen Betätigung* — soweit diese nach dem bisher Gesagten erlaubt ist — dem Beamten und Richter *durch die dienstrechtliche Loyalitätspflicht* gezogen sind. Hier ist zunächst zu wiederholen, daß sich die dienstliche Tätigkeit von jeder Parteilichkeit freizuhalten hat. Im Dienst muß der Beamte seine eigene politische Auffassung zurückdrängen und loyal den Weisungen seiner Vorgesetzten nachkommen, sofern sich diese im Rahmen von Gesetz und Recht halten. Das gebietet nicht nur der § 35 BRRG, es entspricht dies auch der grundgesetzlich festgelegten hierarchischen Struktur des öffentlichen Dienstes. Dem Beamten steht im Dienst weder eine politische Führungsrolle noch eine politische Entscheidung zu, er ist vielmehr verantwortlich für die Sachgerechtigkeit des Handelns der Exekutive nach den Maßstäben des Rechts und des gemeinen Wohls. Die

[36] In Weber-Neeße-Baring, „Der Deutsche Beamte heute“, Verlag August Lutzeyer, Baden-Baden 1959, S. 22.

[37] a.a.O. (s. oben Anm. 29), S. 362.

Pflicht zum Gehorsam steht indessen kritischen Gegenvorstellungen gegen Weisungen des Vorgesetzten nicht entgegen, wenn sie nur sachlich und frei von persönlichen Angriffen sind. Der Beamte hat nämlich nicht nur die Pflicht zum Gehorsam, sondern, wie § 55 BBG ausdrücklich vorschreibt, auch die Pflicht, seine Vorgesetzten zu beraten. Hat allerdings der Vorgesetzte dann endgültig entschieden, so ist einer rechtmäßigen Entscheidung loyal Folge zu leisten. Für kritische Äußerungen, die die Weisungen des eigenen Vorgesetzten betreffen, ist sodann, vor allem in der Öffentlichkeit, kein Raum. Die Flucht in die Öffentlichkeit ist grundsätzlich als unzulässig abzulehnen. Wer sich mit seiner Auffassung bei seinen Vorgesetzten auf dem vorgeschriebenen Dienstweg und gegebenenfalls vor den Gerichten bzw. durch Ausübung seines Petitionsrechts nicht durchsetzen kann, muß dies hinnehmen. Eine Flucht in die Öffentlichkeit kann allenfalls in extremen Ausnahmefällen gerechtfertigt sein. Die Disziplinargerichte werden sorgfältig zu prüfen haben, ob den Betreffenden wirklich sein Gewissen getrieben hat oder ob er in Wahrheit nur mehr oder weniger versteckte Eigeninteressen verfolgt.

Außerhalb seiner dienstlichen Tätigkeit darf der Beamte und Richter selbstverständlich sachliche und in der Form angemessene Kritik an den Zuständen des öffentlichen Lebens üben. Es ist ihm in den genannten Grenzen auch Kritik an den Zielen oder Methoden der Regierung gestattet. Allerdings darf er nie seine Pflicht außer acht lassen, über die ihm bei seiner amtlichen Tätigkeit bekannt gewordenen Angelegenheiten, soweit diese nicht offenkundig sind oder ihrer Bedeutung nach keiner Geheimhaltung bedürfen (§ 61 BBG), Verschwiegenheit zu bewahren. Dies gilt auch bei politischer Betätigung, und zwar selbstverständlich auch gegenüber Angehörigen oder Funktionären der die Regierung tragenden Partei. So wäre es eine schwere Dienstpflichtverletzung, wenn etwa der einer bestimmten Partei angehörende Beamte eines Ministeriums, der die Ziele seines der gleichen Partei zugehörigen Ministers nicht billigt, dem Fraktionsvorsitzenden seiner Partei Mitteilung über dienstliche Vorgänge machen würde mit dem Ziel, daß die Partei den Minister zur Änderung seiner Politik veranlassen oder zwingen solle. Das gilt in gleicher Weise für die Ebene der Rathäuser. Bedauerlicherweise bleiben derartige Dienstpflichtverletzungen häufig ungeahndet, weil der betreffende Minister oder auch Stadtrat nicht selten von außen am disziplinären Einschreiten gegen den pflichtvergessenen Beamten gehindert wird.

Die dienstrechtlichen Pflichten, die die politische Betätigungsfreiheit des Beamten im übrigen beschränken, sind wohl kaum besser zu umschreiben, als dies in den §§ 35, 36 BRRG und in den §§ 53 und 54 BBG geschehen ist. Danach hat der Beamte bei politischer Betätigung diejenige Mäßigung und Zurückhaltung zu wahren, die sich aus seiner Stellung gegenüber der Gesamtheit und aus der Rücksicht auf die

Pflichten seines Amtes ergeben. Sein Verhalten innerhalb und außerhalb des Dienstes muß der Achtung und dem Vertrauen gerecht werden, die sein Beruf erfordert. Daß hier im einzelnen sehr unterschiedliche Anforderungen zu stellen sind je nach dem Amt, das der Betreffende inne hat, liegt auf der Hand. So wird zu unterscheiden sein zwischen einem leitenden Ministerialbeamten oder einem Amtsvorsteher einerseits und einem Amtsboten oder Straßenaufseher andererseits. Desgleichen wird unterschieden werden müssen zwischen Angehörigen von Spezialverwaltungen, wie etwa der Vermessungsverwaltung, und Angehörigen der allgemeinen inneren Verwaltung. Gemeinsam ist für alle Gruppen, daß die Verfolgung politischer Ziele sowie die politische Auseinandersetzung innerhalb der eigenen Partei und mit politischen Gegnern zwar entschieden geführt werden darf, aber sachlich und in angemessener Form vor sich gehen muß. Insbesondere sind Ausfälligkeiten, Gehässigkeiten oder Hetze gegen Personen sowie Institutionen des Staates zu vermeiden, auch wenn diese politisch bekämpft werden. Denn es kommt entscheidend darauf an, das Vertrauen auch der politischen Gegner in die unparteiische Amtsführung als Beamter nicht zu zerstören. Die weitere Konkretisierung der nur generalklauselartig zu umschreibenden Schranken der politischen Betätigungsfreiheit muß der Rechtsprechung der Disziplinargerichte überlassen bleiben. Diese werden bei all ihren Entscheidungen im Auge behalten müssen, daß das Grundgesetz einerseits der politischen Betätigung der Beamten und Richter Raum gibt, daß es aber gleichzeitig die grundrechtlich gewährleistete Betätigungsfreiheit für diese Personen insoweit selbst einschränkt, als dies zur Erfüllung ihrer Aufgaben im Rahmen des hergebrachten öffentlich-rechtlichen Dienst- und Treueverhältnisses unumgänglich ist. Der Beamte hat sich also nicht etwa durch seinen Eintritt in das Beamtenverhältnis seiner Grundrechte begeben. Andererseits ist die Beschränkung der politischen Betätigungsfreiheit auch nicht als Ausnahme gegenüber den Grundrechtsnormen aufzufassen. Man kann deshalb weder mit puristischen Zuchtvorstellungen noch mit dem Satz: „in dubio pro libertate“ weiterkommen.

Aussprache zu dem Vortrag von Johann Schmidt

Bericht von Alfons Noll

Für die Aussprache stellte Professor Dr. *Knöpfle* zunächst einige Fragengruppen heraus. Dabei empfahl er die Ausklammerung der Frage, ob die Verpflichtung zu partei- und gruppenpolitischer Neutralität bei der Amtsführung (§ 35 Abs. 1 S. 1 und 2 BRRG; § 52 Abs. 1 BBG) ein Engagement auch in Grundfragen staatspolitischer Art ausschließe, oder ob nicht vielmehr die Pflicht zur Bedachtnahme auf das „Wohl der Allgemeinheit" (§ 35 Abs. 1 Satz 2 BRRG; § 52 Abs. 1 S. 2 BBG) in besonderen Fällen ein ausgesprochen politisches Handeln sogar verlange. Die Prüfung dieser Frage und der damit zusammenhängenden, was nämlich das „bonum commune" sei, wer im pluralistischen Staat zu seiner verbindlichen Bestimmung berufen sei, und die Problamatik etwaiger widerstreitender öffentlicher Interessen würden zu weit in demokratie- und repräsentationstheoretische Gefilde abführen.

Der Satz im Referat, was das Grundgesetz nicht verbiete, könne auch der Gesetzgeber oder der Dienstherr nicht verbieten, führe zu der Frage nach der Verfassungsmäßigkeit des einschlägigen unterverfassungsmäßigen Rechts. Bei seiner Prüfung dürfe jedoch der Blick nicht nur auf das Parteienprivileg des Art. 21 GG gerichtet bleiben; Art. 33 Abs. 5 GG bilde ein verfassungsrechtliches Einfallstor für eine Reihe von Beschränkungen. Es dürfe also nicht vereinfachend erklärt werden, was jedem Bürger erlaubt sei, müsse auch dem Beamten gestattet sein. Da Art. 33 Abs. 5 GG verfassungsrechtlich auf derselben Ebene wie Art. 21 GG stehe, könne man auch hier von einem Spannungsverhältnis sprechen, wie es zwischen Art. 21 GG und Art. 38 Abs. 1 S. 2 GG bestehe. Dies könne bei der Beurteilung der Zulässigkeit einer parteipolitischen Betätigung eines Beamten eine subtile Abwägung unter Berücksichtigung der Umstände des Einzelfalles erforderlich machen. Was schließlich den Fragenkreis der Ämterpatronage anlange, so habe sich der Referent zur Begründung ihrer Verfassungswidrigkeit auf Art. 33 Abs. 2 und 3 GG berufen. Zu prüfen sei jedoch, ob ihr nicht — jedenfalls soweit es sich um die Besetzung von Vertrauensstellungen im Umkreis der politischen Spitze handle — Art. 33 Abs. 2 GG eine „Hintertür" eröffne insofern, als er nicht nur auf die „Befähigung und fachliche Leistung", sondern auch auf die „Eignung" abstelle. Könne der auf politischem Weg berufene Amtschef, wenn er eine ihm politisch nahestehende Persönlichkeit zu sich ins Amt berufen wolle, argumentieren, nur ein Mann derselben parteipolitischen Richtung mit politischen Erfahrungen sei als sein Mitarbeiter „geeignet“? — Erörterungswürdig sei auch noch die Frage nach der Zulässigkeit einer „Flucht in die Öffentlichkeit“. Hier habe der Referent, der sie grundsätzlich als unzulässig ablehne, einen strengeren Standpunkt eingenommen, als er in der Weimarer Zeit vertreten worden sei, an deren Ende etwa W. Jellinek (in HDStR, 2. Band, 1932, S. 24) einen Presseangriff eines Beamten gegen seine vorgesetzte Behörde als zulässig erachtet habe, wenn der Beamte glaube, nur so drohende Gefahren vom Staat abwenden zu können. — Bemerkenswert erscheine schließlich, daß der Vortragende nicht auf den früher viel gebrauchten Schlüsselbegriff der „Treuepflicht“ zurückgegriffen habe.

Zu der Zurückhaltungs- und Mäßigungsklausel bei politischer Betätigung (§ 35 Abs. 2 BRRG; § 53 BBG) warf *Knöpfle* die Frage auf, wie sie mit einem Inhalt erfüllt werden könne, der ein Messen des konkreten Falles an ihr gestatte. Der Klärung bedürfe zunächst schon das Tatbestandsmerkmal „politische Betätigung“ und weiter, ob sich die geforderte Mäßigung auf politische Aktivität jeglicher Art, also etwa auch auf eine engagierte Unterstützung der politischen Ziele der Regierungspartei, erstrecke oder nur auf Kundgebungen der Kritik an der Regierungspolitik oder am „establishment“ überhaupt oder nur auf solche Bereiche und Fragen, mit denen sich der Beamte dienstlich zu befassen habe. Zur Veranschaulichung stellte *Knöpfle* die beamten- und disziplinarrechtliche Beurteilung einer in diesen Tagen in einer großen deutschen Tageszeitung zur Änderung des Bundesministergesetzes (Erhöhung der Amtsgehälter) erschienenen Leserzuschrift — unterstellt, der Verfasser sei ein Beamter — zur Diskussion: „Anfangs dachte ich an einen verfrühten Aprilscherz. Beim Nachdenken bin ich darauf gekommen, daß der vorgeschlagene Weg wirklich günstig wäre, alle Parteifunktionäre in verhältnismäßig kurzen Zeiträumen zu Ministern zu machen, auf daß sie nach 2 bis 4 Jahren mit rund 35 000 Mark Pension abtreten können. Wie tüchtig muß der Minister sein, der nach seiner Tätigkeit fürchten muß, nirgends mehr eine Stellung zu bekommen. Das sind Einsichten über den sparsamen Umgang mit Steuergeldern, von denen Brüning keine blasse Ahnung hatte.“

Sei eine solche Äußerung eines Beamten in der Öffentlichkeit nur „stilwidrig“ und taktlos oder stelle sie darüber hinaus eine Verletzung seiner rechtlichen Pflichten dar? Verstoße sie gegen das Gebot der Zurückhaltung bei politischer Betätigung? Dürfe sie zum Anlaß genommen werden, eine vorgesehene Beförderung oder Betrauung mit einem neuen

Amt zu unterlassen? Komme es hierbei auf Rang und Dienststellung des Beamten an?

Senatspräsident i. R. Dr. *Barth*, München, beantwortete einleitend die zuletzt gestellte Frage dahin, daß er als Disziplinarrichter diese Zuschrift als einen groben Verstoß gegen den Takt, nicht aber als eine dienstrechtlich zu ahndende Pflichtverletzung ansehe. Er nahm sodann zu den drei folgenden Fragen Stellung:

Was die *Rechtsprechung des Bundesverfassungsgerichts zu den politischen Parteien* betreffe, so sei zu fragen, ob sie nicht mehr dem Schutze des Status einer Partei oder dem Schutze von Vertrauen in die Partei zu dienen bestimmt sei — so habe er sie eigentlich verstanden — und ob man sie wirklich heranziehen könne zu unserer Frage, ob der Dienstherr es dulden könne, daß sich seine Staatsdiener, die Beamten, gegen seinen Bestand wendeten, also entweder durch Mitgliedschaft diese Angriffe förderten oder sie direkt aktiv führten. Sicher sei eine Partei nicht dem Zugriff der Exekutive oder des Gesetzgebers ausgesetzt. Aber es sei doch eine andere Frage, ob ein Beamter einer Partei angehöre, deren Verfassungsmäßigkeit zweifelhaft sei, und damit gegen seine Dienstpflichten verstoße. Er glaube, daß über den Satz von der Pflicht zu Zurückhaltung und Mäßigung, der verfassungsrechtlich unbedenklich sei, in Verbindung mit der Pflicht zur unparteiischen Amtsführung Abhilfe geschaffen werden könne. Denn, wenn jemand unparteiisch sein und sich mäßigen solle, dann dürfe er sicher kein Fanatiker sein. Fanatismus läge aber bei dem vor, der einer extremen Partei fördernd beitrete oder diese extreme Partei sonstwie fördere.

In der Frage der *Zulässigkeit politischer Betätigung* regte *Barth* eine größere Differenzierung an. Professor Morstein Marx habe in seinem Buch „Einführung in die Bürokratie" (deutsche Ausgabe Neuwied 1959) dargestellt, daß man gerade in England dazu gekommen sei, die Beamten in solche „über dem Strich" und solche „unter dem Strich" einzuteilen. Dabei gehe man davon aus, daß die Beamten „über dem Strich" ihrer Funktion entsprechend so neutral sein müßten, daß ihnen eine Betätigung in den Parteien nicht gestattet werden dürfe, während dies bei den übrigen Beamten — das seien solche mit vorwiegend manueller oder „industrieller" Tätigkeit — unbedenklich sei. Darin läge eine Zweiteilung, die man wohl auch hier erwägen solle.

Was das *Verhältnis der politischen Rechte des Beamten zu seinem Beruf*, seinen eigentlichen Berufsweg, anlange, so sei er zu dem Ergebnis gekommen, daß zwei Grundwerte vorhanden seien, bei deren Verlust sich das Beamtentum selbst aufgäbe. Das eine sei Gerechtigkeit oder Unparteilichkeit. Es gebe wohl keinen Zweifel, daß der Beamte auf keinen Vorwurf so empfindlich reagiere wie auf denjenigen einer offenen oder auch versteckten Bestechlichkeit. Unbestechlichkeit und Unparteilichkeit seien die Haupttugenden des Beamten bei seiner Amtsführung, die auch vom politischen Gegner anerkannt würden. Das zweite Grundmerkmal, das kaum weniger wichtig sei, sei die Beständigkeit. *Barth* hielt den Bestand des Berufsbeamtentums viel stärker als von allen wirtschaftlichen Sorgen von der Neuformung des Angestelltenrechts bedroht. Die Angleichung des Tarifrechts der Angestellten an das Beamtenrecht sei so weit vorgeschritten, daß heute eigentlich nur noch das Streikrecht den Beamten vorenthalten sei. Man könne sich vorstellen, daß das Bundesarbeitsgericht eines Tages in einem besonderen Fall ein Streikrecht der Angestellten wegen irgendwelcher besonderer Loyalitätspflichten gegenüber dem Staat, der die Gesamtheit verkörpere, verneine. Wenn dem so sei, dann bleibe noch dieses eine Merkmal gerade der Beständigkeit. Der Beamte sei nicht so leicht zu einer Berufsänderung geneigt, wie sie dem Angestellten durchaus möglich sei. Dieses zweite Merkmal der Beständigkeit des Berufsbeamtentums sei zugleich für den Dienstherrn, den Staat, notwendig, weil Rechtssicherheit und Rechtsverwirklichung weitgehend davon abhängig seien, daß ein stabiler, kontinuierlich arbeitender Beamtenkörper bestehe. So gesehen erscheine es als Rückwirkung, daß dem Beamtentum, das beständig und kontinuierlich erhalten werden solle, hinsichtlich seiner politischen Rechte andere Beschränkungen auferlegt werden könnten, als es bei anderen Berufen möglich sei. Zu bedenken sei schließlich, daß die Entscheidung des Bundesverfassungsgerichts über die Verfassungswidrigkeit einer Partei unter Umständen 2 bis 3 Jahre dauern könne. Einer drohenden Gefahr könne man aber nicht so lange untätig zusehen.

Abschließend unterstrich Senatspräsident i. R. Dr. *Barth,* daß es auf diesem Gebiet kaum ein stets verwendbares Rezept gebe. Eine Formel, daß man so viel politische Rechte wie möglich gewähren und so wenig Beschränkungen wie nötig einführen solle, besage letztlich wenig. Es bleibe immer ein Spannungsverhältnis. Aber schließlich solle man Spannung, die das Leben erhalte, bejahen.

Universitätsdozent Dr. *Küchenhoff,* Münster, knüpfte an die Ausführungen über die Mäßigungs- und Zurückhaltungsklausel die Frage an, ob ihre Verwirklichung mit Hilfe nur des Dienstherrn im Wege der Erziehung und Ausbildung und ohne Differenzierung im Wege der Gesetzgebung möglich sei. Es gehe um eine sachgemäße Differenzierung. Die Zurückhaltungsklausel könne nicht für jeden Beamten in jeder Funktion dasselbe bedeuten. Sie müsse in einer außenpolitischen Frage für den Referenten des Auswärtigen Amtes etwas anderes bedeuten als für einen Hochschullehrer der Zeitgeschichte und politischen Publizistik. Er halte von dem Vorschlag, ohne gesetzgeberische Differenzierungen auszukommen, deshalb nicht viel, weil schon ein Disziplinargericht erster

Instanz Anlaß genommen habe, einen Hochschullehrer der Publizistik und Zeitgeschichte zu verurteilen, weil sich durch seine gesamten Äußerungen die Behauptung ziehe, daß die Bundesregierung den Willen zur Wiedervereinigung nur vortäusche, der Beschuldigte gewußt habe, daß er damit die Bundesregierung einer Grundgesetzverletzung zeihe, und diese Kritik weit das Maß der für einen Beamten zulässigen Kritik an der Politik seiner rechtmäßigen Regierung überschreite. Dieses erstinstanzliche Urteil habe sich auch auf einen der Kommentare zu dem betreffenden Landesdisziplinarrecht gestützt, in dem es heiße, die Mäßigungs- und Zurückhaltungsklausel werde nicht eingehalten, wenn es in solchen Äußerungen an der Ehrfurcht gegenüber der Regierung fehle. Wenn solche Entscheidungen, solche Kommentierungen noch möglich seien, erhebe sich doch die Frage, ob der Gesetzgeber diese Mäßigungs- und Zurückhaltungsklausel nicht etwas differenzieren solle auf die verschiedenen Funktionen, die ein Beamter ausübe.

Privatdozent Regierungsrat Dr. *Scholler*, München, meldete gegen den verfassungsrechtlichen Ausgangspunkt des Referates Bedenken an. Wenn er den Referenten recht verstanden habe, so könne der einfache Beamte sich nicht auf Art. 5 GG berufen, da diese Materie durch Art. 33 GG speziell geregelt sei. Nun solle es paradoxerweise aber dazu kommen, daß der Beamte, der in einer Partei sei, in den Genuß des Parteienprivilegs komme und als parteipolitisch aktiver Beamte plötzlich einen weitaus größeren Spielraum haben solle, da er sich auf Art. 21 GG berufen könne. Das Ergebnis sei, daß der Staat diese Tätigkeit nicht beschränken könne unter Rückgriff auf Art. 5 Abs. 2 GG, da zuvor Art. 5 GG durch Art. 33 GG ausgeschaltet worden sei. Das bereits angeschnittene Spannungsfeld zwischen Art. 21 und 33 GG sei kaum lösbar, da beide Bestimmungen sich auf gleicher Ebene hielten. Die weiter gezogene Schlußfolgerung, die Beamten dürften nicht in den Parteien tätig sein, sei der einzige Rettungsring, an den man sich klammere. Es wäre aber für die Parteien und damit für das politische Leben nicht wünschenswert, wenn das mäßigende Element des Berufsbeamten im Rahmen der internen Parteiarbeit fehle. Es werde immer das Tätigwerden der Beamten, die parteipolitisch engagiert seien, nach außen ins Auge gefaßt. Aber die stille Arbeit des Beamten innerhalb von Parteien und das dadurch vorgenommene „Interessenclearing“ dürfe nicht unterschätzt werden; die Parteien, die Mittelstandsparteien seien, könnten gar nicht darauf verzichten.

Ministerialdirigent Dr. *Boisserée*, Düsseldorf, bemerkte, daß sich die „Nahtstelle“ zwischen politischem Bereich und Verwaltung nicht auf die leitenden Beamten beschränke, sondern daß sie viel weiter reiche: politische Macht und institutionalisierte Verwaltung seien sogar verflochten. Er unterstrich mit Nachdruck die Feststellung, daß eine parteipolitische Abstinenz des Verwaltungsbereichs der Integration des Staates in die pluralistische Gesellschaft nicht entspreche und wirklichkeitsfremd und für das politische Leben schädlich sei. Das Problem scheine ihm in der Verquickung dieses Pluralismus mit der Institution des Berufsbeamtentums zu bestehen, das im Grundsatz bei uns Lebenszeitbeamtentum sei. Von daher stelle er die Frage, ohne sie hier eindeutig in dem einen oder anderen Sinne beantworten zu wollen, ob es richtig und die einzige Lösung sei, wenn der Status und Typus des „politischen Beamten", der mit dem politischen Schicksal einer Regierung verknüpft sei, nur noch auf ganz wenige Exponenten beschränkt sein solle. Es müsse vielmehr überlegt werden, um ein Ventil für die Verflechtung von Politik und Verwaltung zu schaffen, ob nicht ganz bewußt noch weitergehende Möglichkeiten geschaffen werden müßten, um auch ein exponiertes politisches Engagement im Bereich der Verwaltung auf Zeit zu ermöglichen. Er spreche die Frage als rechtspolitische für die weiteren Überlegungen im Bereich des öffentlichen Dienstes an.

Professor Dr. *Evers*, Braunschweig, betonte zu Beginn seiner Ausführungen, daß auch er die Ämterpatronage für verwerflich halte, wenn sie wirklich eine negative Beurteilung verdiene. Gewisse Voraussetzungen müßten aber erfüllt sein, um sie wirklich als verwerflich zu erachten. Wenn die Parteianhänger nur versorgt werden sollen, dann halte er dies in der Tat für schädlich. Wenn man aber die Patronage allein deshalb für schädlich halte, weil sie von Parteien ausgehe, dann setze das voraus, daß die Parteien selbst etwas Böses in sich bergen würden. Das könne man aber heute einfach nicht mehr sagen. Die Parteien seien für unsere Ordnung nichts Böses, sondern das Grundlegende. Im Vergleich zum Beamtentum seien sie nichts Schlechteres, sondern etwas anderes, das man auch mit dem Stichwort des „dynamischen Elements" im Vergleich zum statischen Element des Beamtentums bezeichnen könne. Wenn dem aber so sei, dürfe man sich eigentlich über den Einfluß der Parteien auf die Besetzung der Ämter nicht wundern. *Evers* vertrat die Ansicht, man solle dies dann auch nicht als etwas grundsätzlich Verfassungswidriges und Gesetzwidriges ansehen. Eine Verfassung, nach der die Dienstherren Exponenten der politischen Parteien seien, könne nicht, ohne diese zu überfordern, verlangen, daß sie ihre Herkunft alsbald vergessen müßten. Man werde hier also doch eine gewisse Mäßigung und Zurückhaltung bei der Verurteilung der Patronage üben und sich damit begnügen müssen, zu verlangen, daß sie nicht in der Art böse ausgeübt werde.

Wegen des grundlegenden, dynamischen Elements, das die Parteien für das Staatswesen darstellten, hielt *Evers* auch das Parteienprivileg und die Betätigung der Beamten in jeglicher, noch nicht verbotenen Partei für zulässig. Anderes allerdings gelte für die Vereine. Sie seien gut oder böse. Hier habe der Beamte die Pflicht, sich verfassungsfeindlicher

Betätigung zu enthalten, und zu prüfen, ob die Vereinigung, der er beitrete, nicht verfassungsfeindlich sei.

Wenn es um die Frage gehe, wie es überhaupt mit den politischen Handlungen des Beamten stehe, dann bedürfe zunächst der Klärung, was Politik sei. Charakterisiere man sie als Kampf um die Macht, dann sei sie nicht Sache des Beamten, sondern Angelegenheit der Politiker. Außerhalb des Dienstes habe aber auch der Beamte die Möglichkeit, mit um die Macht im demokratischen Staat zu kämpfen. Dort liege eben die von Knöpfle angesprochene Treuepflicht, die eine *Nichtstörpflicht* sei. Gegenstand gerade dieser Nichtstörpflicht, die man dann noch näher umreißen könne, und eines ihrer wesentlichen Merkmale sei eben die Pflicht zur Mäßigung und Zurückhaltung, die so verstanden werden müsse, daß der Beamte in seiner parteipolitischen oder sonstigen Betätigung nicht seinen Beamtenstatus und seine eigentliche dienstliche Tätigkeit unglaubwürdig machen dürfe.

Wenn er sich auch nicht zum Befürworter der Ämterpatronage machen wolle, so trug Regierungspräsident Dr. *Emmerig*, Regensburg, doch gegen eines der Argumente des Vortragenden Bedenken vor, nämlich gegen die Meinung, daß die Ämterpatronage die Gewaltenteilung gefährde. Damit könne nicht die Parteizugehörigkeit eines Beamten allein gemeint sein, sondern das Wesen der Patronage, das darin bestehe, daß er durch den sanften oder massiven Druck seiner Partei in sein Amt komme. Seine Anstellung, Beförderung und Tätigkeit solle also die Gewaltenteilung gefährden. Dagegen wandte sich *Emmerig*. Die Gewaltenteilung könne doppelt gesehen werden: funktionell oder institutionell. Funktionell danach, daß hier Gesetze gegeben würden, dort verwaltet und dort Recht gesprochen werde. Der durch Patronage in sein Amt gekommene Beamte verwalte und gebe nicht gleichzeitig Gesetz, noch spreche er Recht. Institutionell bedeute es: hie Parlamente, dort Behörden, dort Gerichte, oder auf die Angehörigen der verschiedenen Gewalten bezogen: hie Abgeordnete, dort Beamte, dort Richter. Hier liege das Prinzip der Inkompatibilität, nach dem der Richter und der Beamte nicht gleichzeitig Abgeordneter sein solle. Der durch Patronage in sein Amt gekommene Beamte sei und bleibe aber Beamter. Er sei weder Abgeordneter, noch Richter. Bisher jedenfalls sehe man die Gewaltenteilung nicht derart, daß die Trennungslinie zwischen der Partei und den Behörden und Gerichten verlaufe, was eine recht weitgehende Interpretation wäre.

Die Problematik der Mäßigungsklausel sah Universitätsdozent Dr. *Frowein*, Bonn, in ihrer Auslegung und vernünftigen Anwendung. In der Kommentierung der Mäßigungsklausel stelle man eine starke Diskrepanz fest. Dort werde sie als eine Art allgemeine Anstandsklausel verstanden. Die wenigen Gerichtsentscheidungen, die es dazu gebe, seien sehr viel zurückhaltender. Das OVG Münster habe die Bezeichnung des Regierungswechsels in einem deutschen Bundesland mit „Machtergreifung" nicht als Verstoß gegen die Mäßigungsformel angesehen, ebenso nicht, daß jemand von „roten Rathäusern" gesprochen habe, die zurückerobert werden müßten. Das bewege sich alles im Rahmen des Zulässigen. — Mit der Mäßigungsklausel komme man überhaupt nur bei einem funktionalen Verständnis zurecht, wenn man also frage, welche Funktion der Beamte erfülle und wie sich eine bestimmte Äußerung auf die Erfüllung seines konkreten Amtes auswirke. Man müsse die Klausel dementsprechend einschränkend auslegen. Der Bundesbahnbeamte solle in einer solchen Situation anders dastehen als der Ministerialdirektor. Es sei schon angedeutet worden, daß das englische Recht ähnliche Klauseln enthalte. Das französische Recht, das zunächst eine allgemeine Mäßigungsklausel gekannt habe, interpretiere sie heute weitgehend auch rein funktional, vom konkreten Amt her verstanden.

Professor Dr. *Ule*, Speyer, nahm zu zwei zentralen Fragen des Referates Stellung, deren eine die parteipolitische Neutralisierung des Berufsbeamtentums zum Gegenstand hatte, während die zweite die beamtenrechtlichen Folgerungen aus der materiell verfassungswidrigen Betätigung eines Beamten in einer politischen Partei betraf.

Das Problem der *Ämterpatronage* scheine durch die Ausführungen von Evers etwas verschoben zu sein. Es gehe hier nicht um die Frage, ob die Parteien etwas Böses oder nichts Böses seien. Derartige Kategorien könnten hier nicht Platz greifen. Vielmehr gehe es zunächst einmal um die verfassungsrechtliche Frage, ob die Patronage, sei es als Versorgungspatronage, sei es — was noch gefährlicher sei — als Einflußpatronage, deshalb illegitim im verfassungsrechtlichen Sinne sei, weil die politischen Parteien eben auf anderen Wegen auf die Staatsführung Einfluß zu nehmen hätten als auf dem Umweg über einzelne Beamte. Das scheine ihm die entscheidende Frage zu sein, und er erinnere daran, daß es im Bunde Ministerien gegeben habe, an denen man, ähnlich wie den Begriff des Gesetzgebungs- oder Verwaltungsministeriums, den Begriff des „Patronageministeriums" entwickelt habe. Er denke dabei an das Gesamtdeutsche Ministerium, das damals sozusagen die Patronagestätte einer bestimmten zufällig in der Bundesregierung vertretenen politischen Partei gewesen sei. Das seien altbekannte Tatsachen, die überall in der Literatur, die sich mit Patronage beschäftige, nachzulesen seien. Wenn vier oder drei Parteien in einer Koalition vereinigt seien, und die kleinste Partei ein Ministerium in der Hand habe, dann könne sie eben ihre ganzen Anhänger vor allem während des Aufbaues in dieses Ministerium einschleusen, wo sie dann ihr ganzes Leben lang säßen. *Ule* hielt das nicht für den legitimen Einfluß der politischen Parteien auf die Staatsführung, den das Grundgesetz in Art. 21 meine.

Die Argumente zu diesem Problem seien jetzt gut 30 Jahre alt. Seit 1922 — Nawiasky sei einer der ersten gewesen, der sich mit diesem Thema beschäftigt habe — werde diese Frage in Deutschland erörtert. Dies gelte auch für das Argument der Verletzung des Gleichheitsgrundsatzes bei Ausschluß der Beamten von der parteipolitischen Betätigungsfreiheit. Dazu sei zu bemerken, daß insgesamt nur rund 5 % der gesamten Bevölkerung in politischen Parteien organisiert sei. Ob bei den Beamten der Prozentsatz der Parteigebundenheit höher liege als im Durchschnitt der Bevölkerung, wisse er nicht. Aber es handle sich immerhin um ein verfassungsrechtliches Argument, das nicht so ganz leicht vom Tisch zu wischen sei. Er selbst vertrete den Standpunkt, daß über Art. 33 Abs. 5 GG und Art. 130 Abs. 2 der Weimarer Reichsverfassung die parteipolitische Betätigung der Beamten an sich frei sei und daß man nur unter ganz besonderen Voraussetzungen von diesem hergebrachten Grundsatz abweichen könne. Ob diese Voraussetzungen bereits eingetreten seien, lasse er dahingestellt.

Zum Vorschlag eines Beamtenbeauftragten bemerkte *Ule*, der Ombudsmann sei ja im Augenblick in Deutschland eine von den Journalisten geliebte Einrichtung. Überall lese man, daß er uns nun auch noch beschert werden solle. Die Erfahrungen mit den Wehrbeauftragten seien aber doch gerade nicht sehr ermutigend. Ob dieser Ombudsmann wirklich in der Lage sein würde, eine parteipolitisch neutrale Beamtenpolitik zu betreiben, müsse sehr bezweifelt werden. Die Kräfte, die den Ombudsmann bestellten, wüßten genau, wen sie an diese Stelle setzten.

Damit sei auch der grundsätzliche Punkt erreicht, bei dem man gewissermaßen an den Grenzen des Rechts und den Möglichkeiten der Rechtsbeeinflussung angelangt sei. Sein verstorbener Lehrer, Arnold Köttgen, habe 1928 für die Übertragung der Einrichtung des englischen permanenten Staatssekretärs nach Deutschland gewissermaßen plädiert. *Ule* hielt diesen Vorschlag für irreal, da niemand in den gesetzgebenden Körperschaften daran denken werde, einen solchen permanenten Staatssekretär mit der Funktion einzusetzen, die Beamtenschaft zu ernennen und zu befördern. Deshalb sei er der Ansicht, daß eine Wandlung in diesen Dingen nur durch eine Wandlung in den Grundauffassungen erfolgen könne und nicht durch irgendwelche Rechtsvorschriften, die man zwar erlassen könne, die dann aber doch in einem ganz anderen Geiste, als in dem sie vielleicht konzipiert worden seien, ausgeführt würden. Im Augenblick sei jedoch nicht zu erkennen, daß sich eine derartige Wandlung irgendwie anbahne.

Von der zweiten Frage, nämlich der *Maßregelung von Beamten wegen ihrer Mitgliedschaft oder Betätigung in einer bestimmten Partei*, sei mit Recht gesagt worden, sie könne jeden Augenblick wieder Bedeutung erlangen. Sie sei wohl schon wieder aktuell. Es seien Fälle bekannt, in denen jenen Beamten, die sich zu einer bestimmten politischen Partei bekannt hätten oder sich für sie betätigten, Maßregelungen angedroht worden seien.

Schon im Jahre 1950, während des Streits um den Beschluß der Bundesregierung vom 19. 9. 1950 zwischen der „Gesellschaft zur Wahrung der Bürgerrechte e. V." in Mannheim auf der einen Seite und den Professoren Scheuner und Grewe auf der anderen Seite, habe er in einem kleinen Beitrag „Politische Treuepflicht im öffentlichen Dienst" im „Deutschen Verwaltungsblatt" (1951 S. 340) denselben Standpunkt vertreten, den auch Senatspräsident *Schmidt* eingenommen habe. Damals habe noch niemand gewußt, daß das Bundesverfassungsgericht einmal den Satz aussprechen werde, daß keine politische Partei als verfassungswidrig behandelt werden dürfe, bevor sie nicht vom Bundesverfassungsgericht als verfassungswidrig erklärt worden sei. Schon damals habe er die Auffassung vertreten, daß, wenn Art. 21 GG die Möglichkeit eröffne, eine politische Partei als verfassungswidrig zu erklären, nicht irgendeine andere Stelle, beispielsweise der Dienstherr oder ein Disziplinargericht oder ein Arbeitsgericht bei Angestellten und Arbeitern, gewissermaßen vorweg entscheiden könne, ein Angehöriger des öffentlichen Dienstes sei zu entlassen oder zu disziplinieren, weil er einer von diesen Stellen als verfassungswidrig erachteten politischen Partei angehöre. Diese Entscheidung sei beim Bundesverfassungsgericht monopolisiert. Wenn auch das Bundesverfassungsgericht diese Frage bisher expressis verbis nicht ausgesprochen habe, so ergebe sich dies aber zwingend aus den Rechtssätzen der Entscheidungen, wie sie im Referat vorgetragen worden seien. Er könne auch das Argument, das schon in der damaligen Diskussion von 1950 eine Rolle gespielt habe, nicht als zutreffend anerkennen, daß zwar gegen die politische Partei als solche weder die Polizei noch sonst irgend jemand einschreiten könne, daß es aber hier nicht um die politische Partei, sondern um ihre Mitglieder gehe. Das sei doch eine allzu formale Betrachtungsweise. Die Wirkungsmöglichkeit einer politischen Partei werde doch weitgehend dadurch beeinträchtigt, daß so hervorragenden Mitgliedern, wie ihre Beamtenmitglieder es seien, die Möglichkeit der Betätigung genommen werde.

Es sei hier nicht der Ort aufzuzeigen, mit welchen Schwierigkeiten in der Zeit von 1930 bis 1933 die Disziplinar-Rechtsprechung gerungen habe, um mit Art. 130 Abs. 2 Weimarer Reichsverfassung fertig zu werden, der dem Beamten die politische Betätigungs- und Vereinigungsfreiheit gewährleistet habe. Man habe damals die bekannte Unterscheidung gemacht zwischen den revolutionären Parteien und den anderen. Nachdem Hitler in Ulm seinen Eid geschworen habe, sei die NSDAP keine revolutionäre Partei mehr gewesen. Deshalb hielt *Ule* den Begriff der „extremen Partei", wie er in der Diskussion verwendet wurde, für höchst gefährlich. Das sei ein formaler Begriff, dessen Inhalt offen sei. Seien zum Beispiel die Atomwaffengegner „extrem"? Er würde sich sehr gerne zu ihnen bekennen, weil er die Atomwaffen für sehr unerfreulich halte. Er würde sich aber deshalb nicht gerne die Attribute „Fanatiker" und „extrem" zuschreiben lassen. Auch würde er es als sehr bedenklich ansehen, wenn aus diesem Grunde etwa eine Partei, die die Bekämpfung der Atomwaffen sich zum Ziel gesetzt habe, verboten und die Beamten, die ihr angehörten, diszipliniert werden könnten.

Auf den Einwand von Senatspräsident Dr. Barth, das Verfahren beim Bundesverfassungsgericht gehe zu langsam, sei zu erwidern, daß, was ein Disziplinargericht in einem oder einem halben Jahr schaffen könne, wohl auch das Bundesverfassungsgericht in gleicher oder kürzerer Zeit leiste, wenn es wirklich um den Bestand der Bundesrepublik gehe. Es leuchte ihm nicht ein, daß Art. 21 GG gewissermaßen nur ein stumpfes Schwert sei. Das Verfahren gegen die KPD habe bekanntermaßen nicht aus Gründen, die beim Bundesverfassungsgericht zu suchen seien, so lange gedauert, sondern weil die Bundesregierung ihre Unterlagen nicht schneller zusammenbekommen habe. Mit wirklich hieb- und stichfestem Material erhalte man auch beim Bundesverfassungsgericht schnell ein Urteil, mit dem dann die Schwierigkeiten behoben seien, die sonst eben in beamtenrechtlicher Hinsicht jeglichen Maßnahmen gegen Anhänger verfassungswidriger Parteien entgegenständen.

Senatspräsident Dr. *Schmidt* ging in seinem Schlußwort zunächst kurz auf Art. 21 GG ein. Zwar schütze dieser Artikel nach der Rechtsprechung des Bundesverfassungsgerichts die Existenz der Parteien. Aber unter diesen Schutz fielen notwendigerweise auch die Parteimitglieder: Wenn eine Partei, gegen die man gewisse Bedenken erheben könne, als Landesvorsitzenden einen Bundesbeamten und als Kreisvorsitzenden einen Richter bestelle, würde diese Partei dann schon beeinträchtigt, wenn Landesvorsitzender und Kreisvorsitzender aus ihrem Beruf geworfen würden, denn das habe doch Rückwirkungen auf die Tätigkeit der Partei selbst.

Die Patronage sei verwerflich nicht deshalb, weil die Parteien Kandidaten für öffentliche Ämter präsentierten, sondern deshalb und nur dann, wenn damit von den Parteien der Zweck verfolgt werde, zusätzliche Herrschaft auf einem Gebiet auszuüben, das ihrem Zugriff nicht unterliege. Wozu gebe es sonst die Patronage? Es gehe doch allein darum, daß man Macht ausüben wolle auf einem Sektor, auf dem dies verfassungsrechtlich nicht vorgesehen sei. Das formale Prinzip der Gewaltenteilung werde zwar nicht gestört, der durch Patronage ins Amt gekommene Parteigänger sei zwar Beamter, aber er wirke noch zusätzlich. Zu Beginn der Diskussion sei die Frage nach dem bonum commune und denjenigen, die es zu bestimmen haben, gestreift worden. Freilich bestimmten es die Parteien insoweit, als sie entsprechende Gesetze im Gesetzgebungsorgan durchzubringen suchten. Wenn es dann aber um den Vollzug dieser Gesetze im Rahmen der Rechtsordnung gehe, wenn Ermessensentscheidungen zu treffen seien, dann stelle sich wiederum die Frage nach dem Gemeinwohl. Bei der dann zu treffenden Entscheidung solle der Beamte aber neutral sein und nicht mit Rücksicht auf die politischen Ziele einer Partei handeln. Geschehe dies nicht, so müsse man, wenn auch nicht formal, so doch materiell von einer Verletzung des Prinzips der Gewaltenteilung sprechen. — Die Mäßigungspflicht soll nach Ansicht *Schmidts* zwar zunächst funktional auf das Amt bezogen, im übrigen aber doch formal gesehen werden. Die Frage, wann dabei die Grenze überschritten werde, sei oft zweifelhaft. Der zur Diskussion gestellte Leserbrief liege zumindest sehr auf der Grenze zwischen Taktlosigkeit und Dienstpflichtvergehen. Sicher sei er eine grobe Taktlosigkeit. Wenn aber sein Verfasser — was möglich sei — damit das ganze Regierungssystem verächtlich machen wolle, dann sei disziplinarrechtlich hart zuzugreifen. Zurückhaltung und Mäßigung zeigten sich in erster Linie in der Form; ob die Grenzen gewahrt seien, könne aber nur anhand des konkreten Falles entschieden werden.

Wenn das Wort „Treue" vermißt worden sei, dann müsse er fragen: „Treue zu wem?". Treue sei begrifflich gegenüber Institutionen und gegenüber Personen möglich. Treue gegenüber Personen hielt *Schmidt* nicht für erforderlich. Dienstherr sei nicht der Minister, nicht etwa irgendeine Person oder Partei, sondern die Körperschaft, der Staat, die Gemeinde. Diesen sei Treue zu bewahren, aber nur als „Verfassungstreue". Werde dieser Genüge getan, so sei alles getan.

Unvereinbarkeit von Amt und Mandat
Rechtsfragen der Rechtsstellungsgesetze

Von Peter Rößler

Ich werde bei dem Thema, das mir gestellt worden ist, den Untertitel stark hervorheben: „*Rechtsfragen* der Rechtsstellungsgesetze." Ich habe nämlich bei den Vorbereitungen für dieses Referat bemerkt, daß es sich um eine Materie handelt, die rechtlich außerordentlich verwickelt ist und über deren Einzelprobleme man gemeinhin relativ wenig orientiert ist. Die allgemeinen *politischen* Gesichtspunkte, die für und gegen die Vereinbarkeit von Amt und Mandat sprechen[1], liegen eigentlich auf der Hand. Die Tagespresse bringt sie uns häufig. Diese Gesichtspunkte können vielleicht in der nachfolgenden Diskussion erörtert werden. Ich möchte hier indessen vor allem die *rechtlichen* Grundlagen aufzuzeigen versuchen.

I.

Zunächst in aller Kürze einige *historische* Hinweise[2].

1. Das Problem der Unvereinbarkeit von Amt und Mandat ist in unserer Rechts- und Verfassungsgeschichte verhältnismäßig jungen Datums. In der *Verfassung des Deutschen Reichs von 1871* wurde die Vereinbarkeit von öffentlichem Amt und Abgeordnetenmandat nicht in Zweifel gezogen. Art. 21 Abs. 1 bestimmte, daß Beamte keines Urlaubs zum Eintritt in den Reichstag bedürfen. Es gab dann noch die Vorschrift des Art. 21 Abs. 2, die vorsah, daß ein Reichstagsabgeordneter bei Annahme eines besoldeten Amtes oder bei Beförderung Sitz und Stimme im Reichstag verlor und sein Mandat nur durch neue Wahl wieder erlangen konnte. Diese Bestimmung sollte ersichtlich verhindern, daß ein Abgeordneter im Hinblick auf seine Abgeordnetenstellung zum Beamten ernannt oder vorzeitig befördert würde. Man sprach hier von der sogenannten „tem-

---

[1] Vgl. hierzu insbes. Theodor Eschenburg, Der Beamte in Partei und Parlament, 1952, Alfred Metzner Verlag, Frankfurt/Main.

[2] Eine instruktive Darstellung der historischen Entwicklung bringt K. Schumann, Die Entwicklung der Rechtsstellung des Beamten als Abgeordneten, in: Zeitschrift für Beamtenrecht (ZBR), 1962, S. 97 ff.

porären Inkompatibilität". Dieser Fall ist aber wohl für unser Problem nicht eigentlich einschlägig. Diese Vorschrift wurde übrigens noch durch Gesetz vom 28. 10. 1918[3] aus der Verfassung des Kaiserreichs gestrichen. Das Problem in der damaligen Zeit war — das ist vielleicht ganz aufschlußreich im Vergleich zu unseren heutigen Verhältnissen — nicht die Vereinbarkeit von Amt und Mandat als solche, sondern die Frage, wer die Kosten für den Stellvertreter des als Abgeordneter tätigen Beamten zu tragen hatte. Es wurde nämlich vielfach die Auffassung vertreten, daß der Beamte selbst die Kosten für seinen Stellvertreter bezahlen müsse. Heute denkt man an so etwas nicht mehr. Es wäre dies vielleicht eine einfache Lösung unseres heutigen Inkompatibilitätsproblems.

2. Auch die *Weimarer Reichsverfassung* enthielt keine Bestimmungen über die Vereinbarkeit von Amt und Mandat. Im Gegenteil: Art. 39 bestimmte, daß Beamte und Angehörige der Wehrmacht zur Ausübung ihres Amtes als Mitglieder des Reichstags oder eines Landtags keines Urlaubs bedürfen und daß ihnen, wenn sie sich um einen Sitz in diesen Körperschaften bewerben, der zur Wahlvorbereitung erforderliche Urlaub zu gewähren ist. Darüber hinaus gewährleistete Art. 130 Abs. 2 WRV allen Beamten die Freiheit ihrer politischen Gesinnung und die Vereinigungsfreiheit und gab damit der politischen Betätigung der Beamten freien Raum.

Man erkannte natürlich sehr bald das Spannungsverhältnis, das sich hieraus ergab, einerseits aus dieser politischen Betätigungsfreiheit des Beamten, andererseits aus der Bindung des Beamten, die in Absatz 1 des gleichen Artikels 130 verankert war, nämlich der Bindung an das Gemeinwohl, die in den Worten des Art. 130 Abs. 1 WRV klipp und klar zum Ausdruck kam: „Die Beamten sind Diener der Gesamtheit, nicht einer Partei." Dieses Spannungsverhältnis besteht heute selbstverständlich in gleicher Weise. Wer etwa die beiden Absätze des § 35 unseres Beamtenrechtsrahmengesetzes miteinander vergleicht, der wird sofort spüren, daß hier ein Spannungsverhältnis — ich möchte vielleicht sogar etwas zugespitzt sagen: ein gewisser Widerspruch — besteht. Überlegungen dieser Art führten dann bereits im Schrifttum der Weimarer Zeit dazu, daß man nun doch die Vereinbarkeit von Amt und Mandat in Zweifel zu ziehen begann. So erhoben z. B. *Werner Weber*[4], *Köttgen*[5] und *Gerber*[6] mit Nach-

[3] § 1 des Gesetzes vom 28. 10. 1918 zur Abänderung der Reichsverfassung und des Gesetzes, betreffend die Stellvertretung des Reichskanzlers, vom 17. 3. 1878 (RGBl. 1918, S. 1273).

[4] Werner Weber, Parlamentarische Unvereinbarkeiten (Inkompatibilitäten), in: AöR n. F. Bd. 19 (1930), S. 161 ff., insbes. S. 218 ff.

[5] Arnold Köttgen, Das Deutsche Berufsbeamtentum und die parlamentarische Demokratie, 1928.

[6] Hans Gerber, Vom Begriff und Wesen des Beamtentums, in: AöR n. F. Bd. 18 (1930), S. 1 ff., insbes. S. 66 f.

druck die Forderung nach einer Unvereinbarkeit von Amt und Mandat. Im damals geltenden Recht freilich schlug sich diese Vorstellung von einer etwaigen Unvereinbarkeit von Amt und Mandat noch nicht nieder.

3. Höchst aktuell wurde das Problem der Unvereinbarkeit von Amt und Mandat dann aber nach dem Zusammenbruch von 1945 durch den *Einfluß der Besatzungsmächte*. Diese forderten — nach dem Vorbild der Verhältnisse insbesondere in den USA und in Großbritannien — unter Hinweis auf eine strenge Gewaltenteilung eine strenge Durchführung der Inkompatibilität von Amt und Mandat: Der Parlamentarische Rat sollte, so lautete die Forderung, in das Grundgesetz eine Bestimmung aufnehmen, die sicherstelle, daß ein Beamter auf sein Amt vor Annahme der Wahl verzichte. In dem zähen Ringen zwischen den Alliierten Militärgouverneuren und dem Parlamentarischen Rat kam es dann schließlich zu der Kompromißlösung, wie sie in Art. 137 Abs. 1 GG geltendes Verfassungsrecht geworden ist. Art. 137 Abs. 1 GG lautet in der heute geltenden Fassung wie folgt: „Die Wählbarkeit von Beamten, Angestellten des öffentlichen Dienstes, Berufssoldaten, freiwilligen Soldaten auf Zeit und Richtern im Bund, in den Ländern und den Gemeinden kann gesetzlich beschränkt werden." Damit sind — das darf ich schon hier herausstellen — Unvereinbarkeiten von Amt und Mandat nicht *von Verfassungs wegen* festgelegt worden, sondern es wurde die Entscheidung über die Festlegung von Inkompatibilitäten *dem Gesetzgeber* überlassen.

Der Bund hat die durch Art. 137 Abs. 1 GG ermöglichte Regelung von Inkompatibilitäten im Gesetz über die Rechtsstellung der in den Deutschen Bundestag gewählten Angehörigen des öffentlichen Dienstes, im sogenannten Rechtsstellungsgesetz, vom 4. August 1953 getroffen[7]. Für viele Ländergesetze wurde dieses Rechtsstellungsgesetz des Bundes Vorbild. Freilich ergeben die Ländergesetze in ihrer Gesamtheit keineswegs ein einheitliches Bild. Weder decken sich die Inkompatibilitätstatbestände in Bund und Ländern — die Länderregelungen sind teils weitgehend, teils zurückhaltend in der Feststellung von Inkompatibilitäten —, noch ist die Ausgestaltung der sich aus den Inkompatibilitäten ergebenden Rechtsfolgen einheitlich. Einige Länder konnten sich zudem lange Zeit überhaupt nicht zur Festlegung von Inkompatibilitäten entschließen. Erst im vergangenen Jahre wurden die letzten weißen Flecke auf der deutschen Landkarte der Inkompatibilitätsgesetzgebung durch das bayerische Rechtsstellungsgesetz vom 23. Juni 1966[8] und das bremische Rechtsstel-

---

[7] BGBl. I S. 77, mit Änderungen BGBl. I 1957 S. 1275 und BGBl. I 1961 S. 1557.

[8] Gesetz über die Unvereinbarkeit von Amt und Mandat für Angehörige des öffentlichen Dienstes (Rechtsstellungsgesetz) vom 23. 6. 1966 (GVBl. S. 195). Vgl. dazu auch den Aufsatz von Wilhelm Panz, Das bayerische Rechtsstellungsgesetz, in: BayVBl. 1966, S. 333 ff. und 373 ff.

lungsgesetz vom 18. Oktober 1966[9] beseitigt. Dadurch dürfte ein gewisser Abschluß der Gesetzgebung auf diesem Gebiete erreicht sein.

4. Das bedeutet aber nicht etwa, daß das Problem der Unvereinbarkeit von Amt und Mandat an aktueller Bedeutung verloren hätte. Zwar scheint, wenn ich es richtig sehe, bei den Länderregierungen zur Zeit wenig Neigung zu bestehen, in Richtung auf eine Änderung des derzeitigen Zustandes initiativ tätig zu werden. Doch sind verschiedentlich Initiativen aus der Mitte der Parlamente zu verzeichnen, die eine Ausdehnung der Unvereinbarkeitsfälle anstreben. Ich komme darauf noch zurück. Vor allem aber beschäftigt sich die *Presse* nach wie vor lebhaft mit dem Problem der Unvereinbarkeit von Amt und Mandat. Den Anstoß hierzu scheint vor allem der bekannte Beschluß des Bundesverfassungsgerichts vom 27. Oktober 1964[10] gegeben zu haben, in welchem lapidar ausgesprochen wurde:

„Mit dem Grundsatz der Gewaltenteilung ist es nicht vereinbar, wenn dieselbe Person in einem bestimmten Gemeinwesen ein Amt inne hat und gleichzeitig der Vertretungskörperschaft desselben Gemeinwesens als Mitglied angehört: Ein Bundesbeamter kann nicht gleichzeitig dem Bundestag, ein Landesbeamter nicht dem Landtag und ein Gemeindebeamter nicht dem Rat der Gemeinde angehören."

Aus dieser weiten Formulierung, aus ihrem Zusammenhang gerissen, wurde in der Tagespresse vielfach die Forderung nach einer radikalen Durchführung der Trennung von Amt und Mandat abgeleitet. So brachte z. B. der *Rheinische Merkur* am 10. März 1967 einen Artikel mit der Überschrift „Amt und Mandat in Hessen", in welchem temperamentvoll die parlamentarische Inkompatibilität für die kommunalen Wahlbeamten verfochten wird. Man beruft sich dort auf die genannte Entscheidung des BVerfG und meint, „die Demokratie kann nur funktionieren, wenn gesetzgebende, vollziehende und richterliche Gewalt streng voneinander getrennt werden"; es wird an den Interessenkonflikt des kommunalen Spitzenbeamten erinnert, der im Landtag Gesetze „mitfabriziert" und dabei auch an die Interessen seiner Gemeinde oder seines Kreises denkt; es heißt dann sehr effektvoll, das Landesparlament sei ein „Selbstbedienungsladen für Landräte und Bürgermeister", und es wird schließlich gefragt, ob die Tätigkeit eines Landrats ihm überhaupt noch genügend Zeit lasse, ein Landtagsmandat mit voller Kraft auszuüben — eine Frage, die in der Tat naheliegt. In dem Lande, dem ich diene, hat der *Bund der Steuerzahler* im Juli des vergangenen Jahres die Diskussion neu ange-

---

[9] Gesetz über die Rechtsstellung der in die Bremische Bürgerschaft oder die Stadtverordnetenversammlung der Stadtgemeinde Bremerhaven gewählten Angehörigen des öffentlichen Dienstes vom 18. 10. 1966 (Brem. GBl., S. 138).

[10] BVerfGE 18, 172 = DÖV 1965, S. 91 = DVBl. 1965, S. 79.

facht. Die Inkompatibilitäten des bad.-württ. Rechtsstellungsgesetzes von 1955 sind ihm nicht genug; er fordert unter der Überschrift „Wann kommt auch bei uns die Gewaltenteilung?" eine parlamentarische Inkompatibilität u. a. auch für die bad.-württ. Landräte und Bürgermeister und weist dabei lobend auf das bayer. Rechtsstellungsgesetz hin, das — wenn auch mit „Zeitzünder-Effekt" — den Grundsatz der Gewaltenteilung verwirkliche. Freilich findet man in der Tagespresse auch zurückhaltende, vorsichtig abwägende Stellungnahmen. So konterte die *Stuttgarter Zeitung* in einer „Purismus" überschiebenen Notiz vom 6. Juli 1966 den Verstoß des Bundes der Steuerzahler mit der Frage, ob das Prinzip der Gewaltenteilung bei einer radikalen Anwendung nicht in das Gegenteil dessen umschlagen könne, was es bezwecke. Es wird weiter gesagt:

Ein modernes Parlament bedürfe auch solcher Abgeordneter, die die Verwaltung oder das Schulwesen aus eigener Erfahrung kennen. Eine Volksvertretung, die nur aus Rechtsanwälten, Gewerbetreibenden und Landwirten bestünde, wäre zu einer wirksamen Kontrolle der Exekutive auf weiten Gebieten gar nicht mehr in der Lage. Die Hochschullehrer seien in der Geschichte gerade des württ. und bad. Parlamentarismus oft genug das Salz der Volksvertretung gewesen; sie nun ausschließen zu wollen, zeuge von einem demokratischen Purismus, der völlig übersehe, daß die Gefahr nicht mehr die sei, daß der Staat die Gesellschaft in sich einbeziehe, sondern daß die Gesellschaft den Staat überwältige. Warum solle — so wird gefragt — ein Studienrat nicht als Abgeordneter über die Frage der Schuljahrumstellung abstimmen dürfen, wenn es Bauern über den Grünen Plan dürfen? Natürlich könnten Beamte der Ministerien, die die Gesetzentwürfe der Regierung machen, nicht zugleich Abgeordnete sein, aber das heiße doch nicht, daß man das Kind mit dem Bade ausschütten solle.

Es ist nicht meine Absicht, hier das *politische* Für und Wider zum Thema der Unvereinbarkeit von Amt und Mandat auszubreiten. Dazu bedürfte es eines Eingehens auf einen Fragenkomplex, der etwa mit den Begriffen „Demokratisierung, Entpolitisierung und Neutralisierung der Beamtenschaft" einerseits und „Einordnung der Beamtenschaft in das politische Leben des Volkes" andererseits umrissen werden könnte[11]. Damit würde ich aber das mir gestellte Thema verfehlen. Ich habe über *Rechts*fragen der Rechtsstellungsgesetze zu referieren. Immerhin glaubte ich aber doch auf das Interesse der Tagespresse an diesen Fragen hinweisen zu sollen, um zu zeigen, daß die hier einschlägigen Rechtsprobleme nicht etwa in einem politisch freien Raum sich präsentieren, sondern eng mit aktuellen Fragen unseres staatlichen Daseins und unseres staatsbürgerlichen Zusammenlebens verknüpft sind.

---

[11] Vgl. dazu Theodor Eschenburg, a.a.O. (s. oben Fußn. 1).

II.

Betrachtet man die *Möglichkeiten einer positiv-rechtlichen Ausgestaltung des Inkompatibilitätsrechts,* so zeigt sich, daß man es mit einer außerordentlich komplizierten Materie zu tun hat. Das hat verschiedene Ursachen.

1. Zunächst einmal weist schon die *verfassungsrechtliche Ausgangslage* verschiedene Komponenten auf, die miteinander in Einklang zu bringen schwierige Probleme aufwirft. Da ist auf der einen Seite der schon mehrfach erwähnte Verfassungsgrundsatz der *Gewaltenteilung,* wie er insbesondere in Art. 20 Abs. 2 Satz 2 GG niedergelegt ist, wonach die Staatsgewalt durch *besondere* Organe der Gesetzgebung, der vollziehenden Gewalt und der Rechtsprechung ausgeübt wird. Es taucht hier sofort die Frage auf, ob und inwieweit der Gewaltentrennungsgrundsatz nicht nur eine Aufteilung der verschiedenen Staatsfunktionen auf voneinander getrennte *Organe* fordert, sondern darüber hinaus auch eine *personelle* Trennung, eine Trennung der Organwalter, verlangt mit der Folgerung, daß eine Personalunion bei der Mitgliedschaft zu Organen verschiedener Gewalten durch Inkompatibilitäten ausgeschlossen werden muß. Es wird auf der anderen Seite der Grundsatz der *allgemeinen und gleichen Wahl* berührt, ein Grundsatz, der sowohl das aktive als auch das *passive* Wahlrecht ergreift, aus dem sich also ergibt, daß das passive Wahlrecht grundsätzlich auch den Beamten zustehen muß; ich darf hierzu auf Art. 38 GG und, hinsichtlich der Länder, Kreise und Gemeinden, auf Art. 28 Abs. 1 Satz 2 GG verweisen. Auch der allgemeine Gleichheitsgrundsatz des Art. 3 GG ist hier zu berücksichtigen. Es kommt hinzu die Vorschrift des Art. 48 Abs. 2 GG, wonach niemand — also auch der Beamte nicht — gehindert werden darf, das Amt eines Abgeordneten zu übernehmen und auszuüben, und wonach eine Kündigung oder Entlassung aus diesem Grund unzulässig ist. Schließlich sind vom öffentlichen Dienstrecht her noch die Absätze 2 und 5 des Art. 33 GG zu beachten. Zwischen diesen offensichtlich einander widerstreitenden Gesichtspunkten — Gewaltentrennung einerseits und allgemeines, gleiches passives Wahlrecht für die Beamten andererseits — bringt nun Art. 137 Abs. 1 eine Lösung, die ausgesprochenen Kompromißcharakter trägt und keineswegs alle Zweifel für die Regelungsmöglichkeiten im einzelnen beseitigt.

2. Eine weitere Schwierigkeit ergibt sich daraus, daß sich das Problem der Unvereinbarkeit von Amt und Mandat in *verschiedenen Ebenen* stellt. Auf der einen Seite handelt es sich um die Frage, *für welche Vertretungskörperschaften* eine Inkompatibilität statuiert werden soll, für Bundestag, für die Länderparlamente und für die kommunalen Vertretungskörperschaften, wobei bei letzteren wieder zwischen Bezirks-,

Kreis- und Gemeindevertretungen zu unterscheiden ist. Auf der anderen Seite steht der Kreis *der Personen,* die für eine Inkompatibilität in Betracht kommen: Bundesbedienstete, Landesbedienstete, kommunale Bedienstete, wobei innerhalb aller dieser Gruppen wiederum zahlreiche Differenzierungen zur Debatte stehen. Es ergeben sich hieraus verwirrend zahlreiche Kombinationsmöglichkeiten, bei denen die verfassungsrechtliche Zulässigkeit oder gar Notwendigkeit, andererseits aber auch die Zweckmäßigkeit einer Unvereinbarkeitsregelung bedacht werden muß. Ich darf z. B. darauf hinweisen, daß die zeitliche und arbeitskraftmäßige Beanspruchung durch die Mitgliedschaft beim *Bundes*tag ungleich höher ist als etwa die Beanspruchung durch die Mitglieder bei einem *Gemeindeparlament.* Auch sieht das Inkompatibilitätsproblem für einen Abteilungsleiter in einem Ministerium anders aus als etwa für einen Regierungsdirektor bei einem Oberschulamt. Man wird hier nicht einem schematischen Gewaltentrennungsprinzip zuliebe sagen können, „Amt ist Amt" und „Mandat ist Mandat". Vielmehr liegt es auf der Hand, daß hier Differenzierungen möglich sein müssen.

3. Es kommt schließlich hinzu die leidige Frage der *Gesetzgebungskompetenz.* Da Art. 137 Abs. 1 GG wohl nicht als eine Kompetenzen begründende Norm angesehen werden kann, richtet sich die Kompetenzverteilung nach den allgemeinen Kompetenzbestimmungen des Grundgesetzes. Eine Spezialkompetenz für die Festlegung von Inkompatibilitäten gibt es im Grundgesetz nicht. Daher fragt es sich, zu welchem *Sachbereich* Inkompatibilitätsregelungen gehören. Hier bietet sich an einmal das *Wahlrecht.* Es ist jedenfalls der Gedanke nicht von der Hand zu weisen, daß eine Inkompatibilitätsregelung das passive Wahlrecht zu Bundestag, Landtag oder kommunaler Vertretungskörperschaft zumindest mittelbar betrifft; in diese Richtung weist m. E. auch Art. 137 Abs. 1 GG, wenn er von der Beschränkung der „Wählbarkeit" spricht. Unter dem Aspekt des Wahlrechts stünde dem Bunde gemäß Art. 38 Abs. 3 GG die Gesetzgebungskompetenz für Inkompatibilitätsregelungen bezüglich der Mitgliedschaft zum *Bundestage* zu, während Inkompatibilitäten zu Landtagen und kommunalen Vertretungskörperschaften gemäß Art. 70 GG in ausschließlicher *Länder*kompetenz zu regeln wären. Man kann die Sache aber auch vom *Recht des öffentlichen Dienstes* her betrachten. Hiernach wäre der Bund ausschließlich zuständig, Inkompatibilitäten für Bundesbedienstete festzulegen (Art. 73 Nr. 8 GG), während ihm für Länderbedienstete und kommunale Bedienstete immerhin die Rahmengesetzgebungskompetenz zustünde (Art. 75 Nr. 1 GG). Auf eine dritte Möglichkeit möchte ich hier nicht näher eingehen, weil sie im Ergebnis wohl auf dasselbe hinauslaufen würde wie der Wahlrechtsaspekt. Man könnte nämlich fragen, ob es sich nicht um *Parlamentsrecht* handelt. Die Frage nach der Gesetzgebungskompetenz für Parlamentsrecht wäre aus der

Natur der Sache heraus dahin zu beantworten, daß für das Bundesparlament der Bund, für die Länderparlamente die Länder zuständig wären. Zwischen diesen Möglichkeiten eine fundierte Entscheidung zu treffen, würde wohl den Rahmen dieses Referates sprengen. Ich darf mich darauf beschränken, auf die bei *Maunz-Dürig*[12] vorgeschlagene differenzierende Kompetenzlösung hinzuweisen sowie darauf, daß der Bundestagsausschuß für Beamtenrecht beim Rechtsstellungsgesetz des Bundes davon ausgegangen ist, daß dieses Gesetz kein Beamtengesetz oder ein Personalgesetz des öffentlichen Dienstes sei, sondern eine Ausführung des Art. 137 Abs. 1 GG und eine Ergänzung des Wahlgesetzes[13]. In der Tat läßt es sich wohl nur so rechtfertigen, daß der Bundesgesetzgeber in die Inkompatibilitätsregelung des Rechtsstellungsgesetzes die Beamten usw. *aller* Ebenen einbezogen hat.

4. Was endlich den *Inhalt* der zu treffenden Regelungen betrifft, so stellen sich zwei Fragen. Die erste Frage ist die: *In welchen Fällen* sollen Inkompatibilitäten statuiert werden? Die zweite, nicht minder heikle Frage ist die: *Welche Rechtsfolgen* sollen an die Vereinigung inkompatibler Amts- und Mandatsfunktionen in einer Person geknüpft werden, mit welcher *Sanktion* also soll die Inkompatibilitätsbestimmung versehen werden? Man kann hier grundsätzlich an zwei Möglichkeiten denken, die man als die *wahlrechtliche* und die *beamtenrechtliche* Lösung bezeichnen kann. Bei der wahlrechtlichen Lösung möchte ich wiederum zwischen einer *extrem wahlrechtlichen* und einer *im weiteren Sinne* wahlrechtlichen Lösung unterscheiden. Die extrem wahlrechtliche Lösung würde etwa so aussehen, daß bestimmte Beamte zu bestimmten Vertretungskörperschaften *überhaupt nicht* wählbar sind, daß also die Unvereinbarkeit zur echten Unwählbarkeit wird. Eine solche Lösung würde allerdings dem Art. 137 Abs. 1 GG widersprechen, wonach die Wählbarkeit — wie inzwischen des BVerfG[14] ausdrücklich betont hat — *nur beschränkt, nicht aber ausgeschlossen* werden darf[15]. Als wahlrechtliche Lösung *im weiteren Sinne* möchte ich eine Regelung derart bezeichnen, daß die Wahl eines Beamten zum Abgeordneten zwar nicht schlechthin ausgeschlossen ist, das Gesetz aber (beamtenrechtliche) Voraussetzungen für die *Annahme des Mandats* normiert, wie es z. B. in Berlin der Fall ist, wo nach § 25 des

---

12 Maunz-Dürig, Grundgesetz, Randnr. 17 bis 23 zu Art. 137.

13 Schriftlicher Bericht des Ausschusses für Beamtenrecht vom 22. 5. 1953, BT-Drucks., 1. Wahlp., Nr. 4370.

14 BVerfGE 12, 73 (77) und 18, 172 (181).

15 Nach Maunz-Dürig, a.a.O., Randnr. 15 zu Art. 137 läßt Art. 137 Abs. 1 GG „eindeutig auch die sog. Ineligibilitäten zu, durch die das passive Wahlrecht von vornherein geschmälert wird mit der Folge, daß eine trotzdem erfolgende Wahl ungültig wäre".

Landeswahlgesetzes[16] in Verbindung mit § 80 der Landeswahlordnung Beamte oder Angestellte der Hauptverwaltung, Richter und Bezirksamtsmitglieder die Wahl zum Abgeordneten nur annehmen können, wenn sie zuvor nachweisen, daß ihr Dienstverhältnis (auf ihren Antrag) beendet ist. Demgegenüber steht die *beamtenrechtliche* Lösung, bei der durch die Annahme des Mandats bestimmte statusrechtliche Folgen ausgelöst werden. Diese beamtenrechtlichen Folgen können aber überaus vielgestaltig und unter Umständen derart eingreifend sein, daß sich die Sanktion im Ergebnis zu einer zwar nicht rechtlichen, aber doch faktischen Unwählbarkeit auswirkt. Das gleiche gilt natürlich auch für die vorhin erwähnte wahlrechtliche Lösung im weiteren Sinne. Auch eine solche *faktische Ineligibilität* möchte ich für einen Verstoß gegen Art. 137 Abs. 1 GG halten[17]. Das BVerfG hat freilich zu diesem Problem, soweit ich sehe, noch nicht ausdrücklich Stellung genommen. Es hat in seinem Beschluß vom 17. Januar 1961[18] zu § 13 Abs. 1 Buchst. g des nordrh.-westf. Kommunalwahlgesetzes ausgeführt, daß diese Vorschrift die *Wählbarkeit* eines Beamten einer kreisangehörigen Gemeinde in den Kreistag nicht schlechthin ausschließe; sie statuiere nur eine Inkompatibilität, denn der Beamte könne sich als Wahlbewerber aufstellen lassen, sein Dienstherr müsse ihm dann sogar Urlaub zur Wahlvorbereitung erteilen, der Beamte könne aber eben die Wahl nur annehmen, wenn er die Beendigung seines Dienstverhältnisses nachweise. M. E. hätte sich hier das Problem der faktischen Ineligibilität aufdrängen müssen.

III.

Ich darf nun kurz auf die *Situation de lege lata* zu sprechen kommen. Dabei möchte ich die Inkompatibilitätsregelung für *Richter*, die durch das Deutsche Richtergesetz eindeutig geklärt ist[19], ausklammern; ebenso die Regelung für Soldaten, die in § 25 des Soldatengesetzes enthalten ist[20].

1. Zunächst die Inkompatibilität in bezug auf ein *Bundestagsmandat*. Die Unvereinbarkeit von öffentlichem Amt und Bundestagsmandat hat

---

[16] Gesetz über die Wahlen zum Abgeordnetenhaus und zu den Bezirksverordnetenversammlungen (Landeswahlgesetz) vom 28. 3. 1958 (GVBl. S. 305), zuletzt geändert durch das 2. Ges. zur Änderung des Landeswahlgesetzes vom 25. 2. 1965 (GVBl. S. 313).

[17] So auch Hans Schneider, Parlamentarische Betätigung der kommunalen Wahlbeamten — Zur Rechtslage in Niedersachsen, in: ZBR 1958, S. 78 ff. (insbes. S. 80 sowie S. 83 unter IV Nr. 1).

[18] BVerfGE 12, 73.

[19] Vgl. §§ 4, 21 Abs. 2 Nr. 2, 36, 121 DRiG.

[20] Vgl. auch § 12 des Gesetzes über Errichtung und Aufgaben des Bundesrechnungshofes vom 27. 11. 1950 (BGBl. I S. 765).

der Bund durch das bereits erwähnte Rechtsstellungsgesetz von 1953 geregelt[21]. Dieses Gesetz geht davon aus, daß die Eigenschaft als Beamter — gleichviel welcher Ebene — mit der eines Bundestagsabgeordneten grundsätzlich unvereinbar ist. Es bestimmt, daß ein in den Bundestag gewählter Beamter mit Dienstbezügen mit dem Tage der Annahme der Wahl in den Ruhestand tritt. Er erhält Ruhegehalt. Nach Beendigung des Mandats hat er einen Anspruch auf Wiederübernahme in das frühere Dienstverhältnis. Hat er das 55. Lebensjahr noch nicht vollendet, so kann ihn die oberste Dienstbehörde wieder in das frühere Dienstverhältnis berufen; lehnt er ab, so gilt er als entlassen. Bei Wiedereintritt in das frühere Dienstverhältnis oder nach Beendigung der Wahlperiode gilt die Mitgliedschaft beim Bundestag als Dienstzeit im Sinne des Besoldungs- und Versorgungsrechts. Diese Regelungen gelten sinngemäß für Angestellte des öffentlichen Dienstes. Erfaßt werden nicht nur Bundesbeamte, sondern auch Länderbeamte und Kommunalbeamte. Ausgenommen sind jedoch beamtete Lehrer an wissenschaftlichen Hochschulen und Personen, die ein Ehrenamt bekleiden oder keine feste Besoldung beziehen; für diese Gruppe besteht keine Inkompatibilität. *Ausgenommen* sind ferner die *Wahlbeamten auf Zeit,* also eine Gruppe, unter die insbesondere Bürgermeister und kommunale Landräte fallen; für diese schreibt das Rechtsstellungsgesetz vor, daß ihre Rechtsstellung *durch Landesgesetz* zu regeln ist. Eine solche landesgesetzliche Regelung der Rechtsstellung der in den Bundestag gewählten Wahlbeamten auf Zeit haben bisher, soweit ich sehe, nur Baden-Württemberg[22], Bayern[23] und Niedersachsen[24] getroffen. Baden-Württemberg hat dabei eine Inkompatibilität *nicht* eingeführt; nach § 186 Abs. 2 LBG wird die allgemeine Rechtsstellung eines Beamten auf Zeit durch die Annahme seiner Wahl in den Bundestag nicht berührt. Dagegen tritt nach Art. 7 des bayer. Rechtsstellunggesetzes und nach § 105 Abs. 1 Satz 2 NdsBG auch ein kommunaler Wahlbeamter auf Zeit, der in den Bundestag gewählt ist, in den Ruhestand. Daß Baden-Württemberg hiernach eine *Vereinbarkeit* von kommunalem Wahlamt und Bundestagsmandat statuiert hat, halte ich für rechtlich zulässig. § 7 Satz 2 des Rechtsstellungsgesetzes des Bundes schreibt lediglich vor, *daß* die Rechtsstellung der in den Bundestag gewählten Wahlbeamten auf Zeit durch Landesgesetz zu regeln ist; *wie* diese Regelung im Grundsatz — Vereinbarkeit oder Unvereinbarkeit — und in Einzelheiten auszusehen hat, schreibt diese Bestimmung jedoch nicht vor. Übrigens hat im hessi-

---

[21] Vgl. oben Fußnote 7.

[22] Gesetz über die Rechtsstellung der in den Landtag gewählten Angehörigen des öffentlichen Dienstes vom 25. 7. 1955 (Ges.Bl. S. 112), geändert durch § 85 des Landesrichtergesetzes vom 25. 2. 1964 (Ges.Bl. S. 79).

[23] Vgl. oben Fußnote 8.

[24] Vgl. § 105 Abs. 1 und 2 des Niedersächsischen Beamtengesetzes i. d. F. vom 1. 3. 1963 (GVBl. S. 95).

schen Landtag die FDP-Fraktion am 24. Januar 1967 einen Antrag betreffend Rechtsstellung der in den Bundestag gewählten Wahlbeamten eingebracht[25], der zum Ziel hat, die Landesregierung zu ersuchen, dem Landtag den Entwurf eines Gesetzes über die Rechtsstellung der *in den Bundestag gewählten Wahlbeamten auf Zeit* entsprechend dem Rechtsstellungsgesetz des Bundes vorzulegen.

Den umgekehrten Fall, daß nämlich ein Bundestagsabgeordneter zum Bundesbeamten ernannt wird, regelt § 28 Nr. 2 BBG. Diese Vorschrift stellt den frisch gebackenen Beamten vor die Alternative, ob er sein *Mandat* behalten oder *Beamter* bleiben will; legt er das Mandat nicht innerhalb einer ihm gesetzten angemessenen Frist nieder, so ist er zu entlassen. Da diese Bestimmung das Korrelat zum Rechtsstellungsgesetz ist, ist sie nach herrschender Auffassung nur auf die Beamten anwendbar, die vom Rechtsstellungsgesetz erfaßt sind.

Das Rechtsstellungsgesetz des Bundes erfaßt *nicht* den Fall, daß ein Beamter die Wahl zu einem *Landtag* oder zu einer *kommunalen Vertretungskörperschaft* annimmt. Ein Bundesbeamter wird daher durch die Wahl zu einem Landtag oder zu einer kommunalen Vertretungskörperschaft in seiner beamtenrechtlichen Stellung nicht berührt; im Gegenteil schreibt § 89 Abs. 3 BBG vor, daß dem Beamten zur Ausübung des Mandats eines Landtagsabgeordneten oder zu einer Tätigkeit als Mitglied einer kommunalen Vertretung der erforderliche Urlaub unter Belassung der Dienstbezüge zu gewähren ist.

2. Nun zur Inkompatibilität in bezug auf die Mitgliedschaft bei *Landesparlamenten* und kommunalen *Vertretungskörperschaften*, wobei ich mich angesichts der Umfänglichkeit der Materie im wesentlichen auf die Mitgliedschaft zu den *Landesparlamenten* beschränken werde.

Die gesetzliche Regelung ist hier — auf der Grundlage des Art. 137 Abs. 1 GG und des § 33 BRRG — den *Ländern* überlassen. Naturgemäß ergibt sich daraus ein buntes, schwer überschaubares Bild. Wenn auch gewisse einheitliche Grundtendenzen erkennbar sind, so sind doch die Länderregelungen im einzelnen, bisweilen auch im Grundsätzlichen, recht vielgestaltig. Einige Länder haben bereits in ihre *Verfassungen* einschlägige Vorschriften aufgenommen, die dem Art. 137 Abs. 1 GG in etwa entsprechen. So z. B. Niedersachsen in Art. 47[26] und Nordrhein-Westfalen in Art. 46 Abs. 3[27], wobei bei der Regelung in Nordrhein-Westfalen be-

[25] LT-Drucks. Nr. 46.

[26] „Die Wählbarkeit von Beamten, Angestellten des öffentlichen Dienstes und Richtern in Vertretungskörperschaften kann gesetzlich beschränkt werden."

[27] „Die Wählbarkeit von Beamten, Angestellten und Richtern des Landes

merkenswert ist, daß hier schon die *Landesverfassung* bestimmte Beamten- und Angestelltengruppen von der Möglichkeit einer Beschränkung ihrer Wählbarkeit ausnimmt, nämlich die Lehrer, die Hochschullehrer und die wissenschaftlichen Dienstkräfte der Forschungsinstitute.

Verschiedenartig in den Ländern ist auch die formale *Zuordnung* der Inkompatibilitätsbestimmungen *zu den einzelnen Sachbereichen der Gesetzgebung.* Hessen[28], Niedersachsen[29] und Schleswig-Holstein[30] haben die Inkompatibilitätsregelungen in ihren *Beamtengesetzen* getroffen. Berlin[31], Hamburg[32] und Rheinland-Pfalz[33] haben die Inkompatibilitäten in ihren *Wahlgesetzen* geregelt, wobei das LWG von Rh-Pf einen besonderen Unterabschnitt „Sonderbestimmungen für Angehörige des öffentlichen Dienstes" enthält, der dann freilich die beamtenrechtliche Lösung bringt. Die übrigen Länder haben — mehr oder weniger nach dem Muster des Rechtsstellungsgesetzes des Bundes — besondere *Rechtsstellungsgesetze* erlassen. So Nordrhein-Westfalen[34] 1954, Baden-Württemberg[35] 1955, Saarland[36] 1960, Bayern[37] und Bremen[38] 1966. Daß das bayerische Rechtsstellungsgesetz inhaltlich eine sehr umfassende Regelung bringt, deutet sich schon in der Gesetzesüberschrift an: Sie lautet, abweichend von den übrigen Rechtsstellungsgesetzen, „Gesetz über die *Unvereinbarkeit von Amt und Mandat* für Angehörige des öffentlichen Dienstes (Rechtsstellungsgesetz)" und weist damit auf die Tendenz hin, Unvereinbarkeiten in weitem Umfang vorzuschreiben. Diese Rechtsstellungsgesetze regeln meist nur die Unvereinbarkeit mit dem Landtagsmandat. Die Unvereinbarkeit hinsichtlich der Mitgliedschaft bei *kommunalen*

---

mit Ausnahme der Lehrer an öffentlichen Schulen, der Lehrer an Hochschulen und der wissenschaftlichen Dienstkräfte der Forschungsinstitute kann gesetzlich beschränkt werden."

28 §§ 62, 63, 64, 215 Abs. 3 des Hessischen Beamtengesetzes.

29 Vgl. oben Fußnote 24.

30 §§ 69 ff. des Beamtengesetzes für Schleswig-Holstein.

31 Vgl. oben Fußnote 16.

32 Gesetz über die Wahl zur hamburgischen Bürgerschaft vom 24. 4. 1961 (GVBl. S. 139) sowie Gesetz über die Wahl der Bezirksabgeordneten zu den Bezirksversammlungen vom 24. 4. 1961 (GVBl. S. 145), je mit Änderung vom 30. 10. 1961 (GVBl. S. 335).

33 Landeswahlgesetz vom 7. 12. 1950 (GVBl. S. 317) i. d. F. vom 12. 1. 1959 (GVBl. S. 23) und der Änderungsgesetze vom 11. 7. 1962 (GVBl. S. 73) und vom 17. 12. 1963 (GVBl. 1964 S. 5).

34 Gesetz über die Rechtsstellung der in den Landtag gewählten Beamten, Angestellten und Richter des Landes Nordrhein-Westfalen vom 18. 5. 1954 (GV.NW. S. 147).

35 Vgl. oben Fußnote 22.

36 Gesetz Nr. 726 über die Rechtsstellung der in den Landtag gewählten Angehörigen des öffentlichen Dienstes vom 29. 9. 1960 (Amtsbl. S. 811).

37 Vgl. oben Fußnote 8.

38 Vgl. oben Fußnote 9.

Vertretungskörperschaften ist in den Ländern mit besonderen Rechtsstellungsgesetzen meist in den Kommunalverfassungsgesetzen (Gemeindeordnungen, Kreisordnungen usw.) oder in den Kommunalwahlgesetzen geregelt. Das gilt im Grunde auch für das bayerische Rechtsstellungsgesetz, das zwar auch die Unvereinbarkeiten im kommunalen Bereich *regelt, gesetzestechnisch* aber doch in der Weise, daß die einschlägigen Bestimmungen der bayerischen *Kommunalgesetze* geändert oder ergänzt wurden. Diese verschiedene Zuordnung hat übrigens u. a. auch deshalb ihren guten Sinn, weil die Frage der Unvereinbarkeit mit einem Landtagsmandat meist *beamten*rechtlich gelöst ist, während bei der Regelung der Unvereinbarkeit *im kommunalen Bereich* meist die *wahl*rechtliche Lösung bevorzugt wird.

Was den *Inhalt* der landesrechtlichen Regelungen betrifft, so ist hier neben dem Grundgesetz und etwaigen landesverfassungsrechtlichen Regelungen insbesondere auch die Rahmenvorschrift des § 33 BRRG zu beachten. Nach § 33 Abs. 1 Satz 1 BRRG kann durch Gesetz bestimmt werden, daß ein Beamter in den Ruhestand tritt, wenn er die Wahl zum Mitglied der Volksvertretung seines Landes oder einer Vertretungskörperschaft seines Dienstherrn annimmt. Für diesen Fall ist dann nach Satz 2 dieses Absatzes eine Regelung zu treffen, wie sie das Bundesrechtsstellungsgesetz enthält, d. h. im wesentlichen der Anspruch des Beamten auf erneute Berufung in das Beamtenverhältnis nach Beendigung des Mandats sowie für den Dienstherrn die Möglichkeit, den Beamten nach Beendigung des Mandats auch ohne seine Zustimmung erneut in das Beamtenverhältnis zu berufen. Es ist die Auffassung vertreten worden[39], daß § 33 BRRG „das Höchstmaß der nachteiligen Folgen aufzeige, die einem Landesbeamten durch die Wahl in den Landtag erwachsen dürfen". Bei dieser Auslegung des § 33 BRRG wären die Länder in ihrer Möglichkeit, die Rechtsfolgen einer von ihnen eingeführten Inkompatibilität zu regeln, stark eingeengt, so daß, da es sich ja um eine Rahmenvorschrift handelt, verfassungsrechtliche Bedenken angemeldet werden müßten. Ich halte diese Auslegung aber für unzutreffend. Schon dem Wortlaut nach handelt es sich eindeutig um eine *„Kann"*-Bestimmung. Das bedeutet: Entschließt sich der Landesgesetzgeber für die Einführung einer Inkompatibilität, so hat er die *Möglichkeit,* die Versetzung des Beamten in den Ruhestand vorzuschreiben. *Wenn* er dies vorschreibt, dann muß er sich allerdings der in § 33 Abs. 1 Satz 2 BRRG vorgeschriebenen näheren Ausgestaltung bedienen. *Ob* er es vorschreibt, ist aber seinem gesetzgeberischen Ermessen vorbehalten. Er kann eine *andere* als die in § 33 Abs. 1 Satz 1 BRRG angebotene Regelung treffen.

[39] So von H. Schneider, a.a.O., S. 79 (s. oben Fußnote 17).

Auf den Inhalt der landesrechtlichen Regelungen *im einzelnen* kann ich hier nicht eingehen. Die meisten Länder sehen als Folge der Annahme der Wahl zum Landtag den *Eintritt in den Ruhestand* bzw. in den einstweiligen Ruhestand vor. Der Beamte erhält dann *Ruhegehalt*, wobei in einigen Ländern — soweit ich das sehe, Bremen[40] und Hessen[41] — bestimmte Mindesthundertsätze garantiert sind; eine solche Garantie war in den bayerischen Gesetzentwürfen vorgesehen, wurde aber ins Rechtsstellungsgesetz schließlich nicht aufgenommen. Eine grundsätzlich andere Lösung — ich habe es vorhin die im weiteren Sinne wahlrechtliche Lösung genannt — sehen Berlin und Hamburg vor. In *Berlin* kann ein unter die Inkompatibilitätsbestimmung fallender Beamter, wie ich vorhin bereits dargelegt habe, ein Mandat zum Abgeordnetenhaus nur annehmen, wenn er zuvor nachweist, daß das *Dienstverhältnis* (auf seinen Antrag) *beendet* ist[42]. Nach dem *Hamburgischen* Bürgerschaftswahlgesetz können unter die Inkompatibilitätsvorschrift fallende Beamte die Wahl zur Bürgerschaft nur annehmen, wenn sie nachweisen, daß sie von ihrem Dienstherrn *ohne Bezüge beurlaubt* worden sind[43]. Ich bin der Meinung, daß diese für den Beamten überaus harten Regelungen von Berlin und Hamburg zwar nicht gegen § 33 BRRG verstoßen, daß sie aber doch im Hinblick auf Art. 137 Abs. 1 GG verfassungsrechtlich bedenklich sind. Denn die an die Inkompatibilität geknüpften Sanktionen — Beendigung des Dienstverhältnisses oder Beurlaubung ohne Bezüge — führen zu einem Wegfall der gesamten Bezüge des Beamten, damit zur Entziehung seiner Existenzgrundlage, so daß mir ein Fall der faktischen Ineligibilität im vorhin dargelegten Sinne vorzuliegen scheint. Es liegt also die Annahme nahe, daß hier gegen Art. 137 Abs. 1 GG verstoßen worden ist, zumal wenn man bei der Auslegung des Art. 137 Abs. 1 GG den Art. 48 Abs. 2 GG berücksichtigt, wonach niemand gehindert werden darf, das Amt eines Abgeordneten zu übernehmen und auszuüben.

Verschieden in den einzelnen Ländern ist auch der *erfaßte Personenkreis*. Die meisten Länder nehmen z. B. die Hochschullehrer von der Unvereinbarkeit aus, so daß Hochschullehrer ohne Beeinträchtigung ihrer beamtenrechtlichen Stellung Landtagsabgeordnete sein können. Nur das bayerische Rechtsstellungsgesetz hat nunmehr eine Inkompatibilität auch für Hochschullehrer vorgesehen. In Nordrhein-Westfalen und in Schleswig-Holstein demgegenüber sind auch Lehrer an öffentlichen Schulen von der Inkompatibilität ausgenommen, können also gleichzeitig Abgeordnete sein.

---

[40] Vgl. § 2 Abs. 2 des brem. Rechtsstellungsgesetzes.

[41] Vgl. § 63 Hess. BG.

[42] Vgl. § 80 der Landeswahlordnung vom 12. 7. 1958 (GVBl. S. 663), zuletzt geändert am 23. 11. 1965 (GVBl. S. 1937).

[43] Vgl. § 13 des hamb. Bürgerschaftswahlgesetzes.

IV.

Ich möchte nun noch auf einige *besondere Fragen der Rechtsstellungsgesetze* zu sprechen kommen, die m. E. von aktueller Bedeutung sind und daher hier erörtert zu werden verdienen. Ich greife drei Punkte heraus.

1. Die Frage der *Beförderung eines Beamten-Abgeordneten.* Wie wir gesehen haben, ist — insgesamt betrachtet — der Eintritt in den Ruhestand mit der Mandatsannahme die regelmäßige Sanktion der Inkompatibilität. Durch den Eintritt in den Ruhestand endet das Beamtenverhältnis. Beförderungen sind daher nicht mehr möglich. Dadurch können sich für den Beamten, der ein Landtagsmandat annimmt, erhebliche berufliche Nachteile ergeben. Ich denke z. B. an einige junge Regierungsräte aus unserem Lande, die in den Bundestag gewählt wurden und die dereinst, wenn sie etwa wieder in den Staatsdienst zurückkehren, zunächst wieder als Regierungsräte übernommen werden müssen, mögen ihre Jahrgangskollegen inzwischen auch längst die Sprossenleiter der Beamtenhierarchie behende hochgeklettert sein. Man hat, wie mir bekannt ist — ich spreche jetzt aber nicht vom Lande Baden-Württemberg — das Verbot der Beförderung während des Inkompatibilitätsruhestandes etwa folgendermaßen zu umgehen versucht: Kurz vor Ende der Legislaturperiode legten Beamten-Abgeordnete ihr Mandat nieder, wurden wieder in das Beamtenverhältnis übernommen, dann befördert, um schließlich wieder für die folgende Legislaturperiode zu kandidieren und gewählt zu werden und damit wieder in den Ruhestand zu treten. Ein solches Verfahren mag vielleicht rechtlich haltbar sein, sieht aber doch stark nach Mißbrauch von rechtlichen Gestaltungsmöglichkeiten aus und ist jedenfalls geeignet, in der Öffentlichkeit unliebsames Aufsehen zu erregen.

Den hier sich ergebenden Schwierigkeiten versucht Art. 3 Abs. 7 des bayerischen Rechtsstellungsgesetzes abzuhelfen. Diese Vorschrift lautet:

„(7) Bei Anwendung der Absätze 1 bis 6 sind Beförderungen, die der Beamte bei Verbleiben im Dienst im Verlauf seiner Dienstlaufbahn erlangt hätte, zu berücksichtigen; in diesem Fall tritt das Beförderungsamt an die Stelle des zuletzt bekleideten Amtes. Satz 1 gilt entsprechend für die Anstellung und für die Umwandlung eines Beamtenverhältnisses auf Probe in ein solches auf Lebenszeit. Die Entscheidung, ob die Voraussetzungen der Sätze 1 und 2 vorliegen, trifft die oberste Dienstbehörde.“

Diese Bestimmung ermöglicht zwar nicht eine Beförderung während des Inkompatibilitätsruhestandes. Sie führt aber dazu, daß bei Rückkehr des Beamten in sein früheres Dienstverhältnis nach Mandatsbeendigung Beförderungen, die der Beamte bei Verbleiben im Amte erlangt hätte, berücksichtigt werden müssen. Diese Regelung erfordert also eine Nachzeichnung der Dienstlaufbahn. Die sich hierbei möglicherweise ergebenden Schwierigkeiten sind bekannt aus dem Recht der Wiedergutmachung im öff. Dienst. Es darf hier an die umfangreiche Judikatur zu § 9 Abs. 2 Satz 1 BWGöD erinnert werden.

Eine derartige Regelung enthält das Rechtsstellungsgesetz des Bundes nicht. Auch die Ländergesetze behandeln dieses Problem nicht, mit Ausnahme des Bremischen Rechtsstellungsgesetzes, wo es in § 2 Abs. 3 heißt:

„Die ruhegehaltfähige Dienstzeit ist jeweils nach Beendigung der Wahlperiode neu festzusetzen. Eine *Beförderung*, die der Beamte beim Verbleiben im Dienst in einer haushaltsrechtlich gebündelten Stelle nach den Vorschriften der bremischen Laufbahnverordnung erlangt hätte, ist zu diesem Zeitpunkt durchzuführen."

Übrigens macht sich auch ein Initiativgesetzentwurf, den die FDP-Fraktion am 27. September 1966 beim Landtag in Rheinland-Pfalz eingebracht hat[44], diese Regelung zu eigen.

Die vom bayerischen Gesetzgeber gefundene Lösung ist m. E. zu begrüßen. Freilich sind damit noch nicht alle Fragen restlos geklärt. So bleibt die Möglichkeit einer Beförderung während des Inkompatibilitätsruhestands selbst nach wie vor ausgeschlossen. Einer solchen Möglichkeit stehen aber auch gewichtige Gründe entgegen. Unter anderem ist hier an die Unabhängigkeit der Abgeordneten zu denken. Es liegt auf der Hand, daß die Unabhängigkeit eines Abgeordneten gefährdet erscheinen kann, wenn während seiner Abgeordnetenzeit die Frage seiner Beförderung zur Debatte steht. Dieser ganze Fragenkomplex, für die Praxis nicht ohne Bedeutung, bedarf jedenfalls noch gründlicher Überprüfung.

2. Eine weitere wichtige Frage betrifft die *Begrenzung des Personenkreises*, für den Unvereinbarkeit statuiert ist. Zu diesem Punkt darf ich kurz auf die Regelungen in Baden-Württemberg und in Hamburg eingehen.

Das bad.-württ. Rechtsstellungsgesetz von 1955[45], das sich im übrigen weitgehend an das Rechtsstellungsgesetz des Bundes anlehnt, sieht eine Inkompatibilität nur für folgende Beamtengruppen vor: Beamte mit Dienstbezügen bei einer obersten Landesbehörde, einem Regierungspräsidium, einer Landesoberbehörde oder einer höheren Sonderbehörde, und zwar jeweils im Range vom Amtmann an aufwärts, ferner Staatsanwälte. Es handelt sich also um eine Differenzierung nach Dienst*stelle* und Dienst*rang*. Das bedeutet z. B., daß ein Landtagsabgeordneter zwar nicht gleichzeitig aktiver Oberregierungsrat bei einem Ministerium, bei

[44] LT-Drucks. II/644.
[45] Vgl. oben Fußnote 22.

einem Regierungspräsidium oder bei einer Oberfinanzdirektion, wohl aber gleichzeitig aktiver Oberregierungsrat bei einem Landratsamt sein kann; als Beispiel hierfür darf ich den derzeitigen Justizminister von Baden-Württemberg nennen, der also erst durch seine Ernennung zum Minister aus seinem Amt als Beamter ausgeschieden ist[46].

Von einem ganz anderen Prinzip geht die *hamburgische* Regelung aus. Nach § 13 des hamb. Bürgerschaftswahlgesetzes[47] werden von der Inkompatibilität nur solche Beamte mit Dienstbezügen und Angestellte erfaßt, „zu deren eigentümlichem und regelmäßigem Aufgabenbereich die Ausübung von Hoheitsbefugnissen mit staatlicher Zwangs- oder Befehlsgewalt gehört". In die Sprache des allgemeinen Verwaltungsrechts übersetzt bedeutet dies: Inkompatibilität nur bei Beamten, die auf dem Gebiete der Obrigkeitsverwaltung tätig sind, nicht dagegen bei solchen, die nur schlicht-hoheitlich oder gar nur fiskalisch tätig sind. Da die Zuordnung eines Beamten zu diesem oder jenem Bereich im Einzelfall nicht leicht sein mag, ist ein besonderes *Feststellungsverfahren* vorgesehen; über die Frage, ob der Beamte Hoheitsbefugnisse ausübt, hat der Dienstherr zu entscheiden, und gegen dessen Entscheidung kann Antrag auf Entscheidung durch das Hamburgische Verfassungsgericht gestellt werden[48].

Sowohl bei der badisch-württembergischen als auch bei der hamburgischen Regelung taucht die Frage auf, ob durch die Ausnahmen von der Unvereinbarkeit zugunsten bestimmter Beamtengruppen nicht der *allgemeine Gleichheitssatz* verletzt ist. Die hier zunächst sich ergebende Vorfrage, ob der Gesetzgeber bei Inkompatibilitätsregelungen nur die durch Art. 137 Abs. 1 GG gesetzten Schranken zu beachten hat oder ob er hierfür auch an den allgemeinen Gleichheitssatz des Art. 3 GG gebunden ist, möchte ich im letzteren Sinne beantworten. Es kommt daher darauf an, ob sich bei einer am Gerechtigkeitsgedanken orientierten Betrachtungsweise ein vernünftiger, sich aus der Natur der Sache ergebender oder sonstwie sachlich einleuchtender Grund für die gesetzliche Differenzierung zwischen den verschiedenen Beamtengruppen finden läßt. Ein solcher Differenzierungsgrund ist m. E. sowohl bei der bad.-württ. als auch bei der hamburgischen Regelung gegeben. Die Scheidung nach den Funktionen, die von den Beamten jeweils ausgeübt werden, ist m. E. nicht willkürlich, sondern *sachgerecht*. Ob sie *zwingend* ist, ist eine andere Frage. Die äußersten Grenzen des vom Willkürverbot eingegrenzten Bereichs sind jedenfalls nicht überschritten. Ob der Gesetzgeber hier im einzelnen die

---

[46] Vgl. § 22 des bad.-württ. Gesetzes über die Rechtsverhältnisse der Mitglieder der Regierung (Ministergesetz) vom 13. 12. 1954 (Ges.Bl. S. 163) mit späteren Änderungen.

[47] Vgl. oben Fußnote 32.

[48] Vgl. § 15 des hamb. Bürgerschaftswahlgesetzes.

zweckmäßigste, vernünftigste oder gerechteste Lösung gefunden hat, ist keine Frage des allgemeinen Gleichheitssatzes mehr. Daß man in Baden-Württemberg in die Unvereinbarkeit auch den gehobenen Dienst vom Amtmann an aufwärts einbezogen hat, wurde übrigens seinerzeit von einem angesehenen Abgeordneten im Plenum damit begründet, daß „in manchen Ministerien ein Amtmann oder ein Amtsrat etwa auf die Gesetzgebungsarbeit, die Entwürfe oder auf den Haushaltsplan einen größeren Einfluß ausüben als mancher Regierungsrat“[49].

Ob die genannten Regelungen in Baden-Württemberg und Hamburg unter dem Gesichtspunkt des *Gewaltentrennungsprinzips* verfassungsrechtlich bedenklich sind, möchte ich im Zusammenhang mit dem nächsten Punkt erörtern, wo diese Frage ebenfalls eine Rolle spielt.

3. Damit komme ich zum letzten Punkt. Das ist die Frage der *Vereinbarkeit von Landtagsmandat und kommunalem Amt.* Es ist dies eine Frage, für die sich die Öffentlichkeit in letzter Zeit besonders lebhaft interessiert; ich habe das bereits eingangs dargelegt. Es handelt sich dabei vor allem um die Bürgermeister, Oberbürgermeister und kommunalen Landräte, die in den verschiedenen deutschen Länderparlamenten in recht stattlicher Zahl sitzen. So waren z. B. von den insgesamt 120 Abgeordneten des Landtags von Baden-Württemberg am 1. Februar 1966 22 Bürgermeister, 3 Oberbürgermeister und 5 Landräte; das ergibt insgesamt eine „Bürgermeister- und Landräte-Fraktion“ von insgesamt genau 25 %. *Vereinbar* ist das kommunale Amt mit dem Landtagsmandat außer in Baden-Württemberg noch in Hessen, Nordrhein-Westfalen, Rheinland-Pfalz, Saarland und Schleswig-Holstein. Eine *Unvereinbarkeit* besteht lediglich in Niedersachsen und — ab 1. November 1970, also mit der vorhin erwähnten „Zeitzündung“ — in Bayern. Die Stadtstaaten möchte ich hier von der Betrachtung ausschließen, da die Frage der Trennung von staatlicher und kommunaler Verwaltung dort anders liegt als in den Flächenstaaten.

Die Frage der Vereinbarkeit von Landtagsmandat und kommunalem Amt ist, wenn ich recht sehe, vor allem in Hessen und Rheinland-Pfalz in Bewegung geraten. In *Hessen* hat die FDP-Fraktion am 18. Januar 1967 beim Landtag einen Antrag eingebracht mit dem Ziel, die Landesregierung zu ersuchen, dem Landtag unverzüglich den Entwurf eines Gesetzes über die Unvereinbarkeit von Amt und Mandat bezüglich der kommunalen Wahlbeamten vorzulegen. Im Landtag von *Rheinland-Pfalz* brachte die FDP-Fraktion am 15. September 1966 den Entwurf eines Landesgesetzes zur Sicherung der verfassungsmäßigen Trennung der gesetzgebenden, rechtsprechenden und vollziehenden Gewalt ein[50]. Diese recht

[49] Abg. Renner in LT-Prot., 1. Wahlp., S. 3427 f.
[50] Vgl. oben Fußnote 44.

klangvoll tönende Gesetzesüberschrift hängt übrigens, wenn ich recht sehe, damit zusammen, daß Rheinland-Pfalz den Gewaltentrennungsgrundsatz in einem besonderen Verfassungsartikel stark prononciert hat: Nach Art. 77 der Verfassung für Rheinland-Pfalz ist die verfassungsmäßige Trennung der gesetzgebenden, rechtsprechenden und vollziehenden Gewalt unantastbar. Dieser Gesetzentwurf erstrebt eine Änderung des Landeswahlgesetzes, der Gemeindeordnung, der Amtsordnung und des Landesbeamtengesetzes mit dem Ziele, auch die *mittelbaren* Landesbeamten — das sind in Rheinland-Pfalz die Beamten, die eine Gemeinde oder einen Gemeindeverband oder eine sonstige der Aufsicht des Landes unterstehende Körperschaft, Anstalt oder Stiftung des öffentlichen Rechts zum Dienstherrn haben (vgl. § 3 LBG) — in die Inkompatibilität zwischen Verwaltungsamt und Landtagsmandat einzubeziehen und ferner eine Inkompatibilität auch für solche rheinland-pfälzischen Wahlbeamten auf Zeit zu begründen, die in den Deutschen Bundestag gewählt sind. M. a. W.: Die rheinland-pfälzischen Bürgermeister und Oberbürgermeister sollen in Zukunft in den einstweiligen Ruhestand treten, wenn sie die Wahl zum Bundestag oder zum Landtag annehmen, wie dies bisher schon für die Landräte in Rheinland-Pfalz gilt, die ja unmittelbar Landesbeamte sind und daher unter die bestehenden Inkompatibilitätsbestimmungen fallen. Der den Antrag bei der ersten Lesung im Plenum begründende Abgeordnete wurde dann auch mit dem Zuruf „Heinrich der Bürgermeistersäuberer, der Bürgermeisterschlächter" begrüßt. Interessant ist die *Begründung,* die diesem Initiativgesetzentwurf beigegeben wurde. Sie stützt sich in erster Linie auf den Grundsatz der *Gewaltentrennung,* dem in der Verfassung von Rheinland-Pfalz, wie erwähnt, ein besonderer Artikel gewidmet ist. Aus diesem Art. 77 wird ein Verfassungsbefehl des Inhalts herausgelesen, die Trennung der drei Gewalten unter jedem Aspekt konsequent zu vollziehen. Es wird dann wie folgt argumentiert: Zwar sei die Trennung der Staatsfunktionen und ihre Verteilung auf gesonderte Staats*organe* in Rheinland-Pfalz folgerichtig durchgeführt. Nicht so befriedigend sei aber die *personale* Seite der Gewaltentrennung durchgeführt, d. h. der Grundsatz, daß nicht dieselben Personen gleichzeitig mehreren trennungsbedürftigen Organen angehören sollen. Die Tatsache, daß in den Landesparlamenten zunehmend Kommunalbeamte eingerückt seien, vor allem leitende Wahlbeamte, habe dazu geführt, daß man für manche Landtage der unsichtbaren, überparteilichen „Fraktion der Oberbürgermeister und Landräte" die schlechthin ausschlaggebende Macht zugesagt habe. Daraus erwüchsen Mißhelligkeiten. Dieser Zustand sei geeignet, den Nährboden für die vielbesprochene „Verdrossenheit" an der Demokratie zu intensivieren. Eine solche Ämterverflechtung verstärke zumindest das oft geäußerte Gefühl der Ohnmacht der Bürger gegenüber den Amts- und Mandatsträgern.

Diese Argumentation ist offensichtlich vorwiegend politisch bestimmt. Sie birgt aber auch einen *rechtlichen* Kern. Es steckt nämlich dahinter die hie und da anzutreffende Vorstellung, daß der Gewaltentrennungsgrundsatz *zwingend* eine Inkompatibilität zwischen Amt und Mandat erfordere, etwa mit der extremen Folge, daß dort, wo die Unvereinbarkeit nicht normiert ist, eben ein verfassungswidriger Zustand vorliege. Derartige Vorstellungen haben durch den vorhin erwähnten Beschluß des BVerfG vom 27. Oktober 1965[51] kräftige Nahrung erhalten[52].

Es kann nun jedenfalls seit der Entscheidung des BVerfG vom 27. Oktober 1964 nicht der geringste Zweifel mehr darüber bestehen, daß der Gewaltentrennungsgrundsatz die Einführung einer Unvereinbarkeit von kommunalem Wahlamt und Landtagsmandat *rechtfertigt.* Ich bin aber der Meinung, daß er eine solche Inkompatibilität keineswegs *zwingend erfordert.* Ich konzediere durchaus, daß der Gewaltentrennungsgrundsatz, zunächst nur funktionell und organisatorisch gemeint, sich auch *personell* auswirkt[53], daß er die Grundlage von Inkompatibilität ist. Ich möchte auch nicht dem Gedankengang folgen, mit dem der Abg. Prof. Dr. *Gönnenwein* im Jahre 1954 bei der ersten Beratung des Rechtsstellungsgesetzes im bad.-württ. Landtag den Argumenten der Amerikaner aus dem Gewaltentrennungsprinzip entgegengetreten ist, nämlich daß „wir ja die Gewaltentrennung im Verhältnis von Exekutive und Legislative nach unserem parlamentarischen System nicht kennen"[54]. Es mag schließlich auch dahingestellt bleiben, inwieweit dem Gewaltentrennungsgrundsatz — der ja ohnehin im Grundgesetz und in der Staatspraxis mannigfach durchbrochen ist — *unmittelbar geltende* Verfassungskraft zukommt. Denn jedenfalls für die Frage der Vereinbarkeit oder Unvereinbarkeit von Amt und Macht hat sich das Grundgesetz in Art. 137 Abs. 1 eindeutig dahin entschieden, daß die Wählbarkeit der Beamten usw. gesetzlich beschränkt werden *kann,* aber *nicht* gesetzlich beschränkt werden *muß.* Art. 137 Abs. 1 GG bringt insoweit die spezielle Ausprägung des Gewaltentrennungsgrundsatzes für die Frage der Unvereinbarkeit von Amt und Mandat. Auch das BVerfG läßt in seinen beiden mehrfach erwähnten Entscheidungen vom 17. Januar 1961[55] und vom 27. Oktober 1964[56] nirgends erkennen, daß es etwa den Art. 137 Abs. 1 GG als einen Verfassungs*befehl* an den Gesetzgeber verstanden wissen will. Es ist immer nur

[51] Vgl. oben Fußnote 10.

[52] Sie liegen wohl auch einer Untersuchung zugrunde, die Hans H. Klein über die Vereinbarkeit von Amt und Landtagsmandat der Bürgermeister am Beispiel Baden-Württembergs in ZBR 1964, S. 225 ff., angestellt hat.

[53] Vgl. dazu Jakob Kratzer, Die Gewaltentrennung in Bayern, in: BayVBl. 1962, S. 293 ff. (insbes. S. 293 und 299).

[54] LT-Prot., 1. Wahlp., S. 2106.

[55] Vgl. oben Fußnote 18.

[56] Vgl. oben Fußnote 10.

die Rede davon, daß Art. 137 Abs. 1 GG den Gesetzgeber zu einer Beschränkung der Wählbarkeit *ermächtige*. Ich möchte daher dem *Bundesverwaltungsgericht* beipflichten, das in einem Urteil vom 19. Oktober 1955[57] zur Frage der Vereinbarkeit des Amts eines Bürgermeisters in Württemberg-Hohenzollern mit einem Bundestagsmandat und Landtagsmandat folgendes ausgeführt hat:

„*Es gibt . . . im Bundesrecht keinen ungeschriebenen Rechtssatz des Inhalts, daß die gleichzeitige Tätigkeit eines Oberbürgermeisters als Beamter und als Abgeordneter rechtswidrig wäre.* Das Grundgesetz geht davon aus, daß die Wählbarkeit der Beamten — *auch auf derselben staatsrechtlichen Ebene* — nicht beschränkt ist. Dies ergibt sich aus Art. 137 Abs. 1 GG. . . . Die Beschränkung der Wählbarkeit bei gleichzeitigem Tätigwerden auf derselben staatsrechtlichen Ebene läßt sich insbesondere auch nicht aus dem in Art. 20 Abs. 2 GG verkörperten Prinzip der *Gewaltentrennung* herleiten. Die Wählbarkeit der Beamten kann vielmehr nur auf Grund der Ausnahmevorschrift des Art. 137 Abs. 1 GG durch positive Gesetzesvorschrift beschränkt werden. . . . Soweit also der Gesetzgeber von der ihm durch Art. 137 GG erteilten Ermächtigung keinen Gebrauch gemacht hat, sind Amt und Parlamentsmandat vereinbar.“

Hieraus folgt: Weder ist es verfassungswidrig, wenn in vielen deutschen Ländern heute noch aktive kommunale Wahlbeamte auf Zeit in den Parlamenten sitzen. Noch ist es verfassungswidrig, wenn in Hamburg und in Baden-Württemberg bestimmte Beamtenkategorien von der Inkompatibilitätsregelung ausgenommen sind. Die Frage, ob und inwieweit man Inkompatibilitäten einführen will, ist eine *rein politische* Frage; *verfassungsrechtlich* sind lediglich die Grenzen des Art. 137 Abs. 1 GG unter Berücksichtigung des allgemeinen Gleichheitssatzes zu beachten[58].

Ich möchte nun allerdings mit diesen Ausführungen nicht den Eindruck erwecken, als sei ich etwa ein Freund von Vereinbarkeiten. Ich will nur sagen: Verfassungsrechtlich vom Gewaltenteilungsgrundsatz her zwingend vorgeschrieben ist es m. E. nicht, daß z. B. kommunale Wahlbeamte von der Möglichkeit, gleichzeitig in Landesparlamenten zu sitzen, ausgeschlossen werden. Ob ein solcher Ausschluß politisch begrüßenswert wäre oder nicht, das ist eine ganz andere Frage. Ich persönlich — das möchte ich bekennen — neige dazu, daß Inkompatibilitäten in möglichst weitem

---

[57] BVerwGE 4, 1.

[58] Freilich erscheint es rechtspolitisch erwünscht, im Rahmen der Inkompatibilitätsgesetzgebung dem Gedanken der säuberlichen Gewaltentrennung einerseits und der parteipolitischen Neutralisierung der Beamtenschaft andererseits nach Möglichkeit Rechnung zu tragen, um so dem von der Verfassung vorgezeichneten Idealbild möglichst nahe zu kommen. — Walter Leisner kommt in seiner Schrift „Die Unvereinbarkeit von öffentlichem Amt und Parlamentsmandat“ (1967; lag zur Zeit des Vortrags noch nicht vor) zu dem Ergebnis, daß der gegenwärtige Zustand in Rheinland-Pfalz weder mit der Landesverfassung noch mit dem Grundgesetz im Einklang stehe; die Inkompatibilität von öffentlicher Dienststellung und Landtagsmandat müsse auf die Bediensteten der mittelbaren Staatsverwaltung, mit Ausnahme der Ehrenbeamten, erstreckt werden.

Umfang eingeführt werden sollten. Aber verfassungsrechtlich gezwungen ist der Gesetzgeber dazu nicht. Das ist, wie gesagt, eine rein politische Entscheidung.

Ich bin damit am Ende meiner Ausführungen. Ich habe mich bemüht, in das unübersichtliche Dickicht der Rechtsstellungsgesetzgebung eine gewisse systematische Ordnung zu bringen und dadurch das Verständnis für Grundsatz- und Einzelprobleme dieses politisch bedeutsamen Rechtsgebiets zu erleichtern. Ich habe ferner versucht, einige Rechtsfragen zur Diskussion zu stellen, von denen ich meine, daß sie aktuelle Bedeutung haben. Ich bin mir klar darüber, daß meine rechtliche Argumentation noch mannigfacher Vertiefung bedürft hätte. Ich bitte um Verständnis, wenn ich in der kurzen mir zur Verfügung stehenden Zeit dieser Forderung nach Vertiefung nicht immer im wünschenswerten Maße gerecht werden konnte[59].

---

[59] Zur Frage der Unvereinbarkeit von Amt und Mandat sei aus neuerer Zeit noch hingewiesen auf C. H. Ule, Die politische Betätigung der Beamten, in: Bettermann-Nipperdey, Die Grundrechte, Bd. IV, Halbbd. 2 (1962), S. 651 ff., sowie auf H. Nilges, Der Beamte als Abgeordneter, in: ZBR 1962, S. 104 ff.

Aussprache zu dem Vortrag von Peter Rößler

Bericht von Alfons Noll

Professor Dr. *Herzog*, Berlin, begann seinen einleitenden Beitrag mit der Festsstellung, daß er, da volle Übereinstimmung zwischen dem Referenten und ihm darüber bestehe, daß die Verfassung viele, um nicht zu sagen alle Möglichkeiten offen lasse, seinen Hauptauftrag darin sehe, die Prinzipien aufzuzeigen, auf die man sich besinnen könne, wenn man daran gehe, Kompatibilitätsfragen gesetzlich zu regeln, ergangene gesetzliche Regelungen zu kritisieren und nicht ergangene gesetzliche Regelungen zu fordern. Im wesentlichen sehe er drei verschiedene Möglichkeiten, „Gedankenstränge", die man dabei verfolgen solle. Während der erste Gedankenstrang der der klassischen Gewaltenteilung sei, und der zweite als der einer Gewaltenteilung der psychologischen Typen angesprochen werden könne, solle der dritte Gedankenstrang zunächst einmal als „Flair der Sauberkeit" bezeichnet werden.

Die Gewaltenteilung sei ein Prinzip, das man in den verschiedensten Ausformungen vorfinden könne, aus dem allein irgend etwas zu deduzieren aber schwerfalle. Es sei immer die Frage zu stellen, wie die Gewaltenteilung in den einzelnen Verfassungen ihren Niederschlag gefunden habe. Infolgedessen gebe für die Entscheidung konkreter Kompatibilitätsfragen Art. 20 Abs. 2 GG nur sehr wenig Aufschluß. Für sie müsse vielmehr hier auf Art. 137 Abs. 1 GG zurückgegriffen werden. Die vom Referenten zitierte Behauptung, es bestehe überhaupt keine Gewaltenteilung mehr zwischen Exekutive und Legislative, könne er nur unterstreichen. Das parlamentarische Regierungssystem, wie es im Grundgesetz verankert sei, sei jedenfalls in der Spitze die Negation einer derartigen Gewaltenteilung. Art. 21 GG als Ausdruck der Parteiendemokratie tue ein übriges dazu. Wenn die Frage aufgeworfen worden sei, ob das Parlament zugunsten der Regierung oder die Regierung zugunsten des Parlaments ihre Bedeutung verliere, so könne etwas zugespitzt, aber realisitisch darauf nur geantwortet werden, daß beide ihre Bedeutung weitgehend zugunsten eines funktionsfähigen und funktionsfreudigen Führungsteams verlören oder schon verloren hätten. Dieses Team bestehe im wesentlichen teilweise aus Kabinettsmitgliedern, aber auch aus anderen politischen Potenzen, unter denen der Fraktionsführer nur einer von mehreren sei. *Herzog* sah darin eine Verfassungswirklichkeit, die im Grundgesetz zumindest so angelegt sei. Hinzu komme die Bindung der Verwaltung und ihrer Beamtenschaft an die politische Führung. Duppré habe das hinsichtlich der Weisungsgebundenheit klar herausgestellt. Hinzuzusetzen sei nur, daß sich das gleiche aus Art. 20 Abs. 3 GG ergebe. Wenn der Beamte danach an das Gesetz gebunden sei, so sei das Gesetz nicht als etwas zu verstehen, was aus den Sternen komme, sondern als etwas, was aus dem politisch beeinflußten Parlament komme. Der Beamte, der dem Gesetz diene, könne nicht einfach sagen, daß er der reinen Gerechtigkeitsidee diene. Er diene vielmehr der Gerechtigkeitsidee, wie sie die jeweilige Parlamentsmehrheit zu verwirklichen suche. Aus all diesen Gründen führe der Gedankenstrang der klassischen, um nicht zu sagen Montesquieu'schen Gewaltenteilung zur Lösung der Kompatibilitätsfragen wenig weiter, wenn man die Situation realistisch sehen wolle.

Als zweite Möglichkeit, die offensichtlich auch in der Formulierung des Themas angesprochen sei, bleibe die Auffassung, daß das Amt etwas anderes sei als das Mandat oder doch der Amtsträger etwas anderes als der Mandatsträger sei. Niemand bezweifle, daß es rechtliche Unterschiede zwischen Amt und Mandat gebe. Die Unterscheidung zwischen dem Typ des Amtsträgers als dem unpolitischen Organ und dem des Mandatsträgers als einer politischen Persönlichkeit, wie dies einige Male angeklungen, allerdings auch wieder bestritten worden sei, gelte so ohne weiteres nicht. Wenn man sich allerdings auf die Gleichsetzung von Politik und Parteipolitik zurückziehe, dann könne man die Dinge freilich so sehen. Die führenden Beamten seien in der Regel alles andere als unpolitische Menschen. Vielleicht seien nicht alle Parteipolitiker, aber sie wüßten ganz genau, was sie vom Gemeinwohl zu denken, was sie durchzusetzen und welche Beschränkungen sie sich in der einen oder anderen Richtung aufzuerlegen hätten. Das sei gut und solle nicht weginterpretiert werden. Es bedeute aber, daß das Beamtentum auch eine politische Größe sei.

Es bleibe also noch der Unterschied in psychologischer Hinsicht, wie ihn insbesondere Fellner angesprochen habe. Jeder wisse, daß es vitale Beamte und schläfrige Abgeordnete gebe. Aber es scheine doch etwas Richtiges in der Behauptung zu liegen, daß der Beamte zunächst auf dem Boden der Rechtmäßigkeit stehe, was bei allem politischen Einschlag des Gesetzes zunächst auch einmal Gleichheit und Sicherheit bedeute und für den verwaltenden Beamten im Vordergrund stehe. Die Verwaltung arbeite bedächtig, während der Politiker — wie er jedenfalls in den Typologien zu stehen scheine und wie man es von ihm wirklich erwarte — ein vitaler Mensch sei, dem das Gesetz vielleicht Grenzen auferlege, dessen Sinnen aber nicht in erster Linie darauf gehe, das Gesetz zu vollziehen und zu beachten, der vielmehr im Gesetz auch eine gestaltbare Größe sehe. Diese beiden Typen ständen nebeneinander, wenn sie auch linienmäßig nicht scharf voneinander geschieden werden könnten. Aus diesem Sachverhalt könne sich so etwas wie eine andere Form der Gewaltenteilung mit dem Beamtentum als retardierendem, zur Rechtmäßigkeit und Überlegung mahnendem Element gegenüber dem vorwärtsstürmenden Element des Politikers ergeben. Auch so könne die Gewaltenteilung gedeutet werden. Im Hinblick auf die augenblickliche rechtliche Situation gab *Herzog* allerdings zu bedenken, ob damit nicht ein völlig neues Element in die Debatte getragen werde, wenn die Inkompatibilitätsgesetze nach derartigen Gesichtspunkten interpretiert oder gestaltet würden. Die Rechtsstellungsgesetze schützten in der Regel nicht davor, daß Beamte im Sinne dieser Typologie in die Parlamente Eingang fänden. Dadurch, daß jemand in den Ruhestand versetzt werde, werde er kein anderer Mensch. Es könne auch sein, daß jemand vom Typ her Politiker gewesen sei und gewissermaßen nur zur Versicherung oder aus anderen Gründen Beamter geworden sei, wie es ebenso denkbar sei, daß jemand nach jahrelangem Mandat sich erst zum Politiker entwickele. Das Institut der Rechtsstellungsgesetze allein schütze die Parlamente nicht vor dieser Vertauschung der Typen, wie auch umgekehrt die Laufbahnverordnungen nicht davon schützten, daß der politische Typ, wie er geschildert worden sei, zum Beamten werde.

Die dritte Möglichkeit, Inkompatibilitäten zu konstruieren und zu fordern, sah *Herzog* in dem „Flair der Sauberkeit". Darunter verstehe er nicht die Sauberkeit der Verwaltung oder des Beamtentums als ihren Hort. Es sei vielmehr darauf abzustellen, daß es in einem modernen Staat eine saubere Scheidung der Kompetenzen geben solle. Wenn diese Scheidung auch zunächst ein rechtlicher, ein mehr technischer Vorgang sei, könne man diese Scheidung aber auch anders sehen. Es müsse insbesondere das vermieden werden, was Bürger und Presse mit Recht als „Kuddelmuddel" bezeichneten. Dazu müßten die am Vortag erwähnten „Striche" eingeführt werden, bei denen man frage, welche Position der betreffende Beamte innehabe[1]. Die obrigkeitliche Tätigkeit könne in einem modernen Staat mit seinen so weit von der obrigkeitlichen Seite wegführenden Funktionen nicht entscheidendes Unterscheidungsmerkmal sein. Es solle daher sehr viel genauer, als es bisher geschehen sei, auf die Frage zurückgegangen werden, in welchen Fällen die Vereinbarkeit von Amt und Mandat, die Vereinigung mehrerer Ämter — was letztlich der allgemeine und entscheidende Gesichtspunkt sei — nicht nur die Gefahr, sondern schon den Verdacht eines Durcheinanders mit sich bringe. Damit werde auch die Frage berührt, welche Ämter von ihrer Arbeitslast her vereinbar seien und welche nicht. Eine differenzierende

[1] s. hierzu den Beitrag von Barth oben S. 71 f.

Lösung müsse von dieser Gefahr ausgehen und eine an ihr orientierte Regelung finden. Dabei sei auch zu erwägen, daß unerwünschte Verquickungen nicht nur durch die Statuierung von generellen Inkompatibilitäten zu verhindern seien. Vergleichbare Schwierigkeiten bestünden auch im Verwaltungsverfahrensrecht und in ähnlichen Rechtsgebieten und würden dort häufig nur mit Ausschließung im Einzelfall gelöst. Diese Möglichkeit solle auch für die hier in Frage stehende Inkompatibilität diskutiert werden.

Staatssekretär i. R. Dr. *Anders*, Bonn, gab zunächst auf Grund seiner Mitwirkung bei Schaffung der Rechtsstellungsgesetze des Bundes einen historischen Rückblick auf deren Entstehungsgeschichte. Art 137 Abs. 1 GG sei nicht als erste einschränkende Vorschrift auf diesem Gebiet ergangen. Für den ersten Bundestag habe vielmehr bereits eine alliierte Anordnung der Militärregierung bestanden, nach der jeder Beamte, der sich zur Wahl stelle, dann gewählt werde und das Mandat annehme, aus dem Beamtenverhältnis ohne Pension auszuscheiden habe. Ob das seinerzeit überall durchgeführt worden sei, könne er nicht nachprüfen. Ein gewisser Druck der Alliierten, die bis 1952 immer noch auf dem Gebiet des Beamtenrechts mitgewirkt hätten, habe schon bestanden. Bei der Beratung des Rechtsstellungsgesetzes durch den Bundestag seien auch gewisse Vorstellungen der Alliierten mit in Rechnung gestellt worden. Es sei von vornherein klar gewesen, daß Art. 137 Abs. 1 GG, der nur die Einschränkung der Wählbarkeit beinhalte, niemals dahin ausgelegt werden könne, daß man dem Beamten überhaupt verbiete, sich wählen zu lassen; dies ginge auf jeden Fall zu weit und sei keine Einschränkung mehr. Aber auch die mittelbare Einschränkung des Ausscheidens aus dem Beamtenverhältnis ohne Versorgungsbezüge wie in den Alliierten Anordnungen gehe praktisch über eine Beschränkung hinaus, da dem Beamten durch die Vernichtung seiner Existenzgrundlage tatsächlich die Ausübung eines Abgeordnetenmandats unmöglich gemacht werde.

Ob Art. 137 Abs. 1 GG eine beamtenrechtliche oder parlamentarisch-wahlrechtliche Vorschrift sei, wage er nicht zu entscheiden. Der Bundestag sei von beiden Gesichtspunkten ausgegangen. Wenn er im Rechtsstellungsgesetz bestimmt habe, daß die Landesbeamten genauso wie die Bundesbeamten ergriffen würden, wäre das beamtenrechtlich zu weit gegangen, denn rahmenrechtlich habe der Bund diese Einwirkungsmöglichkeiten nicht. Dagegen könne er selbstverständlich bestimmen, wer Zugang zum Bundesparlament haben solle.

Bezüglich des Personenkreises seien damals erhebliche Debatten geführt worden mit dem Ergebnis, daß man nur gewisse Gruppen wie die Ehrenbeamten, die Beamten ohne Dienstbezüge im Vorbereitungsdienst, die Zeitbeamten, die Hochschullehrer, nicht aber die Lehrer allgemein wie in manchen Rechtsstellungsgesetzen der Länder, ausgeschaltet habe. Dagegen sei eine Unterscheidung nach den verschiedenen Laufbahngruppen der Beamten abgelehnt worden. Es sei zu bezweifeln, ob das Recht des Landes Baden-Württemberg wirklich so exzellent sei, wenn sich danach an aktiven Beamten im Parlament nur solche niederer Laufbahngruppen bewegen dürften, während solche vom Amtmann an aufwärts alle im Ruhestand sein müßten. Der tatsächliche Einfluß, den sie — deswegen dürfe die Gewaltenteilung auch nicht überschätzt werden — als Versorgungsempfänger im Bundestag auf das Beamtenrecht ausüben könnten, sei natürlich genau so groß, als wenn sie im aktiven Dienst ständen. Unter diesem Gesichtspunkt sei seiner Ansicht nach ein großer Unterschied nicht vorhanden. Deswegen sei der von Herzog betonte Gesichtspunkt des gewissen Flairs der Sauberkeit für die Scheidung zwischen Abgeordnetenmandat und Beamtentum zu unterstreichen und entscheidend. Es sei immer schwer vorstellbar, wie ein aktiver Beamter im Parlament seinem Minister und anderen Ministern gegenüber auftreten könne und so als Abgeordneter ganz andere Rechte denn als Beamter haben solle, was praktisch eine große Rolle spiele.

Was die Regelung des § 33 BRRG anlangt, so stimmte *Anders* darin Rößler zu, daß sie in keiner Weise ein Höchstmaß der Einwirkung bedeute, daß hier nur die Möglichkeit einer Ruhestandsversetzung für die Länder geschaffen worden sei. Das schließe aber nicht aus, daß die Länder nicht etwa andere Regelungen in ihren Rechtsstellungsgesetzen treffen könnten.

Die Frage der Beförderung sei seinerzeit bei den Beratungen des Rechtsstellungsgesetzes des Bundes angesprochen, eine Beförderungsmöglichkeit für Abgeordnete aber ausdrücklich abgelehnt worden. Die lange Dauer der Zeit, die seither vergangen sei, dränge aber zu einer neuen Prüfung. Es seien bereits Vorschläge gemacht und Entwürfe ausgearbeit worden, die eine Regelung dahin vorsähen, daß die laufbahnmäßigen Beförderungen zum mindesten beim Ausscheiden aus dem Bundestag doch berücksichtigt werden könnten, wie dies nach Landesrecht schon jetzt zu geschehen habe. Eine unterschiedliche Behandlung des Beamten-Abgeordneten, der wieder in den öffentlichen Dienst eintrete, und desjenigen, der im Ruhestand bleibe, lehnte *Anders* ab. Der Ruhestandsbeamte solle nicht befördert werden, wohl aber die Pension nach dem Amt, das er mutmaßlich im Laufe der Zeit, in der er Abgeordneter gewesen sei, erreicht hätte, erhalten. Es sei nur zu hoffen, daß dieses Gesetz auch vom Bundestag einmal verabschiedet werde.

Leitender Regierungsdirektor Dr. *Korte*, Hannover, stimmte der Schlußfolgerung des Referenten zu, daß nach Art. 137 Abs. 1 GG verfassungsrechtlich die Situation etwa so wie unter der Weimarer Reichsverfassung sei, daß von einer Vereinbarkeit ausgegangen werden könne. Damit sei die Frage der Inkompatibilität zu einer politischen Frage geworden. Als sachgerechteste Lösung sah *Korte* die an, nach der ein Bundesbeamter nicht in den Bundestag, ein Landesbeamter nicht in den Landtag und ein Kommunalbeamter nicht in die Vertretungskörperschaft seines Dienstherrn gewählt werden könne. § 33 BRRG schließe de lege ferenda auch die Möglichkeit einer Beurlaubung mit halben Dienstbezügen nicht aus. Dagegen bestünden seines Erachtens keine Bedenken. Als nicht sachgerecht und nicht mehr verfassungskonform dagegen erscheine die hamburgische Lösung, die einen Verzicht auf die Dienstbezüge verlange. Auf der anderen Seite müsse aber auch die Frage nach der Unabhängigkeit der Abgeordneten gestellt werden, die im Gegensatz zu den Beamten-Abgeordneten mit ihrem Ruhegehalt im Hintergrund nur auf die Diäten angewiesen seien, sonstige Einkünfte aber nicht erzielen könnten.

Weiter wies *Korte* darauf hin, daß auch die Behandlung von Fragen des Status von Bundes- und Landesministern, die Abgeordnete seien, von Interesse wäre.

Zur Frage der Gewaltenteilung wies Regierungsrat Privatdozent Dr. *Scholler*, München, auf das Vorhandensein nicht nur einer horizontalen, sondern auch einer vertikalen Teilung in Bund, Ländern und Gemeinden hin. Die bayerische Lösung, die Bürgermeister und Landräte aus dem Landesparlament herausnehme, scheine dieser vertikalen Gewaltenteilung zu entsprechen. *Scholler* warnte jedoch davor, diesem Vorbild unbedingt zu vertrauen, da ohnehin die Gefahr bestehe, daß sich die großen Gemeinden immer stärker vom Staat absetzten. Die Mittel- und unteren Verwaltungsbehörden, die mit Rechts- oder Fachaufsicht betraut seien, hätten bereits das Gefühl, daß die größeren Gemeinden immer unabhängiger würden. Mit der Möglichkeit der Wahl von Bürgermeistern und Landräten in den Landtag habe auch die Möglichkeit eines Interessenclearings im Landtag und einer Verbindung dieser getrennten Gewalten bestanden. Die Gewaltentrennung dürfe keine absolute sein und nicht zu einem Purismus führen, durch den der Staat in den staatlichen und den rein kommunalen Bereich aufgeteilt werde. *Scholler* sprach sich im Hinblick darauf für eine Vereinbarkeit von kommunalem und Landtagsmandat aus, um gerade dadurch der in der Gegenwart drohenden Gefahr eines Dualismus zwischen Staat und Kommune vorzubeugen.

Professor Dr. *Partsch*, Bonn, stellte eine weitgehende Aufhebung des Gewaltenteilungsgrundsatzes im Verhältnis von Regierung und Parlament im parlamentarischen Regierungssystem in Abrede. Er verwies auf das seines Erachtens erfreuliche Urteil des hessischen Staatsgerichtshofes vom November 1966 zur Frage der Verfassungsmäßigkeit der Einsetzung eines parlamentarischen Untersuchungsausschusses des hessischen Landtags im September 1964[2]. In diesem Falle haben die Opposition in eine in der Schwebe befindliche Regierungshandlung durch Einsetzung eines Untersuchungsausschusses „hineinregiert", und der hessische Staatsgerichtshof habe entschieden, daß dies mit dem Grundsatz der Gewaltenteilung unvereinbar sei.

Partsch trat der Auffassung des Referenten entgegen, daß Art. 137 GG eine Art Dispens vom Gewaltenteilungsgrundsatz darstelle. Er sehe in dieser Vorschrift vielmehr in erster Linie eine Dispens vom Grundsatz der Allgemeinheit und Gleichheit des aktiven und passiven Wahlrechts und sei der Meinung, daß rechtliche Inkompatibilitätspflichten durchaus aus ungeschriebenem Verfassungsrecht hergeleitet werden könnten. Er habe das im Jahre 1950 für die Frage der Inkompatibilität zwischen Bundestags- und Bundesratsmandat zu begründen versucht[3]. Der Bundesrat habe dann auch vor kurzem erfreulicherweise in seine Geschäftsordnung aufgenommen, daß Bundesratsmitglieder nicht gleichzeitig dem Bundestag angehören dürften (s. § 2 GeschOBR).

Das eigenartige Phänomen, daß die Ablehnung einer strengeren Inkompatibilitätshaltung offenbar nicht nur interessenbedingt gewesen sei, sondern auf eine tiefere Quelle zurückzugehen scheine, sei insbesondere bei den harten Auseinandersetzungen mit den Besatzungsmächten seinerzeit deutlich geworden und erkläre sich aus der deutschen Verwaltungsgeschichte. Die produktivsten Erfindungen der deutschen Verwaltung seien die Figuren des Bürgermeisters und des Landrats, die beide die Elemente des Fachbeamtentums mit den politischen Elementen in sich vereinigten. Diese Erscheinung sei für jemanden, der aus der angloamerikanischen Tradition komme, anstößig. Sie entspräche aber dem Menschenbild des Humboldt'schen Idealismus und Humanismus, der es ablehne, den Menschen in Einzelfunktionen aufzuteilen, und ihn als ganzheitliche Wesen sehe. Es sei zu hoffen, daß das Widerstreben gegen die Einführung von Inkompatibilitäten sich doch letzten Endes auf diese doch verehrungswürdige Konzeption zurückführen lasse und nicht lediglich auf nackten Interessenegoismus derjenigen, die sich durch die Einführung dieser Inkompatibilitäten persönlich von gewissen Tätigkeiten ausgeschlossen sähen.

Regierungsrat *Goedecke,* München, ging auf das Problem der Inkompatibilitäten im kommunalen Bereich ein, das nur wahlrechtlich gelöst werden könne. Die beamtenrechtliche Lösung mit Versetzung in den

---

[2] s. ESVGH 17, 1 ff., 15 = JR 1967, 434 ff., 438.

[3] s. Partsch/Genzer: Inkompatibilität der Mitgliedschaft im Bundestag und Bundesrat in AöR Bd. 76 (1950/51), S. 186 ff.

Ruhestand sei den Gemeinden nicht zuzumuten, einmal weil den Gemeinden zu große finanzielle Belastungen entstehen würden, wenn ihre Beamten bei Annahme eines Mandats in den Ruhestand versetzt werden müßten, und zum anderen, weil ein Mandat auf Kommunalebene längst nicht mit soviel Arbeit belastet sei wie ein Bundestags- oder Landtagsmandat und deshalb sicherlich keine Ruhestandsversetzung des betreffenden Beamten erfordere. Als primäres Argument für die bayerische sogenannte große Lösung könne das von *Herzog* geforderte „Flair der Sauberkeit" angesprochen werden. Gerade in diesem Bereich liege zumindest die Gefahr einer gewissen Ämter- oder Höherstufungspatronage sehr nahe. Aus diesem Grund sei die in Bayern getroffene Lösung gut und werde sich sicher auch bewähren. Zur Veranschaulichung der Gefahren einer Ämtervereinigung brachte *Goedecke* das Beispiel eines Angestellten eines Lastenausgleichsamtes (beim Landratsamt), der zugleich Kreisrat und Kreisausschußmitglied gewesen sei. Seine politische Macht sei so groß gewesen, daß man nicht gegen gesetzwidrige Akte bei seiner Amtsführung eingeschritten sei.

Ministerialrat i. R. *Geffers*, Hannover, wandte sich verwaltungspraktischen und verwaltungspolitischen Fragen zu und ging zunächst auf die großen Unterschiedlichkeiten in den einzelnen Ländern bei der Regelung der Inkompatibilitätsfrage ein, die auf kaum einem anderen Rechtsgebiet so ausgeprägt seien. Es sei zu fragen, ob hier nicht die Interessenwahrnehmung derer, die Abgeordnete werden oder bleiben wollten, der vordergründigste und wichtigste Gestaltungsanlaß gewesen sei, und ob die Parlamente der Gefahr, rechtliche Gestaltungsmöglichkeiten zu mißbrauchen, immer ganz ausgewichen seien. Zu prüfen sei auch die Frage, wie sich die Beteiligung der Beamten im Parlament auf dessen Niveau auswirke, dessen Erhaltung und Steigerung man nicht aus dem Gesichtskreis verlieren dürfe. Es erscheine außerordentlich bedenklich, wenn in Parlamenten mehr Beamte niederer Laufbahngruppen als solche des höheren Dienstes mit einem etwas größeren Überblick und zu alte Pensionisten säßen. Das eigentliche Problem liege aber auf einem anderen Gebiet. Die Frage der Interessenkonflikte müsse nicht nur unter grundsätzlichen Aspekten, sondern in ihren Auswirkungen im Einzelfall gesehen werden. Ein gewählter Beamter beispielsweise dürfe ebensowenig im Beamtenausschuß des Bundestages oder Landtages sitzen wie die Gewerkschafts- und Beamtenbundvertreter. Es sei eine parlamentsrechtliche Frage, ob überall in den Ausschüssen überwiegend nur noch Interessenvertreter säßen, welche die Meinungsbildung vorbereiteten und von niemand mehr kontrolliert werden könnten. Gerade der kommunale Raum könne bei der sauberen Erfassung der Interessenkonflikte in der Tätigkeit der einzelnen Beamten sicher nicht ausgespart werden, da die Gefahren hier sehr viel härter als im Landtag und im Bundestag in Erscheinung träten. Gegenüber der These, daß Ministerialbeamte nicht in Parlamenten sitzen könnten, wies *Geffers* darauf hin, daß Max von Brauchitsch, der Begründer des großen Werkes über das Verwaltungsrecht, gleichzeitig Ministerialbeamter, Abgeordneter und Berichterstatter über die große preußische Reformgesetzgebung gewesen sei.

In seinem Schlußwort ging Ministerialdirigent Dr. h. c. *Rößler* zunächst auf die bayerische große Lösung der Inkompatibilität und das bayerische Rechtsstellungsgesetz ein. Er wies darauf hin, daß bereits in zwei Fällen der Verfassungsgerichtshof gegen dieses Rechtsstellungsgesetz angerufen worden sei. In der einen Popularklage wende sich ein Staatsbürger dagegen, daß im bayerischen Rechtsstellungsgesetz, das endlich die Inkompatibilität einführe, die Beamten nur in den Ruhestand träten, Ruhestandsbezüge erhielten und daß außerdem noch eine Beförderungsregelung für sie bestehe. Dies sei alles verfassungswidrig. Auf der anderen Seite habe ein Kriminaloberinspektor eine Popularklage gegen die Einführung der Inkompatibilität im kommunalen Bereich erhoben. Dieser wende sich dagegen, daß er als Bürger nicht mehr in den Gemeinderat gewählt werden könne, obwohl im kommunalen Bereich gar keine Veranlassung für eine solche Beschränkung bestehe. Für den Landtag oder Bundestag sei das noch einzusehen, da ein Beamter als Abgeordneter sein Hauptamt dann wirklich nicht mehr voll ausfüllen könne. Aber bei einer Wahl in den Gemeinderat sei dies durchaus möglich. Beide Beispiele zeigten, daß die Dinge hier von allen Seiten angefochten seien.

Rößler unterstrich, daß er die baden-württembergische Lösung ebenfalls nicht für die Ideallösung ansehe, sie aber für sachlich vertretbar und nicht verfassungswidrig halte, und hob abschließend die Wichtigkeit von Taktfragen hervor: Ein Landrat und gleichzeitig führender Abgeordneter des Landtages habe sich als Landrat in einer wichtigen Angelegenheit seines Kreises bei einem Abteilungsleiter im Finanzministerium gemeldet. Aus irgendwelchen Gründen habe er eine dreiviertel Stunde warten müssen. Nachträglich habe er sich dann beim Minister darüber beschwert. Die Reaktion des Ministers sei die Frage gewesen: „Ja, haben Sie denn nicht gesagt, daß Sie Abgeordneter sind?" — Andererseits sei es für einen Regierungspräsidenten, der mit einem Landrat in einer staatlichen Sache einmal „Fraktur reden" müsse, viel heikler, wenn dieser Landrat Abgeordneter ist. Nicht nur im Bereich der Inkompatibilitäten, sondern im gesamten Verhältnis des öffentlichen Dienstes zum politischen Bereich dürften ganz unabhängig von allem Rechtlichen die politischen und auch rein menschlichen Aspekte nicht außer acht gelassen werden.

Der kommunale Wahlbeamte zwischen staatlicher Behörde und kommunalem Vertretungsorgan

Von Richard Kunze

Öffentlicher Dienst und politischer Bereich berühren und verzahnen sich nirgends so stark wie bei den Gemeinden und Landkreisen. Die leitenden Beamten der Orts- und Kreisinstanz der allgemeinen und inneren Verwaltung sind Angehörige des öffentlichen Dienstes; sie haben eigene oder abgeleitete Zuständigkeiten im Selbstverwaltungsbereich, insbesondere für die Geschäfte der laufenden Verwaltung, sind Leiter des Verwaltungsapparates und das Verwaltungsorgan, das für die Erfüllung der in engem Kontakt mit der Fachaufsichtsbehörde zu bearbeitenden Weisungsaufgaben und Auftragsangelegenheiten zuständig ist. Soweit in den Ländern das Landratsamt als staatliche Behörde erhalten geblieben ist wie in Baden-Württemberg, Bayern und Rheinland-Pfalz sind die Landräte zugleich Leiter dieser Staatsbehörde; soweit sie Kommunalbeamte sind, stehen sie der Staatsverwaltung im Wege der Organleihe zur Verfügung und in der Verantwortung gegenüber dem Staat. Die leitenden kommunalen Wahlbeamten sind aber gleichzeitig auch in die Arbeit und den Organismus des kommunalen Vertretungsorgans einbezogen und üben auf dessen Entscheidungen ganz wesentlichen Einfluß aus. Dabei macht es m. E. für unsere Betrachtung keinen erheblichen Unterschied, ob der leitende Kommunalbeamte als Bürgermeister oder Landrat Vorsitzender der Volksvertretung ist oder ob er als Stadtdirektor oder Oberkreisdirektor vom Vorsitz verdrängt „nur" der fachlich qualifizierte und über die Einzelheiten der Beratungsgegenstände umfassend orientierte Berater und Vertrauensmann des Rates ist. Der kommunale Wahlbeamte ist aber andererseits auch als Vertreter seiner Körperschaft der Gegenspieler und Partner bei allen Verhandlungen und Auseinandersetzungen, die das vielfältige Zusammenwirken von Staat und Kommunen erforderlich macht, und er ist auch der eigentliche Adressat für alle Aufsichtsmaßnahmen. Es erwartet dabei die staatliche Verwaltung von ihrem Gegenspieler nicht nur eine gesetzestreue, sondern auch eine einsichtige und nachgiebige Einstellung, ja wohl auch etwas wie eine kollegiale Haltung oder gar Anerkennung der höheren Orts beheimateten besseren Einsicht, während das kommunale Vertretungsorgan oft genug kämpferischen Einsatz für die von ihr getroffenen Entscheidungen oder geäußerten Vorstellung zu sehen wünscht. Soweit der kommunale Wahlbeamte Leiter der unteren Verwaltungsbehörde ist, entsteht die Frage, ob er diese staatlichen bzw. staatsintensiven Aufgaben im Sinne der übergeordneten und überregionalen Ordnungsverantwortung des Staates erfüllt oder ob er hier zu sehr in rein örtlichen Wertungen verhaftet und von den Auffassungen seines kommunalen Vertretungsorgans beeinflußt ist. Beim Landrat bzw. Oberkreisdirektor kommt hinzu, daß es die Bürgermeister und Gemeinderäte der kreisangehörigen Gemeinden fast als selbstverständlich ansehen, daß sich der Leiter der Kreisverwaltung für den Standpunkt der Gemeinde gegen die Auffassung der staatlichen Instanzen einsetzt.

Diese Position zwischen dem kommunalen Vertretungsorgan und den staatlichen Behörden nahmen Bürgermeister und Landräte schon immer ein, und auch die Stadtdirektoren und Oberkreisdirektoren stellten von vorneherein einen Pol des Spannungsfeldes zwischen Staatsverwaltung und Selbstverwaltung dar. Wenn es heute nach Aufassung der Hochschule für Verwaltungswissenschaften in Speyer erforderlich erscheint, dieses Thema in einem Vortrag zu behandeln, dann doch wohl deswegen, weil sich in diesem Verhältnis eine gewisse Wandlung vollzogen hat. Zweifelsohne war es früher für die Staatsverwaltung leichter, Einfluß auf das Geschehen in der Verwaltung der Orts- und Kreisinstanz zu nehmen und die örtlichen und zentralen Interessen zu koordinieren, und es war insbesondere die Aufsicht über die kommunalen Körperschaften mit weniger Schwierigkeiten verbunden. Der Staat war vor allem in der Kreisinstanz wirksamer vertreten. Heute wird härter verhandelt, werden die örtlichen Interessen hartnäckiger verteidigt und die Konzeption der kommunalen Organe schärfer herausgestellt; das bedeutet, daß die überörtlichen Interessen Not leiden könnten. Es ist nicht immer das gediegene Fachgespräch unter verantwortlichen Verwaltungsbeamten aus *der* Verwaltung mit dem Bemühen um eine beiderseits unvoreingenommene Betrachtung und der Bereitschaft, sich in eine übergeordnete Konzeption einzufügen. Es gibt einiges Mißbehagen bei den staatlichen Behörden, mancherlei Klagen und Enttäuschungen.

Dazu sind vielleicht doch einige Beispiele angebracht: Da wird z. B. häufig mit Bedauern festgestellt, daß sich die leitenden kommunalen Wahlbeamten kaum oder gar nicht um die Erfüllung der Weisungsaufgaben und Auftragsangelegenheiten kümmern. Die Übertragung der Zuständigkeit für diesen Aufgabenkreis bedeutet nicht nur, daß die kommunale Vertretungskörperschaft von der Einflußnahme auf diese Aufgaben ausgeschlossen ist, sondern, wie dies etwa die Gemeindeordnung von Schleswig-Holstein in § 70 Abs. 3 ausdrücklich feststellt, volle Verantwortung des Verwaltungsleiters gegenüber der Aufsichtsbehörde. Die gesetzlichen Regelungen, nach denen dieser Aufgabenbereich nicht als ausschließliche Domäne des leitenden Verwaltungsbeamten betrachtet wird, darf ich hier der Vereinfachung wegen außer acht lassen. In der Praxis sehen wir jedoch überall, daß in den Kreisverwaltungen die Regierungsräte oder Verwaltungsräte, also die staatlichen oder kommunalen juristischen Mitarbeiter des Verwaltungsleiters, diese Arbeitsgebiete allein und fast völlig selbständig versehen, und daß die Landräte und Oberkreisdirektoren häufig weitgehend desinteressiert sind. In den Städten ist es keineswegs anders, denn die Weisungsaufgaben und Auftragsangelegenheiten gehören hier nur ganz selten in das Dezernat des Oberbürgermeisters oder Oberstadtdirektors, sondern sind dem Arbeitsbereich eines Beigeordneten zugeteilt, der sich seinerseits wieder mehr um die politisch interessanten Dinge kümmert und seinen Mitarbeitern die Weisungsaufgaben und Auftragsangelegenheiten überläßt. Auf der gleichen Ebene liegt es, daß in den Ländern, in denen die untere Verwaltungsbehörde als staatliche Behörde erhalten geblieben ist, nicht selten festgestellt werden kann, daß der mit der Leitung dieser Staatsbehörde betraute kommunale Landrat für dieses Arbeitsgebiet mit Ausnahme der Kommunalaufsicht wenig Interesse zeigt und es weitgehend den juristischen Landesbeamten überläßt. Ich könnte mir auch vorstellen, daß sorgar ein staatlicher Landrat in Rheinland-Pfalz und im Saarland eine ähnliche Einstellung an den Tag legt. Es ist sicher schmerzlich für eine Aufsichtsbehörde oder eine vorgesetzte Behörde, festzustellen, daß all das, was ihre tägliche Arbeit darstellt und was den Mitarbeitern dieser Behörde verständlicherweise sehr wichtig ist, bei den leitenden kommunalen Wahlbeamten auf außerordentlich geringes Interesse stößt. Auf der gleichen Ebene liegt eine Feststellung der Landespolizeidirektion Südbaden in ihrem letzten Jahresbericht. Sie beklagt es, daß die Bürgermeister als Ortspolizeibehörde in den kleineren Gemeinden keinerlei besonderes Interesse und kaum Initiative zeigten; obwohl sie etwa als erste von einer unerlaubten Bauausführung Kenntnis erhielten, würden sie nichts unternehmen und weder selbst einschreiten noch die Landespolizei oder Bauordnungsbehörde verständigen.

Nehmen wir als weiteres Beispiel den Fall, daß das gemeindliche Vertretungsorgan intensiv über einen Bebauungsplan beraten und sich für eine bestimmte Lösung entschieden hat, die für das Regierungspräsidium als die mit voller Nachprüfungsbefugnis ausgestattete Genehmigungsbehörde keineswegs überzeugend ist. Auch wenn der Oberbürgermeister oder Oberstadtdirektor in der Diskussion gegen die Auffassung der Mehrheit der Vertretung Stellung nahm, wird doch von seinen Ratskollegen erwartet, daß er sich hinter den Ratsbeschluß stellt. Ähnliche Situationen kann es bei der Festlegung der Trasse von Bundes- oder Landesstraßen geben, mit der die kommunale Vertretung nicht einverstanden ist.

Das Bundesbaugesetz hat uns nicht nur ein munteres Anwachsen der Baubürokratie vor allem in den oberen Instanzen, sondern auch eine Fülle von Fällen spannnugsgeladenen Zusammenwirkens zwischen Baugenehmigungsbehörde, Gemeinde und höherer Verwaltungsbehörde beschert. Da sind vor allem die Fälle des Bauens im Außenbereich: Die Baugenehmigungsbehörde kann den Baubescheid erlassen im Einvernehmen mit der Gemeinde und mit Zustimmung der höheren Verwaltungsbehörde (§§ 35 ff. BBauG). Die Baugenehmigungsbehörde hat zunächst ihre vorschriftsmäßigen Bedenken, der Gemeinderat ist geschlossen dafür, daß man dem antragstellenden Bürger die Möglichkeit der Entfaltung gibt, und die höhere Verwaltungsbehörde ist dann erstaunt darüber, daß der Oberbürgermeister bzw. Oberstadtdirektor selbst oder durch seinen Vertreter zu erkennen gibt, daß er in diesem Falle nicht Anhänger der reinen Lehre der Verabscheuungswürdigkeit des Zersiedelns der Landschaft und das Votum des Rates nicht ohne Wirkung auf ihn geblieben ist. Über einen ähnlichen Fall wurde mir bei meinen Nachforschungen nach Beispielen für unser Thema berichtet: In einer Gemeinde sollte ein Industriebetrieb angesiedelt werden, der dem Regierungspräsidium aus Gründen der Planung, des Landschaftsschutzes und der Wasserwirtschaft fehl am Platze erschien. Daß die Gemeinde sich sehr massiv dafür einsetzte, daß dieser Betrieb trotzdem Aufnahme finden sollte, ist nicht erstaunlich, daß aber auch der Landrat alle Argumente der Planung, des Landschaftsschutzes und der Wasserwirtschaft hinwegzuwischen versuchte, sich hinter das Votum des Gemeinderats und des Kreistags, der die Erschließung des Geländes durch eine Kreisstraße bewilligt hatte, verschanzte und nur das Argument der Hebung der Wirtschafts- und Steuerkraft gelten lassen wollte, löste bei den Vertretern des Regierungspräsidiums den Seufzer aus, daß die Institution des kommunalen Landrats doch ihre Tücken habe. Nicht selten wird die dem Regierungspräsidium gegenüberstehende Streitmacht durch den Abgeordneten verstärkt, so daß etwa in einem Falle des Bauens in einem Denkmalschutzbereich Bauinteressent, Bürgermeister und Abgeordneter so nachhaltig gegen die Beschränkungen durch den Denkmalschutz zu Felde zogen, daß auch der Landrat sich in diese Front einreihte. Da es ein Votum der Vertretungskörperschaft einer staatlichen Behörde nicht gerade erleichtert, in einem abweichenden Sinne zu entscheiden, kann ein Verwaltungsleiter gelegentlich auch der Versuchung erliegen, als taktische Maßnahme eine solche Stellungnahme über eine veranlaßte Anfrage im Rat oder die Unterrichtung des Rates auch in Angelegenheiten herbeizuführen, für die er allein zuständig ist.

Auch im Bereich der weisungsfreien Aufgaben gehen die Rechtsaufsichtsbehörden oft einen dornenvollen Weg und warten auch einmal vergebens auf die Einsicht und die kollegiale Verständigung mit den kommunalen Wahlbeamten. Wenn auch die Aufsicht in allen Ländern gegenüber dem Zustand vor dem Krieg wesentlich beschränkt ist, so ergibt sich doch immer wieder die Möglichkeit oder die Verpflichtung, in gemeindliche Entscheidungen einzugreifen. Denken Sie an Darlehensaufnahmen und Verschuldungsgrenze, an eine unter Umständen erforderliche Genehmigung von Gebühren oder an die Veräußerung von Vermögen. Die Verknappung auf dem Kapitalmarkt im letzten Jahr hatte uns Effektivzinssätze beschert, die uns allen wenig Freude bereiteten und die der Rechtsaufsichtsbehörde zum Hinweis Veranlassung gaben, daß für derartige Darlehen eine Genehmigung nicht in Aussicht gestellt werden könne. Trotzdem haben kommunale Vertretungskörperschaften in einzelnen Fällen Darlehensaufnahmen beschlossen, weil es aus politischen Erwägungen zweckmäßig erschien, begonnene Vorhaben fertigzustellen oder dringend notwendige anzufangen. Vom leitenden Kommunalbeamten erwartete die Vertretung in diesen Fällen, daß er bei der Rechtsaufsichtsbehörde die Darlehensgenehmigung zu erstreiten suchte. Ähnlichen Ärger brachte uns die Verknappung der Mittel für die Staatszuschüsse etwa für Schul- und Krankenhausbauten. Derartige Vorhaben durften ohne Nachweis der vollen Finanzierung nicht begonnen werden; wesentlicher Teil der Finanzierung war jedoch der Staatszuschuß, dessen verbindliche Zusage aber nicht zu erhalten war. Trotzdem drängte hin und wieder die Vertretung auf den Baubeginn, weil er nach den vielen Diskussionen, Ankündigungen und Versprechungen ein Politikum geworden war, ein Politikum besonderer Art dann, wenn etwa die Wiederwahl des Verwaltungsleiters anstand und er sich für das Vorhaben besonders engagiert hatte. Und selbst bei zweckgebundenen Zuweisungen des Staates an die Kommunen, die ja häufig — bedauerlicherweise sage ich als Oberbürgermeister — unter Bedingungen gegeben, mit Auflagen verbunden oder von nachhaltigen Empfehlungen begleitet werden, kommt es nicht selten zu einer Konfrontierung der staatlichen Konzeption mit der an rein örtlichen Gesichtspunkten orientierten kommunalen Auffassung. In eine unangenehme Situation zwischen Vertretungsorgan und Aufsichtsbehörde kommt der kommunale Wahlbeamte bei der Beanstandung rechtsverletzender Beschlüsse; hier muß er die Entscheidung seines Gremiums letztlich der Aufsichtsbehörde mit dem Antrag auf Beanstandung unterbreiten oder er wird beim imperativen Beanstandungsverfahren, wie es die Gemeindeordnung von Nordrhein-Westfalen kennt, von vorneherein als weisungsgebundener Beauftragter der Aufsichtsbehörde tätig. Probleme ähnlicher Art ergeben sich auch bei der Kommunalaufsicht über die kreisangehörigen Gemeinden durch den kommunalen Landrat. Ministerium und Regierungspräsidium erwarten vom Landrat eine wohl verständnisvolle, aber doch präzise und effektive Kontrolle, während der Landrat unter den

Akteuren der beaufsichtigten Gemeinden Bürgermeister und Gemeinderäte sieht, die Mitglieder seiner kreiskommunalen Organe sind.

Das waren einige Beispiele für Situationen, in die wir kommunalen Wahlbeamten gelegentlich geraten: Wir müssen, sei es aus sachlicher Überzeugung oder weniger freiwillig, Entscheidungen der Vertretung durchzusetzen versuchen und stoßen dabei auf eine aus anderen Aspekten entwickelte gegenteilige Auffassung der Staatsbehörde. Wir können bei unserem Einsatz für das Votum der Vertretung leicht der Verstrickung im rein Lokalen und der Komplizenschaft — dieses Wort dürfte je nach den Äußerungen von Bundeskanzler Kiesinger über das Verhalten der Amerikaner in der Frage des Atomsperrvertrags hoffähig geworden sein — mit der Vertretung bezichtigt werden, und unser mangelndes Verständnis für die überörtlichen Notwendigkeiten und übergeordneten Gesichtspunkte wird bedauert. Und wir können uns gelegentlich auch einmal bei unseren Entscheidungen in den von uns für den Staat zu bearbeitenden Angelegenheiten nicht ganz der Einflußnahme durch die Vertretung oder der Rücksichtnahme auf sie sowie einer zu lokalen Betrachtungsweise entziehen und geraten so in Gegensatz zur Staatsbehörde.

Bei den Vertretern der Staatsbehörde, die noch den früheren Landrat kennengelernt haben, der im ganzen Reichsgebiet Staatsbeamter war, ist jetzt bezüglich der Beispiele aus der Landkreisinstanz die spöttische oder gar hämische Bemerkung fast unvermeidbar: „Das kommt davon!" — nämlich von der Kommunalisierung des Landrats bzw. Oberkreisdirektors. Die frühere ausgewogene dualistische Struktur des Landkreises, die im Landkreis nicht nur den staatlichen Verwaltungsbezirk mit der kommunalen Gebietskörperschaft vereinigte, sondern bei der der Landrat neben der Leitung der unteren staatlichen Verwaltungsbehörde als staatlicher Beamter auch den Vorsitz in den kommunalen Kollegialorganen führte und Verwaltungsleiter der kreiskommunalen Verwaltung war, während bei wichtigen Angelegenheiten der Staatsbehörde im Kreisausschuß das bürgerschaftliche Element mitwirkte, galt bis 1945 fast unbestritten als bestmögliche Lösung. Der staatliche Landrat fühlte sich in erster Linie als Teil der staatlichen Verwaltungshierarchie und war sich stets dessen bewußt, daß er versetzbar war, und daß sein weiteres berufliches Fortkommen von seiner vorgesetzten staatlichen Behörde entschieden wurde. In der Begründung des Entwurfs einer Landkreisordnung für Baden-Württemberg wurde zum Problem des Status des Landrats ausgeführt, daß der staatliche Landrat an dessen traditionelle Stellung anknüpfe, die für den Staat äußerst wichtigen Funktionen der unteren staatlichen Verwaltungsbehörde, insbesondere die Kommunalaufsicht, in Unabhängigkeit von unten auszuüben vermöge, eine auch im wohlverstandenen Interesse des Landkreises gelegene sachliche Auslese gesichert und eine Politisierung des Amtes des Landrats verhindert werde und schließlich, daß die jederzeitige Versetzbarkeit des Staatsbeamten auch für den Landkreis von Vorteil sein könne. Die Entscheidung ist aber trotzdem für den kommunalen Landrat gefallen, weil die Wahl durch den Kreistag als eine notwendige Folgerung aus dem Selbstverwaltungsrecht des Landkreises betrachtet wurde, der Landrat unbedingt des Vertrauens des Kreistags bedürfe und schließlich der kommunale Landrat enger an den Landkreis gebunden sei. Mit der Änderung des beamtenrechtlichen Status des Landrats hat man seine Herauslösung aus der staatlichen Verwaltungshierarchie, eine gewisse unvermeidliche Abhängigkeit vom Kreistag und seine enge Verknüpfung mit den örtlichen Interessen in Kauf genommen. Im Gespräch mit Abgeordneten unseres Landtags habe ich den Eindruck gewonnen, daß die große Begeisterung für die Kommunalisierung des Landrats etwas nachgelassen hat; man würde eine stärkere Verankerung der staatlichen Verwaltungsorganisation in der Kreisinstanz der allgemeinen und inneren Verwaltung durchaus begrüßen. Bei den gemeindlichen Verwaltungsleitern spielt der Gesichtspunkt der Herauslösung aus der staatlichen Verwaltungshierarchie keine Rolle; sie waren immer, auch soweit sie mit den Aufgaben der unteren Verwaltungsbehörde betraut waren, Kommunalbeamte. Aber auch für ihr Verhältnis zu den Staatsbehörden und staatlichen Aufgaben wird öfters einmal festgestellt, daß sie schwieriger, daß sie „noch kommunaler" geworden seien.

Es ist interessant festzustellen, daß sich bei den Laufbahnbeamten und Spezialisten des kommunalen Verwaltungsapparats viel häufiger die Bereitschaft findet, sich mit ihren Kollegen von der Staatsverwaltung zu arrangieren. Nicht daß sie sich als fachlich weniger qualifizierte Spezialisten den überlegenen Kräften des Staates beugen müßten; sie sind in aller Regel ebenso qualifiziert, nicht selten auch einmal fachlich überlegen und vor allem oft höher eingestuft. Apparat verständigt sich eben leichter mit Apparat. Hier stehen die kollegialen Beziehungen im Vordergrund und man weiß nur zu gut, daß man sich immer wieder gegenseitig braucht. Mit der kommunalen Vertretung, der das Nachgeben vielleicht gar nicht paßt, soll sich dann der Verwaltungsleiter auseinandersetzen. Diese Bereitschaft zum Arrangement findet sich beim Verwaltungsleiter seltener; er läßt sich meist auch nicht von seinem Apparat zum Einlenken beeinflussen. Er fühlt sich vor allem als Vorsitzender seiner Volksvertretung und Kollege von deren Mitgliedern; zu ihr hin orientiert er sich in immer stärkerem Maße. Er wandelt sich immer mehr vom Kommunalbeamten zum Kommunalpolitiker.

Der kommunale Wahlbeamte hat zunächst einmal, auch wenn er persönlich noch soviel Verständnis für die staatliche Seite aufzubringen vermag, die Ratsbeschlüsse zu vollziehen, und zu diesem Vollzug gehört es auch, eine etwa erforderliche staatliche Genehmigung einzuholen oder die Auffassung der Vertretung zur Geltung zu bringen. Und zwar in der Form, in der die Vertretung entschieden hat und in der Regel ohne die Möglichkeit der Abänderung im Wege des Verhandelns mit dem staatlichen Partner. Man kann dabei gelegentlich einmal in die peinliche Lage kommen, daß einem der Kollege von der Staatsverwaltung die Gretchenfrage stellt, ob man persönlich nicht eine andere Auffassung habe; meist ist damit die des Gesprächspartners gemeint. Man sollte in solchen Situationen vom kommunalen Wahlbeamten kein Scheingefecht in der Absicht der schließlichen Verständigung unter Kollegen erwarten, sondern Verständnis haben für einen kompromißlosen Einsatz für den Beschluß des Vertretungsorgans. Denn dazu ist er, soweit es sich nicht um Gesetzesverletzungen durch den Ratsbeschluß handelt, verpflichtet. Er wird natürlich auch Hinweise auf negative Auswirkungen, die bei der Beratung in der Vertretung nicht erkannt wurden, zum Gegenstand einer nochmaligen Verhandlung im Vertretungsorgan machen. Aber er wird im Grundsatz der Sprecher der Vertretung sein; Leiter der kommunalen Verwaltungsbehörde ist er erst in zweiter Linie. Das bedeutet nicht, daß er sich zu wenig um seinen Apparat kümmert und kein guter Behördenvorstand ist, aber er ordnet den Apparat der Vertretung und der von ihr gegebenen politischen Zielsetzung unter und läßt ihn nicht in ein ausgeprägtes Eigenleben hineinwachsen oder in ihm beharren, wo dann jeder Dezernent oder Abteilungsleiter gekränkt ist, wenn die Vertretung seinen Auffassungen und Empfehlungen nicht folgt.

Wenn ich meine eigene Einstellung und Entwicklung auf diesem Gebiet kritisch betrachte, dann muß ich zugeben, daß ich in den ersten Jahren meiner Tätigkeit als Oberbürgermeister vor allem Leiter des Verwaltungsapparats und bemüht war, unsere Vorstellungen und Projekte im Gemeinderat durchzusetzen, während ich nach einiger Zeit den Vorsitz im Gemeinderat und die Förderung seiner Arbeit als das Wesentliche meiner Funktion ansah, ihn in die Initiative brachte und seine effektive kommunalpolitische Führungsrolle unterstützte und die Verwaltung vor allem als Instrument für die Vertretung zur Vorbereitung der Details ihrer Planungen und Realisierung ihrer Beschlüsse sah. Gleichzeitig hat sich auch, obwohl ich als ehemaliger Angehöriger der staatlichen Innenverwaltung viele persönliche Verbindungen zu den Kollegen der Staatsbehörden habe und auch all die Jahre noch Funktionen innerhalb der staatlichen Verwaltungsorganisation ausübte, mein Verhältnis zu den Staatsbehörden in Richtung auf eine etwas härtere Behauptung des städtischen Standpunktes gewandelt. Damit ist auch schon zum Ausdruck gebracht, daß es auch heute noch kommunale Wahlbeamte gibt, die sich in erster Linie als Exponent ihres Verwaltungsapparats sehen und dem Vertretungsorgan vor allem als Verwaltungsleiter gegenübertreten. Wer auf Grund Herkunft und Denkungsart reiner Verwaltungsjurist geblieben ist und vielleicht früher das Geschäft umgetrieben hat, das jetzt sein staatlicher Gegenspieler beackert, wird in der Regel auf ein reibungsloses Zusammenwirken mit den Staatsbehörden größten Wert legen und auch den vermittelnden Vorschlägen seiner Spezialisten viel Verständnis entgegenbringen.

Oft wird als hauptsächliche Ursache für die enge Verbindung des kommunalen Verwaltungsleiters zu seinem Vertretungsorgan die Notwendigkeit seiner Wahl und damit in engem Zusammenhang stehend seine parteipolitische Bindung angegeben. Soweit die Vertretung selbst das Wahlorgan ist, glaubt man, daß sich aus dem Wunsch nach Wiederwahl eine starke Abhängigkeit vom Vertretungsorgan entwickle. Soweit der leitende Kommunalbeamte aus Volkswahl hervorgeht, sei die Situation nicht wesentlich anders, da in der kommunalen Volksvertretung die maßgebenden Vertreter der Gruppen und Kräfte säßen, die auch auf das Votum durch das Volk ganz entscheidenden Einfluß ausübten. Diese Überlegungen können sicher nicht ganz von der Hand gewiesen werden, aber man darf sie andererseits auch nicht überbewerten. Sicher wird ein kommunaler Wahlbeamter vor allem vor seiner Wiederwahl jede unnötige Auseinandersetzung mit der Volksvertretung vermeiden. Aber die Kommunalpolitiker erwarten keineswegs, daß ihr Vorsitzender oder Hauptberater keine eigene Meinung entwickelt, nur Ja-Sager ist und sich dem Willen der Vertretung bedingungslos unterwirft; eine klare eigene Meinung wird sehr geschätzt und die aus übergeordneten Aspekten gewonnenen Gesichtspunkte gelten nicht als Verrat an der kommunalen Sache. Aber auf eines legen die Kommunalpolitiker größten Wert: Auf redliche Demokratie, d. h. auf unbedingte Respektierung der Mehrheitsentscheidung auch durch den Vorsitzenden oder Verwaltungsleiter. Und diese Respektierung fällt, auch wenn man anderer Meinung war und überstimmt wurde, keineswegs schwer. Man darf vor allem nicht vergessen, daß im Vertretungsorgan intensiv um die Entscheidung gerungen wird und alle für die Meinungsbildung wichtigen Fakten herausgearbeitet und alle möglichen Alternativen durchgedacht werden. Die Vertretung ist ja nicht nur ein Organ, das der Konzeption der Verwaltung zuzustimmen hat, sondern wirkt, wenn gut zusammenregiert wird, schon bei den ersten Überlegungen für ein Projekt mit, bleibt in allen Stadien der Planung beteiligt und gibt erst nach einer zusammenfassenden Gesamtdiskussion den Startschuß für die Durchführung. Oder bei der Behandlung des Haushaltsplans bekommt der Rat in vielen Kommunen nicht etwa einen fertigen Entwurf, an dem dann schon wegen der Schreibarbeit niemand mehr etwas ändern will, sondern es wird ihm die Berechnung der manipulierbaren Finanzmasse vorgelegt mit einer listenmäßigen Darstellung aller anstehenden Projekte, damit er, natürlich unter Darlegung der Vorschläge der Verwaltung, über Prioritäten und Rangfolge entscheiden kann; dann erst wird das komplizierte Zahlenwerk gefertigt. Wenn man im kommunalpolitischen Bereich steht, bekommen derartige auf breiter Basis und mit viel Lebenserfahrung und Sachverstand erarbeitete Entscheidungen erhebliches Gewicht. Ich persönlich kann mir nicht denken, daß ich eine solche in fairer demokratischer Arbeitsweise errungene Entscheidung auf die leichte Schulter nehmen und nicht respektieren und in der Öffentlichkeit nicht verteidigen oder gar durch taktische Kniffe, wie etwa Einschaltung der Aufsichtsbehörde, zu torpedieren suchen würde. Wenn einem derart erarbeiteten Standpunkt einer demokratischen Vertretung dann eine abweichende Auffassung einer büromäßig organisierten Staatsbehörde gegenübersteht, dann ist es doch nicht ganz unverständlich, wenn der kommunale Wahlbeamte sich stark an den Spruch seiner Volksvertretung gebunden fühlt.

Ich möchte die parteipolitische Bindung vieler kommunaler Wahlbeamter nicht als ausschlaggebende Ursache dafür ansehen, daß sie sich immer stärker dem kommunalpolitischen Bereich zugeordnet fühlen. Um Verwaltungsleiter einer kommunalen Körperschaft zu werden, muß man sicher oft der Mehrheitspartei oder der stärksten Partei angehören, und die gleiche politische Überzeugung, verbunden mit dem Bewußtsein empfangener Wahlhilfe, wird eben eine Bindung an diese Gruppe und über sie an die Gesamtvertretung bewirken. Diese parteipolitische Festlegung ist etwas durchaus Selbstverständliches und nicht mit Argwohn zu betrachten, solange nicht das Parteibuch die fachliche Qualifikation ersetzt. Man sollte aber die Auswirkung dieser parteipolitischen Orientierung der kommunalen Wahlbeamten auf ihre Einstellung zur kommunalen Volksvertretung und zu den Staatsbehörden nicht überbewerten, vor allem auch deswegen nicht, weil meine Kollegen nicht selten gerade mit ihrer eigenen Partei ihren großen Ärger haben, weil sie sich der Fraktionsmeinung — oder umgekehrt — nicht fügen wollen. Dann finden sie oft Verständnis und liebevolle Hilfsbereitschaft bei den anderen Fraktionen, denen derartige parteiinterne Spannungen natürlich große Freude bereiten.

Den kommunalen Wahlbeamten wird manchmal der Vorwurf gemacht, daß sie sich wegen der Sorge um ihre Wiederwahl vor unpopulären Entscheidungen und Maßnahmen drücken, die nach Meinung der staatlichen Behörden unumgänglich sind; darunter könne die gute Ordnung und das Ansehen und die Autorität der Verwaltung leiden. Man sollte es einem kommunalen Wahlbeamten, vor allem, wenn er aus der Volkswahl hervorgeht, nicht allzu sehr verdenken, wenn er den unpopulären Teil der Lebensäußerungen seiner Körperschaft nicht mehr als unbedingt nötig mit seinem Namen in Verbindung bringt. Aber auch bei mittelbarer

Wahl kann sich sinkender Kurs in der Volksgunst beim Wahlgremium negativ auswirken. Das ist auch einer der Gründe, warum sich die kommunalen Wahlbeamten im Bereich der Eingriffsverwaltung, die zudem auch weitgehend uninteressanter Gesetzesvollzug ist, nicht sehr betätigen. Ich kann einiges Verständnis für die Zurückhaltung dieser Kollegen aufbringen, aber so ganz gefällt mir ihre Einstellung nicht, vor allem weil ja viele kommunale Wahlbeamte ungeachtet der sogenannten Volksgunst unbeirrbar ihren Weg gehen, und weil der Wähler letztlich eine konsequente Haltung akzeptiert, auch wenn ihre Auswirkungen für ihn nicht immer angenehm sind.

Aber wir haben mit unserer strammen Haltung bei unpopulären Maßnahmen und strengen Entscheidungen auch schon unangenehme Erfahrungen mit unseren staatlichen Mit- und Gegenspielern gemacht. Es soll schon vorgekommen sein, daß ein Oberbürgermeister die Erteilung einer baurechtlichen Dispens mit Zustimmung des zunächst widerstrebenden Gemeinderats abgelehnt hat, und daß das Regierungspräsidium sich — lassen wir die tieferen Gründe unausgesprochen — souverän oder besser selbstherrlich über die stichhaltigen Argumente der Stadt hinweggesetzt hat. Oder es hat sich ein Landrat nachdrücklich gegen ein großes Bauvorhaben im Außenbereich, das ein potenter Einwohner des Kreises durchführen wollte, gewandt und sowohl die Gemeinde als auch das Regierungspräsidium für diesen Standpunkt gewonnen; auf Grund einer Intervention des Abgeordneten beim Unionsfreund oder Genossen Minister wurde dann nach kurzer Ortsbesichtigung durch einen Vertreter der Bauabteilung des Ministeriums Weisung zur Erteilung der Baugenehmigung gegeben. In einem anderen Fall hatte der Oberbürgermeister einer damals der Aufsicht des Innenministeriums unterstehenden Stadt einem nach heftiger Dikussion gefaßten Gemeinderatsbeschluß widersprochen; auch in der zweiten Verhandlung beharrte der Gemeinderat — erst recht und mit noch größerer Mehrheit — auf seinem Standpunkt. Die Vorlage an das Ministerium hatte eine Einladung zum Minister zur Folge, der alle Details und Hintergründe schon genau kannte und entschied, daß die Gesetzesverletzung nicht so gravierend sei, daß das Ministerium Anlaß zum Einschreiten sähe. Mit solchen Praktiken wird der kommunale Wahlbeamte nicht nur in den Geruch übermäßiger Strenge, sondern auch, was noch schlimmer ist, der Kleinlichkeit und damit in eine äußerst unangenehme Lage gebracht. Bei solchen Erlebnissen, auch wenn man sie zum Teil nur berichtet bekommen hat, kann man im Bereich der unpopulären Eingriffe doch vorsichtig, wenn nicht gar nachgiebig werden. Ich möchte aber mit diesen Begebenheiten nicht darüber hinwegreden, daß die Verpflichtung der kommunalen Wahlbeamten zur Durchführung unpopulärer und eingreifender Maßnahmen schon ihre Problematik hat; aber ich glaube, daß die Mitwirkungsrechte des Staates auf vielen wichtigen Gebieten und die Möglichkeiten der Aufsicht die gute Ordnung doch weitgehend garantieren.

Ein weiterer bedeutsamer Grund für die Annäherung der kommunalen Wahlbeamten an den Typus des Kommunalpolitikers und für eine gewisse Entfremdung und gegensätzliche Haltung gegenüber den Staatsbehörden scheint mir zu sein, daß sich das Wesen seiner Tätigkeit stark gewandelt hat und sich von der seiner staatlichen Partner erheblich unterscheidet. Er ist in erster Linie schöpferisch gestaltend und vorausschauend planend tätig. Den Menschen seines Gemeinwesens die Umwelt zu geben und die Einrichtungen zu schaffen, die ihnen ein den Vorstellungen unserer Tage entsprechendes Leben ermöglichen, ist seine tägliche Arbeit. Wenn er sein Werk überdenkt und überschaut, sieht er etwa als gemeindlicher Verwaltungsleiter vor allem Schulen und Kindergärten, das Krankenhaus, Grünanlagen und Sportstätten und ähnliche Einrichtungen, die unter seiner Amtsführung entstanden sind oder entstehen werden. Und er sorgt sich um die zukünftige Entwicklung seines Gemeinwesens und versucht, alles planend in die Bahnen zu lenken, die die Voraussetzungen dafür schaffen, daß der engere Lebensbereich der Menschen auch künftig lebens- und liebenswerte Züge zu tragen vermag. Daneben ist er dann, soweit er Betriebe und Einrichtungen zu verwalten hat, in weiten Bereichen in einer an das Unternehmerische grenzenden Weise oder als Unternehmer tätig. Hier kommt es dann auf das wirtschaftliche Ergebnis, wenn nicht sogar, wie etwa bei den Versorgungsbetrieben, auf den Gewinn an. Investitionen, Rationalisierung und Gestaltung der Entgelte bestimmen hier sein Denken. In diesem Zusammenhang muß auch die verantwortliche Mitwirkung bei der Sparkasse erwähnt werden. Ordnungs- und Eingriffsverwaltung sind daneben ein völlig uninteressanter Teil seiner Behörde, um den er sich schon deswegen nicht sehr kümmert, weil er sich auf das Wichtigste beschränken muß, und auch die unvermeidliche Verwaltung des eigenen Apparats wird als der Teil der Führungsfunktion angesehen, dem man eben nicht aus dem Wege gehen kann, der aber keine Begeisterung auslöst. Der Tätigkeitsbereich des kommunalen Wahlbeamten ist vor allem auch sehr universell; wir brauchen uns hier nicht in die Aufzählung der bunten Fülle von Aufgaben zu verlieren. In den wesentlichen und entscheidenden Fragen laufen alle Fäden von den Spezialisten beim kommunalen Wahlbeamten zusammen, der koordinieren und trennen, beschleunigen oder abbremsen, billigen oder ändern muß. Er sitzt in einer reinen und ausgeprägten Führungsposition, ohne sich mit den Details und der Durchführung befassen zu müssen. Das alles färbt natürlich auf Einstellung und Denkungsart ab. Ein solcher Mann wird großzügig, auf den Erfolg ausgerichtet, vom Detail abgewandt und gegenüber rechtlichen Schranken gleichgültiger oder gelegentlich einmal sogar ablehnend sein. Es gibt sicher auch beim Staat vergleichbare Aufgabenbereiche, aber doch wohl kaum diese Kombination von Funktionen. Die Tätigkeit der Kollegen der Aufsichtsbehörde ist doch ganz überwiegend ordnende Verwaltung, Kontrolle darüber, daß die gesetzlichen Bestimmungen beachtet werden, die Spielregeln, die das Nebeneinander und die Über- und Unterordnung der Verwaltungsbereiche und die Beeinflussung der Sphäre des Bürgers durch die Verwaltung bedingen. Das ist kein Weniger oder Geringeres, nur etwas anderes. Diese Tätigkeit verlangt vor allem Gesetzestreue, strengste Objektivität und liebevolle Bearbeitung aller Details. Oft begegnen wir bei den Staatsbehörden den ausgeprägten Spezialisten, die sicher unentbehrlich sind, die aber eben doch eine andere Einstellung zu den Problemen haben als der in einer universelleren Vorstellungswelt lebende kommunale Wahlbeamte.

Mit dem Status des Verwaltungsleiters als kommunalen Wahlbeamten hängt auch noch zusammen, daß er oft lange Jahre in seinem Tätigkeitsbereich verbleibt. Er empfindet die örtlichen Interessen bald — wie eben auch seine kommunalen Volksvertreter — als die seiner engeren Heimat und nicht nur, wie etwa früher der staatliche Landrat, als die seines derzeitigen Verwaltungsbereichs. Das hat ein stärkeres persönliches Engagement zur Folge, wozu noch kommt, daß er die Folgen einer Fehlentscheidung oder Fehlentwicklung lange Zeit ausbaden muß.

Und schließlich darf nicht unerwähnt bleiben, daß auch die Entwicklung des Verhältnisses zwischen Staat und Selbstverwaltung zur größeren Spannung zwischen den kommunalen Wahlbeamten und den Vertretern der staatlichen Verwaltungsbehörden beigetragen hat und bei den kommunalen Wahlbeamten das Gefühl stärker werden ließ, daß sie die politischen Exponenten ihrer Selbstverwaltungskörperschaft sind — als welche sie übrigens von der Bevölkerung empfunden werden. Die Gemeinden und Landkreise haben seit dem letzten Krieg eine größere rechtliche und faktische Selbständigkeit gewonnen. Die kommunalen Volksvertreter und Wahlbeamten sind unabhängiger und selbstbewußter geworden, von den Verwaltungsleitern, die Mandatsträger sind, ganz zu schweigen. Sie verweisen darauf, daß sie in der ersten Zeit nach dem Zusammenbruch, auch ohne daß ein deutscher Staat sichtbar war, das Gemeinschaftsleben wieder in Gang gesetzt und die ersten Voraussetzungen für die nackte Existenz der Menschen geschaffen haben. Sie sind stolz auf die großen Aufbauleistungen, die sie vom Punkte Null ausgehend erbracht haben, und sind sich dessen bewußt, daß die kommunalen Aufgaben enorm angewachsen und die Haushaltsvolumen gewaltig gestiegen sind, und daß damit auch eine erhöhte Verantwortung bei den Kommunalpolitikern liegt. Dabei werden die bedeutenden Leistungen des Staates und der Staatsverwaltung in den vergangenen Jahren und die Bedeutung der großen zentralgelenkten Aufgaben des Rechts- und Sozialstaates keineswegs verkannt — aber das Bewußtsein der größeren Unabhängigkeit und das ausgeprägte Selbstvertrauen bei den Kommunen bleibt auf die Einstellung der Verwaltungsleiter gegenüber den Staatsbehörden und zu seinen staatlichen Funktionen eben nicht ohne Einfluß.

All das, was ich Ihnen vorgetragen habe, scheint mir nicht ein Anzeichen einer krisenhaften Entwicklung oder eines ernsthaft gestörten Verhältnisses zwischen den kommunalen Organen und den staatlichen Verwaltungsbehörden zu sein. Die Selbstverwaltung in der Orts- und Kreisinstanz, die in politischen Sonntagsreden stets hymnische Verklärung erfährt und die als Aufbauelement der Demokratie doch stets so hoch gepriesen wird, ist effektiver geworden, vor allem, weil sich die Verwaltungsleiter wirklich als kommunale Wahlbeamte und politische Exponenten ihrer Körperschaft fühlen. Effektiver heißt, daß sich die Selbstverwaltung der Orts- und Kreisinstanz in stärkerem Maße lockernd und bremsend gegenüber der Machtfülle des Staates und seiner Verwaltung auswirkt. Ich glaube aber nicht, daß die aufgezeigten Wandlungen die Folge haben, daß der Staat in den unteren Instanzen zu wenig vertreten und die Verwaltung der Staatsaufgaben in diesem Bereich abgewertet ist. Es läuft nur nicht mehr auf einer Art paramilitärischem Befehlsweg mit ausgeprägtem Gehorsam, sondern es muß überzeugt und auf das politische Gewicht der lokalen Volksvertretungen Rücksicht genommen werden. Wie ja auch die Selbstverwaltung, die sich auch oft mißverstanden glauben kann, die Kollegen der Staatsverwaltung überzeugen muß. Die kommunalen Bäume wachsen sicher nicht in den Himmel; dafür sorgt schon die finanzielle Abhängigkeit, der goldene Faden, an dem als strammem Zügel selbst ganz kommunale Wahlbeamte gehen lernen mußten und müssen.

Aussprache zu dem Vortrag von Richard Kunze

Bericht von Peter-Bernd Lüdtke

Regierungspräsident Dr. *Günder*, Würzburg, ging in seinem Beitrag[1] von den erörterten Spannungen zwischen den kommunalen Wahlbeamten einerseits und den kommunalen Selbstverwaltungsorganen sowie den staatlichen Organen andererseits aus und stellte die Frage, wie sich diese Spannungen auflösen ließen. Gesetze seien hierbei nur begrenzt wirksam. Regeln ließen sich etwa Kompetenzfragen und die Grenzen der Kommunalaufsicht. Auch die Koordinierungsmöglichkeiten des zuständigen Ministers seien begrenzt durch seine parteipolitische Orientierung. Außerdem seien viele Probleme nicht so bedeutungsvoll, daß sie „oben aufgenommen" würden. Entscheidendes Gewicht maß *Günder* personalpolitischen Gesichtspunkten zu. Es komme darauf an, sowohl für die mit Wahlbeamten zu besetzenden Ämter als auch für die Ämter im staatlichen Bereich Persönlichkeiten zu finden, die nach Ausbildung, Können, Tatkraft und Charakter in der Lage seien, für die gegenseitige Position Verständnis aufzubringen und sich sachliche Überzeugungen zu bilden. Insbesondere müsse die kommunale Seite Verständnis für das Gesetzmäßigkeitsprinzip aufbringen, das eines der tragenden Fundamente unserer demokratischen Ordnung sei. Die Vertreter des kommunalen Bereichs müßten ferner auch wirtschafts- und finanzpolitisch über das notwendige Rüstzeug verfügen. Auf der anderen Seite gelte es im staatlichen Bereich die vom Referenten zutreffend hervorgehobene Schwerfälligkeit und einseitige Orientierung in einem engen Wissensgebiet zugunsten einer aktiven und „gestaltenderen" — auch im staatlichen Sektor werde gestaltet — Amtsführung abzubauen. Diese Forderungen seien sicher nicht ideal zu verwirklichen, doch schließe das nicht aus, sie anzustreben. Es komme darauf an, ein Gespräch miteinander zu führen, die gegenseitigen Auffassungen zu begründen (nicht einfach durchzusetzen), den anderen Teil mit den besseren Argumenten zu überzeugen, und so das sachlich richtige Ergebnis zu erzielen.

In der Diskussion hob Professor Dr. *Knöpfle* hervor, daß sich durch die Kommunalisierung des Landrats die „Nahtstelle" zwischen der

---

[1] Der ebenfalls vorgesehene Diskussionsbeitrag von Oberstadtdirektor Dr. *Wolfgang Hesse*, Bonn, mußte leider ausfallen, weil der Referent wegen des Todesfalls von Altbundeskanzler Dr. Adenauer zu vorzeitiger Abreise gezwungen war.

„unpolitischen" staatlichen Verwaltung und dem Feld, auf dem starke kommunalpolitische Einflüsse zur Geltung kämen, verschoben habe. Der Wegfall eines durchgehenden Instanzenzuges zugunsten der Gegenüberstellung von Regierungspräsidenten und von der Kreisbevölkerung oder von einem Kreisorgan gewählten Landräten habe insbesondere für die Amtsführung der Regierungspräsidenten — trotz der bestehenden Weisungsgebundenheit der Landräte in Auftragsangelegenheiten — doch weitreichende, rein rechtlich kaum faßbare Konsequenzen. Diese Veränderungen würden im Schrifttum kaum gewürdigt, wohl deshalb, weil sie sich einer rein juristischen Behandlung entzögen. Ihre Effektivität, die das frühere Verhältnis zwischen Regierungspräsidium und Landratsamt stark verändert habe, sei jedoch unbezweifelbar. Jeder Referent einer Regierung wisse, mit welchem Landrat sich „anzulegen" der Chef, aus welchen Gründen auch immer, sich scheue. Der Vortragende habe mehrfach auf die Bedeutung des „Gesprächs" zwischen vorgesetzter Staatsbehörde und kommunalen Wahlbeamten hingewiesen und dadurch zutreffend zum Ausdruck gebracht, daß sich trotz der de lege lata bestehenden Subordination in der Praxis vielfach Kooperationsformen entwickelt haben, wie sie etwa im Verhältnis zwischen Oberfinanzdirektion und Finanzamt und auch zwischen Ministerium und Bezirksregierung noch nicht vorstellbar seien.

Weiter bestätigte *Knöpfle* die Beobachtung des Referenten, daß die Landräte und Oberkreisdirektoren an den Weisungsaufgaben und Auftragsangelegenheiten weitgehend desinteressiert seien. In den Städten sei dies keineswegs anders. Die Ordnungs- und Eingriffsverwaltung sei im Vergleich zu den gestaltenden Aufgaben für den Behördenleiter „ein völlig uninteressanter Teil seiner Behörde". Darin manifestiere sich eine bemerkenswerte Wandlung im Bereich der inneren Verwaltung, deren Auswirkungen — nicht zuletzt im Hinblick auf die Ausbildung des Nachwuchses für die öffentliche Verwaltung — genauerer Betrachtung wert wären. Wohl auf derselben Linie liege es, wenn sich Abgeordnete zwar häufig um die Verbesserung der Lebensverhältnisse in ihrem Stimmkreis bemühten, sich also auch gestalterischer Aufgaben annähmen, jedoch meist weniger Interesse an den Auswirkungen von ihnen beschlossener gesetzlicher Regelungen auf dem Gebiet der Eingriffsverwaltung zeigten.

Trotz der skizzierten Erscheinung dürfe nicht verallgemeinernd angenommen werden, daß die Herauslösung des kommunalen Wahlbeamten aus dem durchgängigen staatlichen Behördenzug unbedingt zu Lasten des rechtsstaatlichen Elements gehen müsse. *Knöpfle* veranschaulichte dies anhand einiger Beispiele, in denen sich die unter der Leitung eines unabhängigen Wahlbeamten stehende untere Verwaltungsbehörde in einzelnen Verwaltungsangelegenheiten von Regierungskreisen unterstützten, aber rechtlich bedenklichen Wünschen nachdrücklich widersetzt habe, während die vorgesetzten Staatsbehörden angesichts der Intervention ihrer politischen Spitze in eine gewisse Bedrängnis geraten seien.

Der Forderung nach einem vernünftigen Gespräch stimmte Oberbürgermeister Dr. *Kunze* in seinem Schlußwort nachdrücklich zu. Dagegen hielt er einen völligen Abbau der bestehenden Spannungen nicht für erforderlich, ja nicht einmal für wünschenswert, denn diese seien ein belebendes Element.

Beamteter und parlamentarischer Staatssekretär

Von Volkmar Hopf

Die Hochschule für Verwaltungswissenschaften in Speyer hat den Wunsch für das heutige Referat bereits vor mehreren Monaten ausgesprochen .Es war damals durch andere Stellen bekannt geworden, daß der Bundesbeauftragte für Wirtschaftlichkeit in der Verwaltung seit längerer Zeit dafür eintrat, eine Anzahl von Bundesministerien aufzulösen. In der Institution des Bundesbeauftragten für Wirtschaftlichkeit in der Verwaltung waren damals Gedanken entwickelt worden, um Aufgaben etwa aufzulösender Ministerien auf andere Bundesministerien zu übertragen. In diesem Zusammenhang hatte sich der Bundesbeauftragte für Wirtschaftlichkeit in der Verwaltung positiv mit der Institution „Parlamentarischer Staatssekretär“ beschäftigt; denn bei der neuen Zuteilung der Aufgaben aufzulösender Ministerien würden einige Bundesministerien so stark mit neuen Aufgaben aufgefüllt werden, daß einzelne Bundesminister und Staatssekretäre persönlich zu stark arbeitsmäßig belastet würden. Eine Entlastung dadurch, daß man in weitere Bundesministerien statt eines in Zukunft zwei beamtete Staatssekretäre einsetzt, ist oft nicht möglich. In einer Reihe von Ministerien lassen sich die Aufgaben nicht so trennen, daß die Einsetzung von zwei Staatssekretären sinnvoll ist.

Inzwischen, also seit der Inaussichtnahme des heutigen Referats, haben sich die Dinge relativ schnell entwickelt, und es ist heute an sich mehr über Tatsachen des vorliegenden Gesetzes über die Einrichtung der Parlamentarischen Staatssekretäre und über dessen praktischen Auswirkungen als über die Gedanken zu sprechen, die zu dem Gesetz führten, auch nicht so sehr über das Für und Wider der Einrichtung des Parlamentarischen Staatssekretärs. Trotzdem gestatten Sie mir bitte, diese letzteren Punkte in den Vordergrund des Vortrages zu stellen. Es erscheint wichtig, dieses Problem aus dem weltanschaulichen „Dafür der Politiker“ und aus dem noch mehr weltanschaulichen „Dagegen vieler Beamter“ herauszubringen, weil sonst die nun einmal geschaffene neue gesetzliche Institution des Parlamentarischen Staatssekretärs mit zu starken Hypotheken belastet ist und nicht funktionieren kann. Man sollte auch nicht zu sehr in den Vordergrund der Überlegungen stellen, daß einige Parlamentarische Staatssekretäre mit persönlichen Referenten,

Vorzimmerdamen, Kraftfahrern, Kraftwagen, Arbeitsplatz usw. dem Steuerzahler Geld kosten würden. Diese vorauszusehenden Kosten mußte auch der Bundesbeauftragte für Wirtschaftlichkeit bei seinen Vorschlägen für die Einrichtung des Parlamentarischen Staatssekretärs berücksichtigen, denn die Finanzfragen sind gerade für den Bundesbeauftragten für Wirtschaftlichkeit in der Verwaltung sehr wichtig. Man darf aber nicht übersehen, daß die Finanzprobleme zwar stets wichtig sind, nicht aber die alleinige entscheidende politische Frage eines Staates darstellen. Es kann oft notwendig sein, einer anderen staatspolitischen Frage den Vorrang zu geben, wenn der gewünschte und erwartete staatspolitische Erfolg den Aufwand rechtfertigt und wenn der besondere Aufwand zum Etat in keinem nennenswerten Verhältnis steht.

Ich darf nunmehr einige der Gründe für die Einrichtung des Parlamentarischen Staatssekretärs vortragen.

Die Aufgabenstellung für das Parlament und für die Regierung ist voneinander teilweise sehr abweichend. Die Denkungsweise und die Arbeitsmethodik der Beamten und der Mitglieder des Parlaments weichen ebenfalls voneinander erheblich ab. Es ist daher zu begrüßen, wenn Abgeordnete in jüngeren Lebensjahren die gesetzlich vorgeschriebene Arbeitsweise der Exekutive von innen her und genau kennenlernen; ebenso ist es auch im Interesse des Staates zweckmäßig, wenn einzelne Beamte, die sich politisch betätigen, Abgeordnete werden. Wichtig ist nur, daß nicht eine gegenseitige Überfremdung eintritt, daß wir also nicht Beamtenparlamente oder umgekehrt Abgeordnetenbehörden bekommen. Wichtig ist ferner, daß in beiden Fällen gewisse Spielregeln bestehen, über die heute vormittag in den Vorträgen eingehend gesprochen wurde. Für das Funktionieren des Staates und für sein Ansehen im Volke ist es wichtig, daß eine Anzahl jüngerer Abgeordneter die Exekutive gut kennenlernt, um in dem politischen Bereich draußen im Lande, aber auch im Parlament selbst die Probleme der Exekutive verständlich zu machen. Ein solches Kennenlernen ist in kürzerer Zeit nicht möglich; diese Erfahrung hat sich bei kurzen Wehrübungen von Abgeordneten gezeigt. Um die Probleme der Exekutive voll zu verstehen und nach außen zu erklären, ist es erforderlich, daß ein Abgeordneter *längere* Zeit, und nicht bei einer nachgeordneten Behörde, sondern im Ministerium an entscheidender Stelle arbeitet.

Durch die Arbeit als Parlamentarischer Staatssekretär wird das von *einer* Seite gesehene politische Denken des Abgeordneten in die staatspolitische Verantwortung hineingeführt, welche die politisch-fachlichen Probleme in die Gesamtsituation eines Staates einordnen muß.

Die in unserem Staat zu sehende Tatsache, daß praktisch nur Abgeordnete Minister werden, schränkt den Personenkreis derer, die eine solche wichtige Aufgabe im Staat übernehmen, stark ein. Die Gefahr, daß bei der geringen Auswahlmöglichkeit Fehlbesetzungen in der Tätigkeit eines Bundesministers eintreten, wird geringer, wenn im Laufe der Jahre charakterlich, politisch und fachlich geeignete jüngere Abgeordnete ihr Blickfeld durch die Tätigkeit als Parlamentarischer Staatssekretär erweitern. Die Tätigkeit des Parlamentarischen Staatssekretärs ist jedoch nicht als eine Art von Lerntätigkeit in Fachfragen aufzufassen, sondern der Parlamentarische Staatssekretär soll von innen her die Aufgaben, die Arbeitsweise, die Lebensgesetze, das Funktionieren (auch das teilweise Nichtfunktionieren) der Ressorts persönlich kennenlernen. Es sollen dadurch im Laufe der Jahre in genügender Anzahl Persönlichkeiten zur Verfügung stehen, die der moderne Staat braucht, und zwar für die verschiedensten wichtigen Funktionen und nicht nur für die des Bundesministers.

Die Notwendigkeit für das Vorhandensein einer Anzahl geeigneter Persönlichkeiten für wichtige Funktionen ergibt sich aus folgenden Gesichtspunkten:

Die Zahl der großen Probleme ist heute viel umfangreicher als früher. Die Technik, die Wissenschaft, der Verkehr mit seinen Ausstrahlungen, das Hineinwachsen des Staates in internationale und supranationale Fragen aller Bereiche, die komplizierten außenpolitischen Probleme aus unserer politischen Vergangenheit, aus unserer geographischen Lage, aus unserer Zerreißung erfordern in der Regierung eine viel stärkere Zusammenschau aller Bereiche als früher. Hinzu kommen die umfangreichen innenpolitischen und sozialpolitischen Fragen als Folge des nazistischen Regimes und seines Krieges. Die nationalen und internationalen finanziellen Fragen erfordern in ihrer Verquickung mit Wirtschaftsfragen und Fragen der Wirtschaftspolitik ein tiefes Eindringen auch in die Kenntnisse des finanziellen und wirtschaftlichen Ablaufs der Privatwirtschaft. Zu berücksichtigen ist ferner die Wandlung vom Hoheitsstaat zum sehr weitgehend als Leistungsstaat zu bezeichnenden Staatsgefüge.

Gegenüber diesen Veränderungen und Vermehrungen der staatlichen Probleme ist leider festzustellen, daß der kommunale Bereich als Reservoir für den Nachwuchs für hohe politische Funktionen weitgehend fortfällt. Ferner ist darauf hinzuweisen, daß jene Generation der Minister und Staatssekretäre beruflich ausstirbt, die in den vielschichtigsten Verhältnissen unseres Landes und im zunächst kleinen Bereich eigener Verantwortung dann später in die Gesamtverantwortung eines Ministers oder Staatssekretärs hineinwuchsen. Stattdessen ist der Nachwuchs im politischen und genauso im Verwaltungsbereich heute von klein auf spezialisierter. Beide Kategorien wachsen in Einzelaufgaben, zum Beispiel des Beamtenrechts, der Fragen der Kriegsopferversorgung, der Entwicklungshilfe, der Familien- und Jugendfragen, des Haushaltswesens und anderer Einzelfragen in ihrem Beruf oder in ihrem politischen Bereich. Diese Spezialisten sind oft sowohl auf der politischen als auch auf der Verwaltungsebene hervorragend, beide können aber oft nur noch miteinander oder mit denjenigen Gruppen sprechen, für die sie sich einsetzen oder die auf anderer Ebene in demselben Bereich tätig sind. Demgegenüber führt die Tätigkeit als Parlamentarischer Staatssekretär einen jüngeren qualifizierten Politiker von dem Spezialdenken zur Beschäftigung mit dem gesamten Staat; der junge Abgeordnete gewöhnt sich als Parlamentarischer Staatssekretär daran, die Einzelprobleme in ihrer Wichtigkeit gegeneinander abzustufen und sie in das Gesamtprogramm einer Regierung einzuordnen.

Die Notwendigkeit, den jungen Politiker mit möglichst vielen verschiedenen Staatsfragen auch aus der Sicht der Regierung vertraut zu machen, ist sehr früh, nämlich vor über hundert Jahren z. B. in England, erkannt worden. Dort ist der Weg des jungen Politikers über den Privatsekretär eines Ministers, über den bezahlten Parlamentarischen Staatssekretär, über den Staatsminister bis zum Ressortminister, also auf unsere Verhältnisse übertragen bis zum Bundesminister, fast zur Gewohnheit geworden. Bei solchen Stufen gibt es in England jedoch für den Politiker wieder Zwischenphasen, in denen er ausschließlich Parlamentsmitglied ist und seine inzwischen gewonnenen anderweitigen Erfahrungen nur aus der Sicht des Politikers und gerade auch des Parteipolitikers überprüft, berichtigt und ergänzt. Im einzelnen hierzu möchte ich auf die hervorragende Schrift von Arnd Morkel[1] zur Frage der Staatsminister und Parlamentarischen Staatssekretäre verweisen, welche die ausländischen Beispiele, ihre Erfahrungen sowie das Für und Wider behandelt. Der Titel der Schrift von Morkel: „Lehrjahre für Minister?" ist wohl bewußt mit einem Fragezeichen versehen worden, da Morkel den Zweck der Einrichtung des Parlamentarischen Staatssekretärs mit Recht nicht nur als eine Frage des Lernens und sich Eingewöhnens ansieht.

In der Bundesrepublik Deutschland ist bei der Erörterung über die Institution des Parlamentarischen Staatssekretärs seit 1949 im wesentlichen übersehen worden, daß im Anfang der Weimarer Republik bereits einige Parlamentarische Staatssekretäre eingesetzt wurden, so z. B. der vor kurzem verstorbene spätere Ministerpräsident Stock. In Gesprächen mit Wissensträgern des Anfangs der zwanziger Jahre wurden mir gegenüber Bedenken geäußert, wenn ich mich für die Zukunft für die Einrichtung des Parlamentarischen Staatssekretärs einsetzte. Der Grund für die ablehnende Auffassung leitender Persönlichkeiten lag

---

[1] In Beilage zum „Parlament" vom 22. 3. 1967, 12/1967.

wohl darin, daß der Versuch zu Beginn der Weimarer Republik gescheitert war. Die Einrichtung des Parlamentarischen Staatssekretärs paßte wohl noch nicht in die damalige Zeit kurz nach Beendigung der Monarchie in der Prägung durch Kaiser Wilhelm II. Der Widerstand gegen den Parlamentarischen Staatssekretär war damals allseitig zu groß, man hatte auch in der Regierung keine klare Auffassung über die Aufgaben des Parlamentarischen Staatssekretärs; diese wurden isoliert, ausgeschaltet, sie beschäftigten sich persönlich wohl auch zu sehr mit Personalfragen und wurden gerade hierbei sowohl von Politikern als auch von Beamten beargwöhnt. Herr Stock in seinem ausgeprägten Idealismus trat nach Erkennung des gescheiterten Versuches wieder zurück.

Im heutigen Staat mit dem erweiterten Aufgabenbereich, mit der gegenüber früher festzustellenden erheblichen Komplizierung der Probleme und bei dem wohl weitgehenden Fehlen des kommunalen Sektors für die Nachwuchsgewinnung eigenverantwortlicher Staatsmänner ist es zweckmäßig, daß der Versuch der Schaffung Parlamentarischer Staatssekretäre erneut gemacht wird. Ich sehe den gescheiterten Versuch aus dem Anfang der Weimarer Republik nicht als eine Warnung an. Die Worte „vestigia terrent" sind, wenn sie auch aus dem großen Erfahrungsschatz der Römer stammen, gefährlich, weil sie oftmals auch dann befolgt werden, wenn die Verhältnisse und damit die zu ziehenden Folgerungen sich geändert haben.

Zu den Änderungen in der Zeit seit der Weimarer Republik, die zu neuen Überlegungen führen müssen, gehört z. B. folgendes:

1. Artikel 21 des Grundgesetzes hat die Situation der Bundesminister gegenüber den Staatsformen unserer Vergangenheit weitgehend geändert. Ein Bundesminister muß heute viel mehr als früher zu seiner Partei, zu seiner Fraktion, zu den Arbeitskreisen seiner Fraktion und auch zu anderen Parteien Kontakt halten. Ein Minister, der die politischen und fachlichen Fragen seines Ressorts beherrscht, kann das staatspolitisch Notwendige auf die Dauer nicht erreichen und erhalten, wenn er sich nicht immer wieder mit den genannten Instanzen in engem Kontakt und in der Erörterung abstimmt, wenn er nicht gleichbleibend Korrekturen an seinen eigenen Auffassungen und Entscheidungen vornimmt und wenn er nicht andere zu überzeugen versteht.

2. Die Bedeutung der Öffentlichkeitsarbeit der Bundesminister wird heute zum Teil weit unterschätzt. Der Chef eines wichtigen Ressorts muß nicht nur mit seiner Partei und mit seiner Fraktion, also mit seiner politischen Heimat, die Absichten und Handlungen abstimmen, sondern er muß auch die voneinander abweichenden Ansichten in Presse, Funk, Fernsehen, Zeitschriften, Vorträgen und Kundgebungen laufend verfolgen; er muß diese von ihm zu beobachtenden Auffassungen und be-

sonders eine in den Öffentlichkeitsorganen entstehende allgemeine Auffassung beeinflussen und sie notfalls zu korrigieren versuchen.

3. Ein Bundesminister hat nach Verfassung, Gesetz und politischer Verpflichtung, insbesondere wenn er der Chef eines wichtigen und umfangreichen Ressorts ist, sehr viel Arbeit im Bundestag. Er muß ferner in den Bundestagsausschüssen, mitunter aber auch im Bundesrat und in dessen Ausschüssen, Rede und Antwort stehen.

4. Das Zusammenwachsen der Staaten in supranationalen und in internationalen Fragen, das ich bereits erwähnte, beansprucht einige Bundesminister weiter in erheblichem, in früherer Zeit nicht bekanntem Umfange. Wir berücksichtigen bei der Beurteilung dieser Frage oft nicht genügend, daß die Berufsdiplomatie zwar gegenüber dem vorigen Jahrhundert nicht unwichtiger geworden ist, daß aber ein neuer Brauch des persönlichen Kontaktes der Staatsmänner untereinander entstanden ist. Wichtige Fragen werden zwischen den Regierungschefs, zwischen den Außenministern, aber auch zwischen den Fachministern der von den Fragen betroffenen Staaten persönlich besprochen. Solche Fragen laufen sich zwischen den Referenten und Abteilungsleitern der verschiedenen Staaten sehr oft fest, weil die Rechtssysteme verschieden sind und weil die Bräuche und Behandlungsmethoden in den Staaten, sogar desselben Kontinents, stark voneinander abweichen. Der erfolgreiche Abschluß eines Fragenkomplexes ist dann sehr oft nur möglich, wenn die Minister oder allenfalls die beamteten Staatssekretäre die letzten Verhandlungen selbst in die Hand nehmen. Beide — Minister und beamtete Staatssekretäre — werden durch solche Arbeiten, die mit der Reise und der Verhandlung allein nicht abgetan sind, sondern auch in sorgfältiger Vorbereitung und Abwicklung bestehen, stark belastet.

5. Es ist ferner nicht zu leugnen, daß Minister und teilweise auch beamtete Staatssekretäre innerstaatlich und im internationalen Verkehr durch Verpflichtungen der Repräsentation weit mehr als früher zeitlich belastet werden.

Die Liste der Änderungen in der persönlichen Belastung der Minister könnte auf weitere Gebiete erstreckt und ergänzt werden.

Bevor zum Inhalt des inzwischen in Kraft getretenen Gesetzes im einzelnen Stellung genommen wird, zunächst einige Bemerkungen zu der Problematik des Verhältnisses „Parlamentarischer — beamteter Staatssekretär".

Insoweit darf von § 14 der Geschäftsordnung der Bundesregierung ausgegangen werden: Ist ein Bundesminister verhindert, so wird er in der Regierung durch den dazu bestimmten Bundesminister, als Leiter einer obersten Bundesbehörde durch den Staatssekretär vertreten. Außer in den sogenannten Regierungsgeschäften wird der Minister in allen Ressortfragen also durch den — jetzt müssen wir seit einigen Tagen wohl sagen — beamteten Staatssekretär vertreten. Die Regelung in § 14 ist so gestaltet, daß der Entwicklung eines vernünftigen Brauches, aber auch dem menschlichen Takt ausreichender Raum verbleibt. Bei der Anwendung des § 14 der Geschäftsordnung war in den 16 Jahren seit dem Inkrafttreten der Geschäftsordnung, also seit dem 11. Mai 1951, kaum eine Schwierigkeit zu beobachten. Wenn in den Jahren 1961 und 1966 — ohne Erfolg — versucht wurde, die Tätigkeit des Staatssekretärs der Verteidigung auf den zivilen Bereich zu beschränken, so handelte es sich dabei um Sonderfälle, die für unser Thema hier nicht von Interesse sind.

In der Praxis hat sich ohne Problematik die Übung entwickelt, daß der Staatssekretär, besonders in den großen Ressorts, den Minister nicht nur bei Abwesenheit, sondern weitgehend auch bei dessen Anwesenheit vertritt. Wenn man diese Tatsache in die Systematik des § 14 einfügen will, so könnte man sagen, daß der Minister nicht dazu da ist, sich mit Dingen zu befassen, die nicht ministerreif sind. Der Staatssekretär ist ein Filter, der „in Vertretung des Ministers" und auch bei dessen Anwesenheit die nicht „ministerwichtigen" Dinge entscheidet, die nicht ministerreifen Vorlagen selbst aufklärt oder die weitere Aufklärung und Änderung der Vorlagen veranlaßt. Wie weit der Staatssekretär diese Aufgabe durchführt, ist eine Frage seiner Sachkenntnis, der Sicherheit, der Verantwortungsfreude, zugleich aber auch eine Frage des persönlichen Einfühlens und des Taktes des Staatssekretärs. Grundsätzlich ist aber zu beachten,

1. daß der Staatssekretär kein eigener politischer Willensträger ist,
2. daß der Minister Entscheidungen des Staatssekretärs aufheben kann,
3. daß der Staatssekretär nicht kraft Delegation aus eigenem Recht, sondern als Vertreter handelt.

Die Stellung des Staatssekretärs beruht auf einer internen Funktion, die ihrerseits weitgehend mit Außenwirkung versehen ist.

Auch die Stellung des Staatssekretärs in Parlament und Kabinett hat sich so eingespielt, daß es hier kaum Schwierigkeiten gibt. Er nimmt an Sitzungen des Kabinetts teil, wenn der Minister abwesend ist oder ihn bittet, ihn in die Sitzung zu begleiten. Jeder Kanzler hat bisher den Staatssekretär in und außerhalb der Kabinettssitzung als Mitberater anerkannt. Nicht so eindeutig ist die Stellung des Staatssekretärs im Plenum des Bundestages. Er wird — wenn der Minister wirklich durch Abwesenheit verhindert ist — z. B. in der Fragestunde — voll als beauftragter Sprecher anerkannt. § 47 der Geschäftsordnung des Deutschen Bundestages gibt dem Staatssekretär das Recht, auf sein Verlangen jederzeit gehört zu werden. Es hat sich dabei ein feststehender sehr guter Stil entwickelt: Der Staatssekretär hat sich in der Diskussion jeder Polemik zu enthalten; er wird aber auch selbst nicht in polemischer Weise angegriffen.

Die Situation des Staatssekretärs in Sitzungen des Bundesrates ist im wesentlichen die gleiche. Auch in den Ausschüssen der beiden Körperschaften haben sich aus der Stellung des Staatssekretärs als Vertreter des Ministers keine bemerkenswerten Probleme ergeben.

Theoretisch — weniger praktisch — schwierig ist das Verhältnis zwischen einem Bundesminister, der in Regierungsgeschäften als Vertreter eines anderen Bundesministers tätig wird, und dem Staatssekretär. Nur in wenigen Fällen, so bei Mitzeichnung von Gesetzen oder der vom Bundespräsidenten zu vollziehenden Urkunden bestehen eindeutige Vorschriften. Im übrigen ist jedoch der vertretende Minister in seiner Verhaltensweise oder Tätigkeit meist davon abhängig, was der Staatssekretär an ihn heranbringt. Dies erfordert nach jedem Minister- oder Staatssekretärswechsel Einfühlungsvermögen von beiden Seiten. Aber auch hier sind nur wenige Fälle einer echten Differenz vorgekommen.

Ich bitte also um Entschuldigung, wenn ich hier in einem Kreise von Professoren, Politikern und Beamten bisher kaum ein echtes staats- oder verwaltungsrechtliches Problem vortragen konnte.

Wenn nunmehr über die Aufgaben und die Stellung des Parlamentarischen Staatssekretärs zu sprechen ist, so ist von der Regelung auszugehen, die das Gesetz über die Rechtsverhältnisse der Parlamentarischen Staatssekretäre vom 6. April 1967 (BGBl. I S. 396) getroffen hat. Das Gesetz bezeichnet es in § 1 als Aufgabe der Parlamentarischen Staatssekretäre, daß sie die Bundesminister unterstützen, denen sie beigegeben werden. Es handelt sich bei dieser Vorschrift um den ebenso ausgezeichneten wie seltenen Fall, in dem man sich einmal entschlossen hat, keine Kataloge in Gesetzesform auszufüllen, dadurch Augenblicksmeinungen für Jahre zu zementieren, schon im Geburtsstadium des Gesetzes Novellen zu provozieren und praktische Entwicklungen zu erschweren.

Es wird zweckmäßig sein, wenn nun die Beteiligten in Ruhe gelassen werden, um miteinander die Ausfüllung des Begriffes der „Unterstützung" in § 1 des Gesetzes zu überlegen, zu vereinbaren und mit dem festen Willen zur gegenseitigen Hilfe zu erproben. Es wäre nicht gut für die Erfüllung der wichtigen Aufgaben des Bundeskanzlers und der in dieser Frage beteiligten sechs Ressorts, wenn in dem jetzigen Augenblick und in nächster Zeit von außen Fragen weltanschaulicher und juristischer Art oder gar solche des Protokolls und Prestiges an die jeweils beteiligten vier Betroffenen, also an den Minister, die beiden Typen des Staatssekretärs und an den Minister, der in Regierungsgeschäften vertritt, herangetragen würden.

Ich hätte es begrüßt, wenn gleichzeitig mit der Schaffung der Institution des „Parlamentarischen Staatssekretärs" außer dem Ministerium für Angelegenheiten des Verteidigungsrates einige weitere Ministerien aufgelöst worden wären. Es ist nicht zu bestreiten, daß dann die neue Institution in der Öffentlichkeit und in Fachkreisen besser verstanden oder doch mindestens günstiger aufgenommen worden wäre. Aber auch ohne gleichzeitige Auflösung anderer Ministerien wird die neue Institution, trotz der zwangsläufigen Kosten für den Staat, auf weite Sicht von erheblichem Nutzen sein können.

Meines Erachtens wird man sich nur über einige wesentliche Grundsätze klar sein müssen, wenn man zu einer sachlichen Auseinandersetzung beitragen will.

1. Wir haben Parlamentarische *Staatssekretäre*, nicht dagegen *Staatsminister*, die schlechthin Vertreter der Bundesminister sind. Anderenfalls wäre § 14 der Geschäftsordnung der Bundesregierung hinfällig, und zwar sowohl hinsichtlich des in Regierungsgeschäften vertretenden Ministers als auch hinsichtlich des beamteten Staatssekretärs. Dann würde zugleich die Frage unausweichlich, ob und mit welchem Inhalt der Begriff des „politischen Beamten" für den beamteten Staatssekretär und zugleich für die Ministerialdirektoren noch aufrecht erhalten werden kann.

2. Die Weiterentwicklung der neuen Institution zur Alleinvertretung des Ministers kann jedoch unter Umständen erwogen werden müssen, wenn wir durch Änderung der Gesetze zu einem Zweiparteiensystem und zu einer Einparteienregierung kommen. Zu dieser Frage ist heute und hier nicht Stellung zu nehmen.

3. Der Parlamentarische Staatssekretär hat seinen eigenen politischen Willen innerhalb des Ressorts und nach außen der politischen und fachlichen Entscheidung des Ministers nicht entgegenzustellen. Wenn er mit dem Minister nicht übereinstimmt, kann er den Minister überzeugen oder er kann ausscheiden oder er hat den Willen und die Entscheidung des Ministers in loyaler Weise auszuführen. Der Parlamentarische Staatssekretär ist insoweit in einer besseren Situation als der beamtete Staatssekretär, der sein eigenes Ausscheiden nur anregen darf, nicht aber beantragen oder gar erzwingen kann.

4. Der Parlamentarische Staatssekretär darf, solange er im Amt ist, nach innen und nach außen keinen Zweifel an seiner Übereinstimmung *mit* und an seiner Loyalität *gegenüber* dem Minister aufkommen lassen. Die Pflichten eines Parlamentarischen Staatssekretärs, der ausgeschieden ist, insbesondere zur Verschwiegenheit, sind in § 4 des Gesetzes, der auf § 6 des Bundesministergesetzes Bezug nimmt, geregelt. Im übrigen sind diese Fragen naturgemäß weitgehend solche des Taktes.

5. Der Parlamentarische Staatssekretär kann allgemein, insbesondere aus dem Ressort, die Mitarbeit erwarten, die sich gegenüber einem Mitglied des Bundestages gehört, das auf Vorschlag des Bundeskanzlers und im Einvernehmen mit dem Minister diesem vom Staatsoberhaupt zur Unterstützung beigegeben ist.

6. Da der Parlamentarische Staatssekretär nicht der allgemeine Vertreter des Ministers ist, hat er nicht die allgemeine Dienstaufsicht über die Angehörigen des Ressorts. Insoweit der Minister dem „Parlamentarischen Staatssekretär“ Aufgaben zur Erledigung überträgt, unterstehen die zur Bearbeitung dieser Aufgaben zuständigen Bediensteten der fachlichen Weisungsbefugnis des Parlamentarischen Staatssekretärs.

7. Daß der Minister sich im Bundestag und Bundesrat vom Parlamentarischen Staatssekretär vertreten lassen kann, dürfte nicht zweifelhaft sein. Wenn trotzdem Zweifel erhoben werden, wird es keine Schwierigkeiten bereiten, daß beide gesetzgebenden Körperschaften dies in den Geschäftsordnungen klarstellen.

8. Die Stellung des Parlamentarischen Staatssekretärs gegenüber der Bundesregierung, in Kabinettssitzungen und notfalls gegenüber dem gemäß § 14 der Geschäftsordnung der Bundesregierung vertretenden Minister wird derzeit von Bundeskanzler und Bundesregierung noch überlegt.

9. Das Verhältnis zwischen beamtetem und Parlamentarischem Staatssekretär ist kein solches der Unterordnung oder Überordnung. Der beamtete Staatssekretär ist dem Minister für das Gesamtressort verantwortlich, der Parlamentarische Staatssekretär für die ihm übertragenen Aufgaben. Beide haben sich zu unterrichten, sie haben ohne Vorbehalt zusammenzuarbeiten, da nicht jeder für sein eigenes Interesse wirken kann, sondern beide Diener des Staates sind. In dem Verhältnis zwischen den beiden Staatssekretären sehe ich keine Probleme. Wenn solche, abgesehen von gewissen Anfangsschwierigkeiten, dennoch auftreten, ist mindestens einer von beiden fehl am Platze.

Meine Damen und Herren, ich bitte um Entschuldigung, daß ich so lange referiert habe, und ich bitte um Nachsicht, wenn ich nach Ihrer Ansicht theoretisch denkbare Rechtsfragen hinter solchen Überlegungen, die zum praktischen Funktionieren der neuen Institution beitragen sollten, habe zurücktreten lassen.

Aussprache zu dem Vortrag von Volkmar Hopf

Bericht von Peter-Bernd Lüdtke

Über die Institution des Parlamentarischen Staatssekretärs entwickelte sich eine lebhafte Diskussion, weil die Auffassungen über ihre Zweckmäßigkeit und die verfassungsrechtliche Zulässigkeit auseinandergingen[1]. Der Parlamentarische Staatssekretär im Bundesinnenministerium, *Ernst Benda*, MdB, der die Aussprache eröffnen wollte, mußte wegen einer unabweisbaren anderweitigen Verpflichtung in letzter Stunde absagen, was allgemein bedauert wurde.

Die Reihe der „Skeptiker" eröffnete Bundesverfassungsrichter Professor Dr. *Geiger*, Karlsruhe. Er hielt die Einführung dieser neuen Institution für ein Experiment, dessen Ausgang ungewiß sei, und bezweifelte, ob der Zweck, Abgeordnete in wirksamer Weise mit Verwaltungsangelegenheiten vertraut zu machen, erreichbar sei, wenn sieben von ca. 500 Bundestagsabgeordneten zu Parlamentarischen Staatssekretären ernannt würden. — Sich rechtlichen Problemen zuwendend bemängelte Geiger, daß das Gesetz über die Rechtsverhältnisse der Parlamentarischen Staatssekretäre vom 6. April 1967 (BGBl. I S. 396) ein reines Statusgesetz sei, das jegliche Funktionssicherung vermissen lasse. Es enthalte nur eine Umschreibung des Rechtsstatus der Parlamentarischen Staatssekretäre einschließlich der Regelung ihrer Bezüge und der Entlassung. Das Funktionieren einer solchen Institution sei aber nicht gewährleistet, wenn die Zusammenarbeit und Anpassung der beteiligten Amtswalter nur von ihrer freiwilligen Bereitschaft zur Kooperation und zum Sicheinfügen abhänge. Das Referat von Hopf habe den Eindruck erweckt, außer Taktfragen gebe es keinerlei Schwierigkeiten. Zwar sei die

---

[1] Weitere Äußerungen zu diesem Thema enthalten das Referat von W. Thieme „Der ‚politische Beamte' im Sinne von § 31 BRRG" (s. unten S. 149 ff.) und die Diskussionsbeiträge dazu (s. unten S. 167 ff.).

Die bisherigen Stellungnahmen im verfassungsrechtlichen Schrifttum finden sich, worauf *Knöpfle* in der Diskussion hinwies, bei H. Gerber, Parlamentarische Staatssekretäre?, in: DöV 1953, S. 70 ff.; F. Münch, Die Bundesregierung, Frankfurt a. M. 1954, S. 200 f.; K. J. Partsch, Parlament und Regierung im modernen Staat, in: VVDStRL, Heft 16 (1958), S. 74, 105 ff.; E.-W. Böckenförde, Die Organisationsgewalt im Bereich der Regierung, Berlin 1964, S. 221 ff., und Franz Klein, Grundgesetz und Parlamentarische Staatssekretäre (Staatsminister), in: DVBl. 1965, S. 862 ff. Positiv neuestens H. Brinkers, Die Parlamentarischen Staatssekretäre in: Bundeswehrverwaltung, 1967, S. 121 ff.

Abhängigkeit des Parlamentarischen Staatssekretärs von seinem Minister klar; ungeklärt sei aber sein Verhältnis zum beamteten Staatssekretär und zum Verwaltungsapparat. Wenn er Hopf recht verstanden habe, dann solle der Parlamentarische Staatssekretär im Rahmen der ihm vom Minister übertragenen Aufgaben Fachweisungen an die Exekutive, also auch an den beamteten Staatssekretär erteilen können. Damit werde dem Parlamentarischen Staatssekretär die Vorgesetzteneigenschaft beigelegt, deren praktische Ausübung ohne jeden Anhalt im Gesetz auf Schwierigkeiten stoßen müsse. Wenn man aber von einer solchen beschränkten Weisungsbefugnis ausgehe, müsse doch geregelt sein, auf welchem Wege der Parlamentarische Staatssekretär die zu ihrer Wahrnehmung erforderlichen Informationen erhalte. Die mangelnde gesetzliche Fixierung der Funktionen (Teilnahme an Abteilungsleiterbesprechungen, Mitspracherecht, Ausgleich von Differenzen mit dem beamteten Staatssekretär) könne in der praktischen Entwicklung zur Inanspruchnahme von Funktionen führen, die dem Parlamentarischen Staatssekretär nach dem Grundgesetz nicht zukommen können. Ungeklärt sei auch die verfassungsrechtliche Einordnung des Parlamentarischen Staatssekretärs: er gehöre nicht zum Parlament, nicht zum Kabinett und nicht zur Exekutive. Wenn man aber sage, er gehöre materiell zur Regierung, dann sei der Satz nicht mehr präzise, daß die Bundesregierung aus dem Bundeskanzler und den Bundesministern bestehe (Art. 62 GG). Er wolle nicht entscheiden, ob Art. 62 GG einer weiten Auslegung fähig sei, nur müsse man sich darüber im klaren sein, daß durch eine solche Erweiterung Tendenzen zur Auflösung der Regierungsgewalt Auftrieb erhielten. Schließlich werde durch diese Institution die Position des Parlaments und der Fraktionen gegenüber der Regierung verstärkt. Das sei zwar durch den Grundsatz der Gewaltenteilung nicht ausgeschlossen, aber es lasse sich eine Entwicklung nicht ausschließen, daß die Parlamentarischen Staatssekretäre sich nicht mehr als Ministergehilfen verstünden, sondern als Informanten ihrer Fraktionen über Regierungs- und Verwaltungsinterna, die der Minister vielleicht nicht wünsche. Gerade diese Verschränkung von Parlament und Regierung, auch die Einwirkung der Fraktionen auf die Verwaltung, diese bedenklichen Möglichkeiten verlangten eine sorgfältige verfassungsrechtliche Prüfung der neuen Einrichtung.

Professor Dr. *Knöpfle* verwies auf die endgültige Fassung des § 1 des Gesetzes vom 6. April 1967, wonach Parlamentarische Staatssekretäre Mitgliedern der Bundesregierung „zu ihrer Unterstützung“ beigegeben werden könnten. Hierin liege gegenüber dem Regierungsentwurf (Bundesratsdrucksache 46/47 und Bundestagsdrucksache V/1402) ein gewisser materieller Gehalt, der über eine bloße Statusregelung hinausgehe. Im übrigen sei die Rechtslage nur bei Berücksichtigung der Geschäftsordnung der Bundesregierung, in die aus diesem Anlaß ein neuer § 14 a eingefügt worden sei, voll zu erfassen.

Staatssekretär a. D. Dr. *Schäfer,* Bad Godesberg, führte aus, die Bundesregierung habe zwar, wie Knöpfle schon hervorgehoben habe, am 11. Januar 1967 beschlossen, § 14 a mit folgendem Wortlaut in die Geschäftsordnung der Bundesregierung aufzunehmen (Bundestagsdrucksache V/1402):

„Ist einem Bundesminister ein Parlamentarischer Staatssekretär beigegeben, so kann ihn sein Minister mit der Wahrnehmung einzelner Aufgaben nach seiner Weisung beauftragen. Der Minister entscheidet darüber, in welcher Weise die Angehörigen des Ministeriums dem Parlamentarischen Staatssekretär bei der Erfüllung seiner Aufgaben behilflich zu sein haben. Weisungsbefugnisse gegenüber den Angehörigen des Ministeriums können dem Parlamentarischen Staatssekretär nicht übertragen werden. § 14 bleibt unberührt."

Endgültig sei aber durch Beschluß der Bundesregierung vom 15. März 1967 § 14 a in folgender Fassung in die Geschäftsordnung der Bundesregierung eingefügt worden (GMBl. 1967 S. 130):

„Der Bundesminister, dem ein Parlamentarischer Staatssekretär beigegeben ist, bestimmt, welche Aufgaben der Parlamentarische Staatssekretär nach seiner Weisung wahrnehmen soll. § 14 bleibt unberührt."

Diese Fassung zeige, daß man die Problematik des Weisungsrechts offen gelassen habe, obwohl nach dem Bericht des Abgeordneten Dr. Wörner der Innenausschuß des Bundestags die Auffassung vertreten habe, es müsse dem Minister möglich sein, auch Weisungsrechte zu übertragen, weil der Parlamentarische Staatssekretär andernfalls nicht mit der erforderlichen Autorität und Wirksamkeit tätig sein könne (vgl. Bundestagsdrucksache *zu* Drucksache V/1556). Das Weisungsrecht sei aber gerade ein Punkt, an dem sich die Geister schieden. Schäfer sah in der Institution des Parlamentarischen Staatssekretärs einen Einbruch in die Exekutive, der durch Art. 20 Abs. 2 GG nicht gedeckt sei. Soweit Weisungsbefugnisse übertragen würden, fehle der Institution im Hinblick auf den Gewaltenteilungsgrundsatz die verfassungsrechtliche Absicherung. Die „Verwaltung als eigenstände Staatsgewalt" (Hans Peters) werde nicht in gleicher Weise respektiert wie die Eigenständigkeit von Parlament und Gerichtsbarkeit, wenn ein Abgeordneter mit Weisungsbefugnis gegenüber der Beamtenschaft eines Ministeriums ausgestattet werde. — Mit der Einführung des Parlamentarischen Staatssekretärs hätte eine Kabinettsreform, und zwar eine Verminderung der Ministerien auf 12 bis 14 einhergehen müssen. Die Bildung der großen Koalition sei die Sternstunde für eine solche Kabinettsreform gewesen. — Zu bedauern sei ferner die mit der Schaffung des Parlamentarischen Staatssekretärs angebahnte Entwicklung dahin, daß der beamtete Staatssekretär wieder zum „reinen Verwaltungsbeamten" werden solle, während der Parlamentarische Staatssekretär die Funktionen eines politischen Beamten wahrnehme, eine nach dem Bericht des Abgeordneten Dr. Wörner von einigen Mitgliedern des Innenausschusses des Bundestages gehegte Hoffnung (s. BT-Drucksache *zu* V/1556, S. 2). Schäfer sah diese Einschätzung der Rolle der Parlamentarischen Staatssekretäre als Folge der Orientierung an englischen Verhältnissen. Einrichtungen des politischen Lebens aus England auf den Kontinent zu übertragen und vielleicht noch mißzuverstehen, hielt er, Grewe zitierend[2], für einen „alten und in Europa geradezu traditionellen politischen Denkfehler". Die englischen Verhältnisse seien grundsätzlich anders. Unter Berufung auf Morrison[3] führte *Schäfer* aus, schon 1954 seien etwa ein Drittel der Fraktion der Labour-Party in die Regierung eingebaut gewesen, was für Morrison schon Anlaß zur Besorgnis gewesen sei, aber — im Gegensatz zu kontinentalen Erwartungen — nicht etwa wegen einer Einschränkung der Unabhängigkeit der Exekutive, sondern des Parlaments. Die Zahl der Parlamentarischen Staatssekretäre und Staatsminister in England sei auf die parteipolitische Neutralität des Civil Service zurückzuführen. Auch in England sei die Institution der Parlamentarischen Staatssekretäre nicht unproblematisch. Ihre Tätigkeit könne nach den von Morrison mitgeteilten Erfahrungen hochinteressant, aber auch tödlich langweilig sein. Bemerkenswert sei, daß Morrison — der sich für diese Institution einsetzt — der Auffassung sei, es gebe in den Ministerien Angelegenheiten, die so geheim seien, daß sie nicht einmal der Parlamentarische Staatssekretär kennen dürfe.

Im Gegensatz zu Geiger und Schäfer befürwortete Professor Dr. Dr. *E.-W. Böckenförde*, Heidelberg, die Einrichtung des Parlamentarischen Staatssekretärs. Richtiges Verständnis dieser Institution setze voraus, daß man sie nicht nur als Vorschule für künftige Minister betrachte. Der Parlamentarische Staatssekretär gehöre in die politische Leitung des Ministeriums. In einem parlamentarischen Regierungssystem sei die Exekutive nämlich kein monolithischer Block, man müsse vielmehr zwischen der Bürokratie und der politischen Leitung eines Ministeriums unterscheiden. Bei den großen Ressorts, insbesondere dem Verteidigungsministerium, sei der parlamentarisch verantwortliche Minister, auf sich allein gestellt, mit der politischen Leitung überfordert. Er bedürfe des politischen Gehilfen in Gestalt des Parlamentarischen Staatssekretärs. Die innere Struktur des Ministeriums werde dadurch nicht beeinträchtigt. Gehe man von der Trennung der politischen und bürokratischen

---

[2] s. Wilhelm Grewe, Parteienstaat — oder was sonst?, in: „Der Monat", 3. Jahrgang, 1951, Nr. 36, S. 563 ff., 567.

[3] Herbert Morrison, Government and Parliament — A Survey from Inside, Oxford 1954, deutsche Übersetzung von Herbert Thiele-Fredersdorf, München 1956.

Leitung des Ministeriums aus, so nehme der Parlamentarische Staatssekretär an der politischen Leitung im Rahmen der ihm vom Minister zugewiesenen Aufgaben teil. Die Eigenständigkeit der Exekutive werde dadurch auch bei Übertragung von Weisungsbefugnissen auf den dem Parlament angehörenden Parlamentarischen Staatssekretär nicht berührt, weil auch der Minister nach heutiger Staatspraxis i. d. R. Abgeordneter sei. Da ihm eine Weisungsbefugnis unstreitig zustehe, könne man sie seinem ihm wegen des Umfangs des Ressorts beigegebenen politischen Gehilfen in den genannten Grenzen nicht absprechen. Der Sinn des parlamentarischen Regierungssystems bestehe eben auch gerade darin, daß, ungeachtet der funktionellen Trennung eine gewisse „politische Verschränkung" zwischen Parlament und Exekutivspitze stattfinde. Im übrigen seien die beamteten Staatssekretäre in den großen Ressorts unter dem Druck der Verhältnisse in die Rolle von Staatsministern hineingewachsen. Das habe zu dem verfassungsrechtlich bedenklichen Brauch geführt, daß der beamtete Staatssekretär in Kabinettssitzungen selbst eine Stimme führe. Diese Praxis bestritt allerdings Botschafter a. D. *van Scherpenberg* unter Hinweis auf seine Erfahrungen als Staatssekretär während der Regierungszeit Adenauers. Damals habe nur der vertretende Minister abstimmen können, wobei dieser das Votum des Staatssekretärs aus dem vertretenen Ressort berücksichtigt habe. Nachdem *Böckenförde* das stufenweise Aufrücken der beamteten Staatssekretäre in die politische Ressortleitung am Organogramm des Bundesverteidigungsministeriums erläutert hatte, ging er auf den Widerstand der beamteten Staatssekretäre gegen die neue Institution und die damit zusammenhängende Entstehungsgeschichte des § 14 a GeschO BReg. ein. Der Ausschluß der Übertragung von Weisungsrechten, wie er in dem ersten Entwurf der Bundesregierung (vgl. oben S. 141) vorgesehen gewesen sei, hätte den Parlamentarischen Staatssekretär zu einem „politischen Botengänger zwischen Parlament und Minister" werden lassen. Das Parlament habe sich den Parlamentarischen Staatssekretär als funktionsfähiges Organ der politischen Leitung des Ressorts erst erstreiten müssen. Die von Geiger gerügte mangelnde Funktionssicherung in § 1 des Gesetzes vom 6. April 1967 (BGBl. I S. 396) sei auf eine Zusicherung der Bundesregierung, in der Geschäftsordnung Regelungen zu schaffen, die dem Parlamentarischen Staatssekretär Weisungsbefugnisse im Rahmen der ihm übertragenen Aufgaben einräumen, zurückzuführen. Mit Rücksicht auf diese Zusicherung habe der Innenausschuß darauf verzichtet, eine entsprechende Formulierung, die der mitberatende Rechtsausschuß vorgeschlagen hatte, in das Gesetz aufzunehmen (vgl. BT-Drucksache *zu* Drucksache V/1556, S. 3). Diese Entstehungsgeschichte sei für die Spannungen zwischen Parlament und Exekutive symptomatisch. Die Frage der Weisungsbefugnis und des Vorgesetztenverhältnisses sei für die Beamtenschaft offenbar so etwas wie ein „Mythos". Man müsse sich also fragen, wie sich dieses Vorgesetztenverhältnis entwickeln könne. Wenn das nötige Taktgefühl beiderseits etwas vorhanden sei, ergebe sich durch die Wahrnehmung einzelner Aufgabenbereiche durch den Parlamentarischen Staatssekretär für den beamteten Staatssekretär und die Abteilungsleiter die Möglichkeit, sich an diesen zu halten. Soweit es sich nicht um Grundsatzfragen handele, könne der Parlamentarische Staatssekretär auf dem ihm übertragenen Aufgabenkreis für den Minister Entscheidungen treffen. Auf diese Weise könnte die politische Leitung des Ressorts auch bei Abwesenheit des Ministers wirksam werden, und der Parlamentarische Staatssekretär könne in die praktische Leitung hineinwachsen und sich zum echten Gehilfen des Ministers entwickeln, was staatspolitisch und verfassungsrechtlich zu begrüßen sei. Der beamtete Staatssekretär könne dann aus dem politischen Proporz herausgenommen werden, weil die enge politische Bindung zum Minister zurücktrete. Die innere Polarität von politischer Leitung und verwaltungsmäßiger Verantwortung, die dem beamteten Staatssekretär als Chef der Verwaltung zukomme, sei aber gerade für die Selbständigkeit der Exekutive und die Handhabung der Gesetze wichtig.

Für die Institution des Parlamentarischen Staatssekretärs sprach sich auch Professor Dr. *Partsch*, Bonn, aus. Die rechtliche Einordnung des Parlamentarischen Staatssekretärs sei innerhalb der Konzeption des parlamentarischen Regierungssystems unschwer möglich. Er gehöre, ebenso wie der Minister, sowohl zum Parlament als auch zur Regierung, nur seien die Akzente jeweils verschieden zu setzen. Die rechtliche Absicherung der Weisungsbefugnis schien *Partsch* unter Hinweis auf die Funktion des Abgeordneten Blank bei den mit der Aufstellung der Bundeswehr zusammenhängenden Fragen und die Betrauung von Professoren mit der Leitung von Delegationen bei internationalen Verhandlungen unproblematisch. Das Beispiel der „Dienststelle Blank“ hielt *Knöpfle* nicht für einschlägig, weil diese Dienststelle nach ihrer gesamten Konzeption Vorläuferin eines eigenen Ressorts sein sollte und ihr Leiter demgemäß auch im Augenblick ihrer Ausgliederung aus dem Bundeskanzleramt Bundesverteidigungsminister geworden sei. Die vorübergehende Wahrnehmung der Verteidigungsaufgaben durch den Bundeskanzler, dem Blank unterstellt gewesen sei, könne allenfalls eine Verletzung der Prinzipien für die innere Organisation der Regierung darstellen.

Abschließend äußerte *Partsch* den Wunsch, daß es zwischen beamtetem und Parlamentarischem Staatssekretär zu harten Auseinandersetzungen kommen möge; es sei nämlich notwendig, daß die Übersetzung von bürokratischem in politisches Denken und Sprechen bereits im Ministerium und nicht erst in den Ausschüssen des Parlaments stattfinde. Der Parlamentarische Staatssekretär könne durch seine Mitarbeit die Entwürfe des Ministeriums in glücklicher Weise beeinflussen.

An die Bedenken Geigers und Schäfers anknüpfend äußerte *Knöpfle* Zweifel an der Zweckmäßigkeit der neuen Institution in ihrer derzeitigen Ausprägung und an ihrer Verfassungsmäßigkeit.

Im Hinblick auf die abschließende Regelung des Art. 62 GG stehe zunächst fest, daß die Parlamentarischen Staatssekretäre nicht Regierungsmitglieder sein könnten. Dies habe zur Folge, daß sie einen Bundesminister in all den Fällen nicht vertreten könnten, in denen es sich um eine nicht delegierbare Aufgabe handle, so z. B. bei der Abstimmung im Kabinett, der Gegenzeichnung nach Artikel 58 GG und bei der Vertretung im Parlament, wenn dieses von seinem Zitierungsrecht nach Art. 43 Abs. 1 GG Gebrauch mache. Im übrigen könne der Parlamentarische Staatssekretär — ebenso wie der beamtete — nach Art. 43 Abs. 2 GG zwar im Bundestag als „Beauftragter" der Bundesregierung auftreten; sehr fraglich sei aber im Hinblick auf die Ministerverantwortlichkeit, ob er etwa seinen im Ausland weilenden Bundesminister in einer parlamentarischen Debatte nicht nur in der Erklärung einer mit diesem abgestimmten Stellungnahme, sondern auch im Willen, also wirklich vollwertig, vertreten dürfe. Noch beschränkter sei jedenfalls nach der Verfassungsrechtslage die Vertretungsmöglichkeit im Bundesrat, denn nach Art. 53 GG stehe, im Gegensatz zu Art. 43 Abs. 2 GG, das Recht, jederzeit gehört zu werden, nur den Regierungsmitgliedern zu. Die Notwendigkeit der Vertretung eines Kabinettsmitglieds durch ein anderes entfalle also durch die neue Institution keineswegs. Was die Vertretung des Ministers in den laufenden Geschäften des Ressorts anlange, so dürfe der Parlamentarische Staatssekretär ebensowenig wie der beamtete kraft eigenen Rechts handeln, sondern nur wie dieser unter der Leitung und nach Weisung des Ministers. Wenn aber der Parlamentarische Staatssekretär, nach dem ganzen Zweck der neuen Institution, den Minister entlasten, ihm Aufgaben abnehmen und sich an Führungsaufgaben gewöhnen solle, wenn er an der politischen Leitung des Ressorts teilhaben und evtl. einen bestimmten Aufgabenbereich zur selbständigen Wahrnehmung übertragen bekommen solle, dann müsse die „Weisung" doch sehr genereller Art sein; letztlich reduziere sie sich wohl auf die notwendige Übereinstimmung mit den politischen Grundvorstellungen des Ministers. Der so frei schaltende Parlamentarische Staatssekretär werde dann aber de facto doch zu einer Art „Unterminister", ähnlich dem englischen Minister of State, und damit zu einem Vorgesetzten der Beamten des Ministeriums und der unterstellten Behörden, ebenso wie der beamtete Staatssekretär, ausgestattet mit weitgehender Sachleitungsbefugnis, mögen auch die Entscheidungen und Weisungen beider letzten Endes formell dem Minister zuzurechnen sein. Da das ursprünglich vorgesehene Verbot der Übertragung von Weisungsrechten in die Geschäftsordnung der Bundesregierung nicht aufgenommen worden sei, sei jedenfalls für eine Entwicklung in diese Richtung Raum, ja sie werde wohl sogar notwendig sein, wenn der Parlamentarische Staatssekretär die ihm zugedachten Funktionen voll erfüllen solle. Zu der Bemerkung von Böckenförde, das Parlament habe sich die Funktionsfähigkeit der neuen Einrichtung erst erstreiten müssen, sei auf den erstaunlichen Umstand hinzuweisen, daß die endgültige Fassung des § 14 a GeschOBReg in dem entscheidenden Punkt doch von derjenigen abweiche, die der Bundesinnenminister für die Bundesregierung dem Innenausschuß verbindlich zugesichert habe: In dieser Fassung sei ausdrücklich die „Übertragung von Weisungsrechten" enthalten gewesen (s. BT-Drucksache *zu* Drucksache VI/1556, S. 3), während in der dann vom Kabinett am 15. März 1967 tatsächlich beschlossenen Fassung (s. oben S. 141) dieses offenbar sehr heiße Eisen — vielleicht wegen nachträglicher rechtlicher Bedenken? — doch nicht zum Gegenstand der getroffenen Regelung gemacht worden sei.

Damit stelle sich aber die in der Diskussion wiederholt angesprochene Frage nach dem verfassungsrechtlichen Standort und der Qualifikation der neuen Institution, die noch der genauen Untersuchung harre. Auszuschließen seien die Annahmen, daß die Parlamentarischen Staatssekretäre Regierungsmitglieder im Sinne des Grundgesetzes oder eine neue Beamtenkategorie sui generis seien. Es bleibe also nur die Frage, ob es sich bei der neuen Institution um ein Amt unterhalb der Ebene der Verfassungsorgane oder um ein neues eigenständiges Verfassungsorgan, eine Art von Annex zur Regierung, handele, das die im Grundgesetz vorgegebene Struktur der Exekutivspitze in der Sache verändere. Für erstere Annahme scheine ihm zu sprechen, daß keine ihrer Art nach neuartigen Kompetenzen geschaffen worden seien und daß die Gesamtverantwortlichkeit des Ministers für alles Geschehen in seinem Ressort unverändert geblieben sei. Für die Verfassungsorgan-Qualität spreche dagegen, daß es sich bei dem Amt des Parlamentarischen Staatssekretärs um eine neuartige, auf die Dauer angelegte (dies im Gegensatz zu der gelegentlichen Betrauung Außenstehender mit staatlichen Missionen), sicherlich dem Verfassungsrechtskreis zugehörige Institution zur engeren Verschränkung von Parlament und Exekutive handle; zudem sei der Status dieser Organwalter, die nicht nach beamtenrechtlichen Grundsätzen berufen würden, weitestgehend dem der Regierungsmitglieder angeglichen. Nehme man aus den dargelegten Gründen eine Verfassungsorgan-Eigenschaft der neuen Institution an, dann erscheine ihre Einführung ohne Fundierung im Grundgesetz verfassungsrechtlich äußerst bedenklich, einmal weil die Konkretisierung des Rechtsstaatsprinzips auf dem Gebiet des organisatorischen Staatsrechtes verlange, daß die Arten, die Zusammensetzung, die Kreation und die Kompetenzen von Verfassungsorganen in der Verfassung selbst zu regeln seien, und zum anderen, weil Art. 79 Abs. 1 S. 1 GG einer materiellen Änderung des Verfassungsrechts ohne ausdrückliche Änderung des Textes des Grundgesetzes entgegenstehe. Bezeichnenderweise sei das ebenfalls neugeschaffene Amt des Wehrbeauftragten, der auch die Funktion der Unterstützung eines bestehenden Verfassungsorgans habe, durch die Einfügung des Art. 45 b in das Grundgesetz verfassungsrechtlich fundiert worden. — Der Prüfung bedürftig sei schließlich die Frage, ob die neue Institution, gerade wenn man ihr Verfassungsorgan-Qualität abspreche, mit Art. 33 Abs. 4 und Abs. 5 GG zu vereinbaren sei, insbesondere, ob es die hergebrachten Grundsätze des Berufsbeamtentums nicht ausschlössen, zwischen dessen Spitze und die Regierung im staatsrechtlichen Sinn einen Amtsträger sui generis einzuschalten und diesem zum Teil die Vertretung des Ressortchefs zu übertragen. In Deutschland habe die Domäne des Berufsbeamtentums jedenfalls bisher unmittelbar und nicht gegenständlich beschränkt gleich unterhalb des Kabinetts begonnen. — Außerdem ergäben sich neue Inkompatibilitätsfragen, so z. B. die, ob ein Parlamentarischer Staatssekretär weiterhin als Mitglied kraft Wahl im Richterwahlausschuß bei der Berufung von Richtern eines Gerichts, das zum Geschäftsbereich seines Ministeriums gehöre, mitwirken dürfe.

Angesichts der dargelegten unbezweifelbaren Beschränkungen der Wirkungsmöglichkeit der Parlamentarischen Staatssekretäre — so schloß *Knöpfle* — erscheine die Institution in ihrer derzeitigen Ausgestaltung als „halbe Sache". Um den Bundesministern echte Entlastung bringen zu können, dürfte es sich empfehlen, ihre „Gehilfen" mit Kabinettsrang auszustatten oder ihnen zumindest ein volles Vertretungsrecht einzuräumen. Dazu bedürfe es aber, wolle man nicht von der ohnehin bestehenden Möglichkeit der Berufung von „Sonderministern" ohne Portefeuille als Vertreter der Ressortminister Gebrauch machen, einer verfassungsrechtlichen Grundlage, die auch schon jetzt wünschenswert gewesen wäre, um verfassungsrechtliche Bedenken gegen die neue Institution nicht aufkommen zu lassen.

In einem letzten Diskussionsbeitrag forderte Botschafter i. R. Dr. *van Scherpenberg*, mit der Institution auch die Grenzen der Tätigkeit der Parlamentarischen Staatssekretäre aus England zu übernehmen. Dort nehme ein Parlamentarischer Staatssekretär grundsätzlich nicht an Kabinettssitzungen teil und führe erst recht keine Stimme. Er werde allenfalls einmal im Rahmen eines ihm anvertrauten Sonderauftrags von seinem Minister dorthin mitgenommen, doch sei das ein weniger delikater und leicht zu lösender Sonderfall.

In seinem Schlußwort nahm Präsident *Hopf* zu den Einwendungen gegen die von ihm bezogene Position Stellung. Die im Verhältnis zur Gesamtzahl der Abgeordneten geringe Zahl von 7 Parlamentarischen Staatssekretären spreche nicht gegen die Eignung der Institution, junge Abgeordnete auf die Übernahme von Ministerämtern vorzubereiten, denn die Amtsdauer sollte begrenzt sein, so daß durch die Fluktuation in etwa 10 bis 15 Jahren eine Reihe von Abgeordneten für die Berufung in Ministerämter zur Auswahl stehe. Informationsschwierigkeiten dürften sich für die Parlamentarischen Staatssekretäre ebensowenig ergeben wie für den Präsidenten des Bundesrechnungshofes als Bundesbeauftragten für die Wirtschaftlichkeit der Verwaltung und seine Mitarbeiter, die auch ohne ausdrückliche gesetzliche Ermächtigung tätig würden. Ferner trat Hopf der Auffassung entgegen, die neue Einrichtung sei aus England rezipiert. Sie sei schon seit 1947 diskutiert worden. Man habe bei der Gestaltung der Rechtsverhältnisse zwar englische Erfahrungen mitverwertet, doch weise die Ausgestaltung des Instituts in England wesentliche Unterschiede auf. Gegenüber der Kritik Geigers an der mangelnden rechtlichen Funktions- und Kooperationssicherung machte er auf das Phänomen informeller Führungsgruppen auch im staatlichen Bereich aufmerksam. In exponierten Positionen bildeten sich Formen der Zusammenarbeit heraus, die zu einem Verzicht auf hierarchische Strukturen führen könnten. Ferner wies er auf die Weisungsbefugnis hin, die Hermann Abs etwa bei den Verhandlungen über das Londoner Schuldenabkommen gegenüber den ihm beigegebenen Ministerialbeamten zugestanden wurde.

Hopf erachtete die neue Institution nicht als verfassungswidrig, konnte aber aus Zeitmangel auf die angeschnittenen verfassungsrechtlichen Fragen leider nicht mehr eingehen.

Der „politische Beamte“ im Sinne des § 31 Beamtenrechtsrahmengesetz

Von Werner Thieme

Bei dem mir gestellten Thema, dem politischen Beamten im Sinne des § 31 BRRG, habe ich mir erlaubt, eine Teilfrage herauszugreifen, über die ich ausschließlich sprechen werde, um in der zur Verfügung stehenden Zeit einen geschlossenen Fragenkomplex abhandeln zu können. Ich beschränke mich auf die Frage der Versetzung in den einstweiligen Ruhestand. Gerade auch unter dem Gesichtspunkt des Gesamtthemas dieser Tagung scheint mir das die zentrale Frage zu sein.

Die Einsetzung des politischen Beamten ist beamtenrechtlich unproblematisch. Bei der Besetzung der Planstelle eines politischen Beamten besteht die volle Ermessensfreiheit des Dienstherrn, der insoweit durch die Regierung repräsentiert wird. Anders[1] hat einmal gemeint, in das Bundesbeamtengesetz sollte eine Bestimmung des Inhalts aufgenommen werden, daß der politische Beamte schon bei seiner Einsetzung mit den Zielen der Politik der Regierung übereinstimmen müsse. Angesichts der Ermessensfreiheit des Dienstherrn erscheint mir eine solche Bestimmung überflüssig. Im übrigen ist sie auch nicht justiziabel.

Das Problem liegt also darin: Kann man den politischen Beamten wieder loswerden? Diese Frage stellt sich gerade angesichts der Institution des Berufsbeamtentums im Grundgesetz und angesichts der Anstellung der Beamten auf Lebenszeit.

Ich möchte Ihnen hier keine juristische Exegese bieten. Mir geht es um eine verwaltungspolitische Betrachtung. Ich möchte die Zweckmäßigkeit der Einrichtung des politischen Beamten erörtern. Diese Frage tut sich aus drei Gründen auf:

1. Das Bundesverfassungsgericht und das Bundesverwaltungsgericht haben das Institut des politischen Beamten in ihrer Rechtsprechung bestätigt, ihm insbesondere auch seine Verfassungsmäßigkeit attestiert[2]. An

[1] DÖV 1964, 116.

[2] BVerfGE 8, 376 ff.; BVerwGE 19, 332; ebenso Fischbach, BBG, 3. Aufl., 1964, § 36 Anm. I.

dieser Rechtsprechung wird man nicht so recht froh, weil sie den Fragenkreis allein unter herkömmlichen Kategorien sieht. Die Ausführungen in den betreffenden Urteilen könnten im wesentlichen so auch vor 1918 gemacht worden sein.

2. Im Gegensatz zu dieser Rechtsprechung, die die politischen Beamten und ihre mindere Rechtstellung als selbstverständlich hinnimmt, erleben wir, daß vier Bundesländer den politischen Beamten nicht kennen, die Stadtstaaten Bremen und Hamburg und die Flächenländer Baden-Württemberg und Bayern. Man stellt sich die Frage, ob die Gesetzgeber des Bundes und der anderen Länder auf dieses Institut nicht hätten verzichten können.

3. Das Institut des politischen Beamten stammt aus der Zeit der konstitutionellen Monarchie. Es ist ziemlich unverändert in die parlamentarische Demokratie übernommen worden[3]. Welche Konsequenzen die heutige Staatsform für dieses „politische" Rechtsinstitut haben muß, ist bisher kaum durchdacht worden. Zwar hat Ule[4] ganz grundsätzliche Bedenken gegen die Einrichtung des politischen Beamten angemeldet. Aber wie wir heute mit dem Problem sinnvoll fertig werden können, wissen wir noch nicht genau. Dazu kommt, daß die Probleme nach der verwaltungsorganisatorischen Seite bisher so gut wie gar nicht angesprochen worden sind. Der enumerativ abgegrenzte Kreis der politischen Beamten enthält Inhaber bestimmter Planstellen, die im organisatorischen Gefüge eine bestimmte ziemlich genau umrissene Funktion haben. Diese Funktion ist bisher fast nie durchleuchtet worden. Nur von ihr her können Urteile über den Sinn und Nutzen der Institution des politischen Beamten gefällt werden.

Ich habe meine Ausführungen in drei Teile gegliedert. Mit der durch den Zweck des Vortrages gebotenen Kürze möchte ich Ihnen zunächst die bestehende Rechtslage in Erinnerung rufen. Dabei werde ich auch auf die Auslegung des Gesetzes, die sich aus der Rechtsprechung ergibt, einzugehen haben. Ich tue das nicht, um rechtsdogmatische Probleme zu lösen, sondern weil ich zunächst das Material, auf dem die weiteren Erwägungen beruhen, ausbreiten möchte: Es wird sich herausstellen, daß der

---

[3] Zur Geschichte vgl. Lotz, in: Schmollers Jahrb. 24 (1900), S. 93 f.; Schmoller, ebd. S. 113 f.; Brand, Art. „Wartegeld", in: v. Stengel-Fleischmann, Wb. d. dt. StVwR, 2. Aufl., 1914, Bd. III, S. 874; Hartung, Studien zur Geschichte der preußischen Verwaltung, 3. Teil: Zur Geschichte des Beamtentums im 19. und 20. Jh., 2. Kap.: Der „Politische Beamte" der konstitutionellen Zeit 1848—1918, 1948, S. 248 f.; Anders, DÖV 1964, 109 ff.; Runge, Politik und Beamtentum im Parteienstaat, 1965, S. 121 ff., 134 ff.

[4] DÖV 1964, 293. Ähnlich hat schon Köttgen, Das deutsche Berufsbeamtentum und die parlamentarische Demokratie, 1928, S. 152 f. auf die für das Problem des politischen Beamten völlig veränderte Situation in der parlamentarischen Demokratie hingewiesen.

politische Beamte, entgegen seiner Bezeichnung, nicht nur wegen seiner politischen Funktion in den einstweiligen Ruhestand versetzt werden kann. Diesen Umstand halte ich für wesentlich. Im zweiten Teil werde ich sodann auf die möglichen Gründe der Versetzung in den einstweiligen Ruhestand eingehen. Im dritten Abschnitt beabsichtige ich, ausgehend von der Heterogenität der Beamten, die als politische Beamte angesprochen werden, für die einzelnen Beamtengruppen kritische Erwägungen anzustellen und z. T. auch Vorschläge zur Lösung zu machen.

I.

Ich möchte nunmehr mit einem ganz kurzen Abriß der Rechtslage beginnen[5].

Das Institut des politischen Beamten gibt es zunächst im Bundesrecht. Als einen der Beendigungsgründe für das Beamtenverhältnis kennt das BBG die Versetzung in den einstweiligen Ruhestand. Während diese Maßnahme im übrigen nur aus sachgebundenen, d. h. aus Gründen der Änderung der Organisation möglich ist, ist sie bei bestimmten Beamten in Spitzenstellungen jederzeit, d. h. nicht nur fristlos, sondern aus jedem Grunde zulässig. Für das Landesbeamtenrecht enthält § 31 BRRG die Ermächtigung, für solche Beamte auf Lebenszeit die Versetzung in den einstweiligen Ruhestand vorzusehen, die ein Amt bekleiden, „bei dessen Ausübung sie in fortdauernder Übereinstimmung mit den grundsätzlichen politischen Ansichten und Zielen der Regierung stehen müssen“. Welche Beamten hierzu gehören, ist gesetzlich zu bestimmen. Sieben Bundesländer haben von dieser Ermächtigung Gebrauch gemacht, nämlich Berlin, Hessen, Niedersachsen, Nordrhein-Westfalen, Rheinland-Pfalz, das Saarland und Schleswig-Holstein. Es scheint mir kein Zufall zu sein, daß es sich ausschließlich um Länder handelt, die alle mehr oder weniger in der Tradition des preußischen Verwaltungsrechts stehen, während die beiden süddeutschen Länder und die Hansestädte auf dieses Institut verzichtet haben.

Die Listen der Beamten, die in den einstweiligen Ruhestand versetzt werden können, stimmen im Kern überein, enthalten allerdings eine Reihe von interessanten Unterschieden, die für die Unsicherheit der Gesetzgeber gegenüber unserem Problem aufschlußreich sind. Soweit die Dienstherren überhaupt die Institution der politischen Beamten kennen, haben sie ausnahmslos die Staatssekretäre oder sonstigen beamteten

---

[5] Umfassend hierzu in jüngerer Zeit Wacke, Die Versetzung politischer Beamter in den einstweiligen Ruhestand, AöR Bd. 91 (1966), S. 441 ff.; vgl. auch Thiele, DöD 1961, 81 ff.

Ministerstellvertreter als politische Beamte bezeichnet. In diesem Zusammenhang ist auch Bayern zu nennen, wo die Staatssekretäre nach der Verfassung Mitglieder der Landesregierung sind und mit Zustimmung des Landtages vom Ministerpräsidenten berufen und entlassen werden (Art. 45 BayVerf). Das Problem liegt hier also außerhalb des Beamtenrechts. Weiter besteht Einhelligkeit hinsichtlich der Leiter der allgemeinen Mittelinstanz, der Regierungspräsidenten, soweit solche vorhanden sind. Im übrigen allerdings gehen die Ansichten der Gesetzgeber offenbar auseinander. Immerhin werden mit Ausnahme jeweils eines Landes stets aufgenommen in die Kataloge: die Ministerialdirektoren, die Leiter der Verfassungsschutzämter, die Pressechefs der Regierungen, die Generalstaatsanwälte und die Polizeipräsidenten. Eine singuläre Regelung enthält das Bundesrecht für die Diplomaten ab Besoldungsgruppe A 16. Nur in gewisser Weise ist die Berliner Regelung damit vergleichbar, die den Leiter der Protokoll- und Auslandsabteilung in die Liste aufgenommen hat. Singulär im Bundesgebiet sind ferner noch die Beamten des Bundesamtes für Verfassungsschutz und des Bundesnachrichtendienstes ab Besoldungsgruppe A 16 und der Vertreter des Chefs des Bundespresseamtes. Nach einer sondergesetzlichen Regelung, die sich im Bundesbahngesetz befindet, treten auch die Vorstandsmitglieder der Deutschen Bundesbahn in den einstweiligen Ruhestand, wenn sie nicht wiedergewählt werden (§ 8 Abs. 5).

Im Landesrecht fällt auf, daß einige Länder auch die Polizeidirektoren einbezogen haben, nämlich Hessen, Nordrhein-Westfalen und Rheinland-Pfalz. Den Leiter der staatlichen allgemeinen Kreisinstanz, den Landrat, haben ferner Rheinland-Pfalz und das Saarland zum politischen Beamten gemacht. Einige auffällige Erweiterungen enthält das hessische Recht. Hier sind politische Beamte auch die Pressereferenten und die persönlichen Referenten der Landesregierung, die Oberstaatsanwälte als Behördenleiter und der Leiter der Landeszentrale für politische Bildung. Schließlich ist aus dem Berliner Recht noch der nur pro forma zu den Berliner Beamten gehörige Generalsekretär der Kultusministerkonferenz zu nennen.

Die inhaltliche Regelung geht überall dahin, daß die genannten Beamten jederzeit in den einstweiligen Ruhestand versetzt werden können. Dabei ist unbestritten, daß „jederzeit" auch „aus jedem Grunde" heißt. Nicht nur dann, wenn — wie es § 31 BRRG ausdrückt — „die Übereinstimmung mit den grundsätzlichen politischen Ansichten und Zielen der Regierung" nicht mehr besteht, ist ein Versetzung in den einstweiligen Ruhestand zulässig, sondern auch aus beliebigen anderen Gründen. Das Bundesverwaltungsgericht, das sich mit dieser Frage in jüngerer Zeit wohl am eingehendsten zu beschäftigen hatte, hat in seinem Urteil vom 29. Oktober

1964[6] ausgeführt, es komme für die Versetzung in den einstweiligen Ruhestand nicht auf objektive Umstände an, es genüge bereits das mangelnde volle Vertrauen der Regierung in die fachliche und persönliche Eignung des Beamten. Dabei braucht dieses Mißtrauen nicht durch Tatsachen begründet sein, es kann auch schon der Zweifel, den die Regierung hegt — mag er auch unbegründet sein — zur Abberufung führen. Der Gegenbeweis des Beamten, daß der Zweifel unberechtigt ist, ist nicht zugelassen. Der Zweifel braucht sich mitnichten auf die politischen Ansichten zu beziehen. Das BVerwG betont ausdrücklich, daß ein Zweifel dahin genüge, daß die fachliche oder die persönliche Eignung des Beamten, seine Amtstätigkeit oder nur sein außerdienstliches Verhalten den höchstmöglichen Grad einer zielstrebigen wirkungsvollen Zusammenarbeit im Sinne der von der Regierung erstrebten Politik gewährleistet. Solche Zweifel könnten auch durch Unwägbarkeiten, sog. Imponderabilien, veranlaßt sein, die nicht stets genau zu umreißen sind und deren Offenbarung im einzelnen nicht immer im Sinne der gesetzlichen Regelung liege. Die Versetzung in den einstweiligen Ruhestand bedürfe daher keiner Angabe von Gründen. Das sei sogar ein hergebrachter Grundsatz des Berufsbeamtentums im Sinne des Art. 33 Abs. 5 GG.

Zwar meint das BVerwG in dem gleichen Urteil, daß das Ermessen bei der Versetzung eines Beamten in den einstweiligen Ruhestand keine freie Willkür bedeute, sondern ein durch den Gesetzeszweck bestimmtes und begrenztes pflichtgemäßes Verwaltungsermessen darstelle. Der Bundespräsident sei bei der Versetzung in den einstweiligen Ruhestand nicht schlechthin von jeder rechtlichen Begrenzung frei.

Angesichts der Tatsache, daß auch Imponderabilien für die Versetzung in den einstweiligen Ruhestand genügen, ebenso das subjektive Gefühl der Regierung, sie besitze kein volles Zutrauen mehr zu dem betreffenden Beamten, halte ich solche Bemerkungen wie die, daß auch hier ein Willkürverbot bestehe, für platonisch, ein rechtsstaatliches Feigenblatt, zu dem sich das BVerwG veranlaßt fühlte, ohne es wirklich ernst zu nehmen. Ich will damit nicht sagen, daß in dem konkreten Fall nicht doch wirklich ernst zu nehmende Gründe vorlagen, die einer Nachprüfung standgehalten hätten. Das Urteil sagt selbst hierüber nichts. Jedenfalls dürfen wir feststellen, daß es sich bei der Versetzung des politischen Beamten in den einstweiligen Ruhestand nach dem derzeit geltenden Recht um eine tatbestandslose Rechtsfolge handelt. Es gilt hier genau dasselbe wie im Verhältnis zwischen Bundestag und Bundesregierung. Wenn der Bundestag die Bundesregierung stürzen will und dem Bundeskanzler unter Wahl eines neuen Kanzlers das Vertrauen entzieht, so darf von Rechts wegen niemand fragen, warum das geschehen ist. Der

[6] BVerwGE 19, 332.

Bundestag hat diese Macht und kann sie nutzen. Nutzt er sie, so hat er rechtlich zulässig gehandelt, mögen die Gründe selbst, die die Bundestagsmehrheit zu einer solchen Entscheidung geführt haben, noch so töricht gewesen sein. So und nicht anders steht es auch bei der Versetzung eines politischen Beamten in den einstweiligen Ruhestand. Das Recht vertraut darauf, daß sowohl der Bundestag beim Regierungssturz als auch der Bundespräsident und der gegenzeichnende Minister bei der Versetzung in den einstweiligen Ruhestand sinnvoll handeln werden — und es kann sich praktisch wohl auch darauf verlassen —, jedenfalls aber ist eine tatbestandliche Nachprüfung ausgeschlossen[7].

Wenn wir heute noch bereit sind, diese Lücke im Rechtsstaat hinzunehmen, so tun wir das offenbar nicht, weil uns dieselben Überlegungen bewegen wie die Gesetzgeber des 19. Jahrhunderts oder den nationalsozialistischen Gesetzgeber. Auch die Formel von den hergebrachten Grundsätzen des Berufsbeamtentums gibt ja in einem solchen Fall mehr nur die Begründung, als den wirklichen Grund für unser Urteilen ab. War es bei der Schaffung der Kategorie der politischen Beamten der konstitutionelle Staat, der sich gegenüber der aufkeimenden Lehre vom subjektiven Recht und ihren Sicherungen ein Refugium diskretionären Ermessens erhalten wolle, um seine Politik zu sichern, so ist es heute die Lehre von der parlamentarischen Demokratie, bei der die Regierung in ihrer Existenz sich in absoluter Abhängigkeit vom volksgewählten Parlament befinden soll. In diese Abhängigkeit wird auch eine Gruppe von Spitzenbeamten mit einbezogen, die einen erheblichen Einfluß auf die Wahrnehmung der Regierungsgeschäfte haben. Dabei ist es wichtig zu betonen, daß die Abhängigkeit nicht von der dem Parlament gegenüberstehenden, vom Monarchen ernannten Regierung besteht, sondern von Parlamentariern, zumeist auch Parteivorständen, die außerdem ein Ministeramt bekleiden. Diese Abhängigkeit wird nicht mit dem Instrument des parlamentarischen Mißtrauensvotums, sondern mit dem Instrument des Beamtenrechts des 19. Jahrhunderts bewältigt. Allein dieser Befund sollte dazu führen, daß man diesem Institut mit einem gewissen Argwohn gegenübersteht, jedenfalls soweit es sich in herkömmlichen Kategorien darstellt.

II.

Ich möchte mich nunmehr der für unser Thema so wichtigen Frage zuwenden, warum denn eigentlich das Bedürfnis besteht, bestimmte Be-

---

[7] So im Ergebnis auch die übrige Rechtsprechung, vgl. etwa RG JW 1927, 2199; OVG Münster ZBR 1958, 143; eingehend dazu Wacke, a.a.O. (s. oben Anm. 5). — A. M. Fees, ZBR 1956, 203, der die Versetzung in den einstweiligen Ruhestand nur aus politischen Gründen für zulässig hält.

amtengruppen von heute auf morgen ihres Amtes zu entsetzen. Die Begründung, die uns das Beamtenrechtsrahmengesetz gibt, ist, wie die zitierte Rechtsprechung erweist, unzureichend. Die Versetzung des politischen Beamten in den einstweiligen Ruhestand ist nicht an die Voraussetzung einer fehlenden politischen Übereinstimmung mit seiner Regierung gebunden. Auch der Beamte, der sich in völliger Übereinstimmung befindet, kann in den einstweiligen Ruhestand versetzt werden. Man könnte vielleicht geneigt sein, diese Auffassung für rechtsirrig zu halten. Wacke, der das einschlägige Material hierzu nicht nur aus junger Zeit, sondern durch die Jahrzehnte hindurch, zusammengetragen hat, hat nur einen Fall nachweisen können, in dem einmal eine gegenteilige Ansicht geäußert worden ist, zudem noch von einem betroffenen Beamten, dem sodann sogleich im Schrifttum widersprochen worden ist.

Es besteht daher Anlaß zu der Untersuchung, warum denn tatsächlich eigentlich die Versetzungen in den einstweiligen Ruhestand erfolgen. Natürlich steht die politische Differenz im Vordergrund. Dabei können es zwei verschiedene Fälle sein. Der erste Fall betrifft die Tatsache, daß der politische Beamte einer anderen politischen Partei nahesteht oder angehört als die Regierung oder sein Minister. Hier wird vorsorglich ein Wechsel vorgenommen. Die Versetzung in den einstweiligen Ruhestand gehört gewissermaßen zum Regierungswechsel. Diese Maßnahme betrifft sowohl Beamte in einer Spitzenstellung außerhalb des Ministeriums, als auch zum Stabe des Ministers gehörige Beamte. Der andere Fall ist der echte politische Konflikt zwischen dem Minister bzw. zwischen der Regierung und dem politischen Beamten. Hier muß der Beamte weichen.

Die Zahl der Fälle, in denen eine wirkliche Notwendigkeit zu derartigen politisch motivierten Versetzungen in den einstweiligen Ruhestand besteht, ist sicherlich zurückgegangen. Das hängt mit der Entideologisierung der deutschen Politik und dem Aneinanderrücken der regierungsfähigen Parteien zusammen. Es gibt ja auch kaum noch Fragen, in denen echte ideologische Auffassungsunterschiede klaffen. Der letzte große Problemkreis, in dem die Ideologie noch herrscht, die Bekenntnisschule, scheint in unseren Tagen ja endlich auch rationalen Gesichtspunkten zugänglich zu werden. Die moderne Wohlstandsgesellschaft mit dem zunehmenden Abbau ständischer Schranken und Wertungen hat relativ gemeinsame Zielvorstellungen, hinsichtlich derer es nur noch gilt, den besten Weg zur Erreichung in concreto zu finden. Die Arbeit der modernen Sozialwissenschaften beginnt auch im politischen Raum ihre Früchte zu tragen. Ich möchte nicht leugnen, daß es auch heute noch echte politische Gegensätze gibt. Aber für unser Problem ist doch wichtig zu betonen, in welchem Maße diese Gegensätze eingeebnet sind. Jeder Regierungswechsel macht deutlich, daß praktisch überhaupt kein erheblicher Entscheidungsspielraum besteht, mag auch vor dem Wechsel im

Landtag oder in der Wahlversammlung die Politik des Vorgängers in Grund und Boden verdammt worden sein.

Hinzu kommt, daß die Informationsmöglichkeiten heute wesentlich besser sind als im 19. Jahrhundert, in dem die Institution des politischen Beamten entstanden ist. Die Verbindung zwischen der Regierung und dem Beamten, auch wenn er nicht im Ministerium tätig ist, ist dadurch enger. In heiklen Angelegenheiten, die einer schnellen Entscheidung bedürfen, ist der Beamte nicht in dem Maße auf sich gestellt wie früher. Es ist weiter davon auszugehen, daß ein Beamter, auch wenn er persönlich andere politische Vorstellungen hegt als seine Regierung, innerhalb des demokratischen Staates doch jenes Maß an Loyalität besitzt, daß er sich bemüht, die politischen Vorstellungen seiner Regierung zu verwirklichen. In diesem Zusammenhang mag auf das Republikschutzgesetz von 1922[8] hingewiesen werden, das zu einer Erweiterung der Gruppe der politischen Beamten führte und dabei als Tatbestand, der zur Versetzung in den einstweiligen Ruhestand führen konnte, „die Festigung der verfassungsmäßigen republikanischen Staatsform" nannte. Dieses Problem stellt sich doch heute überhaupt nicht mehr. Jede Regierung kann sich heute darauf verlassen, daß die Beamten ausnahmslos zur freiheitlichen demokratischen Ordnung im Sinne des Grundgesetzes stehen. Ich meine, daß diese Zusammenhänge mit gesehen werden müssen, wenn man heute über die politischen Beamten spricht.

Daher kommen als Gründe für die Versetzung in den einstweiligen Ruhestand in erster Linie andere als die im Gesetz angegebenen Gründe in Frage. Zu nennen sind einmal der Wunsch der Regierung, ihre eigenen Leute unterzubringen. Eine nicht unwichtige Rolle spielen aber auch objektive Umstände, die dazu führen, daß dem Beamten ein ersprießliches Wirken auf seinem Posten nicht mehr oder nur noch bedingt möglich ist. Das sind oft Gründe, die er nicht zu vertreten hat, ja die er nicht einmal verursacht hat. Das böse Gerücht, ja die Brunnenvergiftung, das Verhalten von Familienangehörigen des Beamten, die unberechtigte Ansicht des Partners des Beamten, etwa des Staatsoberhauptes eines fremden Staates, bei dem der Beamte als Diplomat akkreditiert ist oder die Weigerung eines mächtigen Verbandes oder einer anderen Gruppenmacht, mit dem Beamten zusammenzuarbeiten, können genügen. Auch die mangelnde Koordinationsfähigkeit eines Partners, des Ministers oder des politischen Beamten kommt als Grund in Frage. Die Staatsräson kann hier zur Abberufung führen. Freilich zeigt sich gerade in diesen Fällen, wenn man versucht, die jüngere Historie in der Bundesrepublik Revue passieren zu lassen, daß möglichst vermieden worden ist, in derartigen

---

[8] v. 21. Juli 1922, RGBl. I S. 590, Art. III, IV.

Fällen den Beamten durch die Versetzung in den einstweiligen Ruhestand alle damit verbundenen Nachteile fühlen zu lassen.

Praktisch von größerer Bedeutung ist daher die Erfolglosigkeit, die der Beamte zuweilen zu vertreten, oft aber nicht zu vertreten hat, deren Gründe jedenfalls bei ihm selbst zu suchen sind. Kandidat für die Versetzung in den einstweiligen Ruhestand ist auch der Beamte ohne Fortune. Zu nennen sind in erster Linie Ungeschicklichkeiten, die dem Beamten unterlaufen. Es zeigt sich vielleicht gar nicht selten, daß ein hervorragender Aktenarbeiter, wenn er in einer Spitzenstellung aufgestiegen ist, noch lange kein guter Behördenchef ist. Leitungsfunktionen in einer Behörde sind etwas vollständig anderes als die Einzelfallentscheidung. Die Planung, die Menschenführung, der Kontakt mit der Außenwelt, alles das erfordert Eigenschaften, die der gute Abteilungsleiter einer Behörde nur bedingt bewähren kann. Es ist möglich, daß er, zum Chef aufgestiegen, plötzlich versagt und abberufen werden muß.

Dazu kommt das Problem des Wechsels der Anforderungen. Wir leben in einer Zeit, in der frühere Vorstellungen nicht mehr oder nur noch sehr bedingt verwendbar sind. Die Erfahrungen, die der Inhaber eines hohen Amtes in seiner Laufbahn gesammelt hat und die ihn vielleicht für ein exponiertes Amt als besonders qualifiziert erscheinen ließen, haben an Wert verloren. Die Erfahrungen, auf die er pocht, erweisen sich als hemmend für den Fortschritt. Seine Abberufung ist zweckmäßig.

Schließlich spielt auch der oft tragische Fall eines geistigen Verfalls eine Rolle. Der allmähliche Abbau der geistigen Kräfte, verbunden mit dem Entstehen einer geistigen Starrheit, die eingeschränkte Kontrolle über das eigene Urteil oder gar die eigene Äußerung sind hierfür Symptome.

Alles das hat nichts mit politischen Differenzen zu tun, ermöglicht aber nach geltendem Recht und üblicher Staatspraxis gleichwohl bei Beamten in bestimmten herausgehobenen Positionen die Versetzung in den einstweiligen Ruhestand.

III.

Ich möchte nunmehr versuchen, im dritten Teil meines Vortrages einige konkrete Vorschläge zu entwickeln. Die bisherige Erörterung hat wohl schon gezeigt, daß eine einheitliche Behandlung unseres Problems kaum sachdienlich ist. Allein eine differenzierende Betrachtung vermag zu helfen[9]. Die Kategorien, die unter den Begriff des politischen Beamten

[9] Ebenso Geffers, DVBl. 1955, 658 f.

fallen, sind zu heterogen. Diese differenzierende Betrachtung soll unter zwei Gesichtspunkten erfolgen, einerseits unter der Frage, ob sich die Regelung in das politische System des GG einfügt, andererseits welche Bedeutung und welche innere Berechtigung die Gründe für die Versetzung in den einstweiligen Ruhestand für die einzelnen Gruppen haben.

1. Zunächst — weil am schwierigsten zu beurteilen — möchte ich diejenigen Beamten behandeln, die man als Sprachrohr der Regierung bezeichnen könnte. Das sind vor allem die Beamten der Presseämter, die die Regierung informieren und die Politik der Regierung gegenüber der Öffentlichkeit „verkaufen" müssen. In dieser Funktion haben sie nicht Politik zu machen, sie haben keine materielle Entscheidung. Ihre Entscheidung besteht vor allem darin, wie sie es am besten sagen. Sie beruht auf der Überlegung, wie es wohl am besten ankommen mag, was zweckmäßig betont, was zweckmäßig ungesagt bleibt. Es darf bei dieser Gruppe bzw. bei dieser Funktion unterstellt werden, daß der betreffende Beamte einen hinreichenden Grad von Loyalität gegenüber der Regierung besitzt. Das eigentliche Problem liegt in seiner Geschicklichkeit. Diese Geschicklichkeit läßt sich nur bedingt lernen, grundsätzlich nicht im öffentlichen Dienst und schon lange nicht am Schreibtisch. Mit einiger Wahrseinlichkeit wird man davon ausgehen müssen, daß der Idealtyp für diese Funktion außerhalb des öffentlichen Dienstes gefunden wird. Daher stellt sich die Frage, inwieweit für diese Funktion das Beamtenrecht den richtigen Rahmen abgibt. Das, was die Beamten mit der Sprachrohrfunktion tun, ist ja nicht hoheitliches Verwalten, sondern eine andersartige Funktion. Es ist daher zu erwägen, für diese Posten keine Beamtenstellen zur Verfügung zu halten, sondern ein andersartiges Rechtsverhältnis, insbesondere ein Angestelltenverhältnis.

Die Konsequenz wäre natürlich, daß der betreffende Amtsträger jederzeit nach arbeitsrechtlichen Grundsätzen entlassen werden kann. Daß so etwas funktioniert, zeigen die amerikanischen Verhältnisse zur Genüge. Auch die Gefahr der Verletzung des Amtsgemeinnisses erscheint nach den amerikanischen Erfahrungen ernsthaft nicht zu bestehen.

Das heißt natürlich nicht, daß für derartige Aufgaben Berufsbeamte niemals in Frage kommen. Hat der Sprachrohr-Amtsträger innerhalb der Besoldungshierarchie einen Rang, der es nicht schwierig erscheinen läßt, für ihn einen anderen Posten in demselben Rang zu finden, so bedarf es keiner besonderen beamtenrechtlichen Vorsorge. Die Versetzung oder manchmal vielleicht sogar die Änderung der Geschäftsverteilung lösen die Frage. Daher ist die hessische Regelung, die sämtliche Pressereferenten zu politischen Beamten macht, sicherlich nicht begründet. Anders sieht es nur dann aus, wenn der Posten in der Besoldungshierarchie so hoch ist, daß eine Versetzung schwer möglich ist. Hier wird man auf das

Mittel der Versetzung in den einstweiligen Ruhestand u. U. nicht verzichten können. Allerdings erscheint es mir doch zweckmäßig, dieses Mittel — wie es zumeist ja schon geschieht — nur subsidiär zu gebrauchen, d. h. dann, wenn eine Versetzung nicht möglich ist.

2. Ich wende mich jetzt einer zweiten Gruppe zu, den leitenden Beamten in den Ministerien. Hier leidet die derzeitige gesetzliche Regelung darunter, daß sie von einer sehr altertümlichen Spitzengliederung der Ministerien ausgeht. Im Katalog der politischen Beamten erscheinen daher die Staatssekretäre und die Ministerialdirektoren. Zunächst einmal ist fraglich, ob der Staatssekretär überhaupt noch richtig definiert ist. Eschenburg[10] hat darauf aufmerksam gemacht, daß wir heute praktisch zwei gänzlich verschiedene Typen von Staatssekretären haben und bald drei Typen haben werden. Außer dem herkömmlichen Typ des Laufbahnbeamten, der sein Amt als ein unpolitisches Amt versteht, jedenfalls in dem Sinne, daß er nur das als objektive Größe verstandene Gemeinwohl zu verwirklichen sucht und sich als der erste Fachmann unter dem politischen, in der Regel nicht aus dem Fach stammenden Minister versteht, steht künftig der Parlamentarische Staatssekretär. Er interessiert uns heute nicht, weil er nicht „politischer Beamter“ in dem hier gemeinten Sinne ist. Aber es gibt noch eine dritte Gruppe, nämlich den politisch engagierten Staatssekretär, dem auch Eschenburg an sich nicht die sachliche Qualifikation für sein Amt bestreitet, der jedoch als Außenseiter in das Amt kommt. Er wird Beamter auf Lebenszeit mit allen damit verbundenen Rechten und Pflichten, aber er ist nicht Berufsbeamter in dem herkömmlichen Sinne. Er strebt vielleicht auch eher nach einem Ministeramt, für ihn ist der Posten des Staatssekretärs nur eine Durchgangsstufe hierzu.

Es ist zunächst die Frage, ob dieser Staatssekretär richtig eingeordnet ist. Ich meine ja. Die Schwierigkeiten mit der zweckmäßigen Einordnung des Parlamentarischen Staatssekretärs machen deutlich, daß eine Stellung in der Hierarchie des Ministeriums für einen derartigen Führungsgehilfen unumgänglich ist. Inwieweit das Bedürfnis nach einem solchen Gehilfen besteht, hängt sicherlich in erster Linie vom Führungsstil des Ministers ab. Angesichts der Fülle von Führungsaufgaben, die heute in vielen Ministerien anfallen, halte ich ihn weitgehend für erforderlich. Der Weg, den obersten Führungsgehilfen, zugleich oft die Nachwuchskraft für die Ministerposten, allein aus den Bundestagsabgeordneten zu entnehmen, also allein auf den Typ des Parlamentarischen Staatssekretärs zurüzugreifen, wie er heute konzipiert wird, halte ich für falsch. Wir brauchen beide Typen, den Parlamentarischen Staatssekretär, wie er heute beim Bund geschaffen wird, und den politisch engagierten Staats-

[10] „Die Zeit“ vom 31. März 1967, S. 4.

sekretär, der von außen oder auch aus der Beamtenlaufbahn kommt. Damit will ich nicht sagen, daß sie in einem Ministerium gleichzeitig nebeneinander stehen sollen. Sie sind alternative Möglichkeiten. Wer im konkreten Fall eingesetzt wird, hängt auch davon ab, wer gerade zur Verfügung steht und mit wem der Minister zusammenarbeiten kann. Daher brauchen wir für diese politische Funktion einen amts- oder dienstrechtlichen Typus, der sowohl auf den Laufbahnbeamten, als auch auf den Außenseiter, der noch kein parlamentarisches Mandat inne hatte, als auch auf den Landtags- bzw. Bundestagsabgeordneten paßt. Für diese Funktion darf es keine Inkompatibilität zwischen Mandat und Amt geben. Die Innehabung eines Mandats kann der politischen Funktion innerhalb der Führung des Ministeriums durchaus zugute kommen.

Daß dieser Typ mit dem Minister steht und fällt, jedenfalls beim Ministerwechsel, daß er auch schon vorher aus beliebigem Grund abberufen werden kann, ergibt sich als Notwendigkeit. Dabei müßte die Rechtsfolge geordnet werden, je nachdem woher der politische Staatssekretär kam. Für denjenigen, der aus dem Berufsbeamtentum kam, erscheint primär die Versetzung, sofern das nicht möglich ist, die Versetzung in den einstweiligen Ruhestand das Gegebene. Für den Außenseiter, der allein wegen des Amtes als Ministervertreter in den öffentlichen Dienst eingetreten ist, erscheint das gänzliche Ausscheiden, verbunden mit Übergangsbezügen oder einer Abfindung das Gegebene. Eventuell könnte man hier eine Anleihe an das Recht der Ministerversorgung machen. Für den Parlamentarier, der nach dem Muster des neuen Parlamentarischen Staatssekretärs berufen worden ist, kommt das einfache Ausscheiden, eventuell mit Übergangsbezügen in Frage, sicherlich aber keine Versorgung, da dieser Typ für den „Junior-Minister" in Aussicht genommen ist.

Wichtig erscheint mir — wie immer man im einzelnen die Frage regelt —, daß das Problem des Staatssekretärs auch unter dem Aspekt des politischen „alter ego" des Ministers gesehen wird und daß diese Sicht sich nicht nur auf den Parlamentarischen Staatssekretär beschränkt.

3. Zu fragen ist, inwieweit daneben noch ein unpolitischer Staatssekretär erforderlich ist. Diese Frage möchte ich bejahen. Die parlamentarische Demokratie verlangt den häufigen Wechsel in der Spitze des Ministeriums. Gleichwohl braucht sie auch in der Spitze ein Element der Kontinuität. Zwar verkörpern die Abteilungen in erster Linie den spezifizierten Sachverstand. Aber die Koordination der Sachgesichtspunkte ist ebenso wichtig. Sie kann von den Abteilungen nur bedingt geleistet werden. Vor allem aber ist es auch eine Rangfrage. Im Range des Staatssekretärs sollte auch gegenüber dem oft wechselnden Minister die Kontinuität des Sachverstandes im Ministerium vertreten sein. Für diesen

unpolitischen Staatssekretär besteht die Notwendigkeit einer Versetzung in den einstweiligen Ruhestand nicht. Seine Funktion besteht nicht in der Hervorkehrung der politischen Gesichtspunkte. Er muß zuweilen gerade gegenüber den von taktischen und tagespolitischen Erwägungen diktierten Entscheidungen des Ministers auf die sachgebundenen Gesichtspunkte hinweisen. Damit er das mit dem nötigen Nachdruck kann, sollte ihm in seiner Stellung eine größere Unabhängigkeit gewährleistet werden.

Natürlich stellt sich bei dem unpolitischen Staatssekretär auch das Problem des Versagens. Man könnte fragen, inwieweit man dagegen durch die vorzeitige Versetzung in den zunächst einstweiligen, in Wirklichkeit aber endgültigen Ruhestand Vorsorge treffen muß. Ob so etwas notwendig ist, hängt in erster Linie vom Auswahlsystem für die Posten des unpolitischen Staatssekretärs ab.

4. Entsprechendes gilt für die Abteilungsleiter in den Ministerien. Auch sie haben keine politische Funktion, sondern repräsentieren den Sachverstand. Ich halte es für eine Fehlentscheidung, daß der Bundesgesetzgeber und ein Teil der Landesgesetzgeber die Ministerialdirektoren zu den politischen Beamten rechnen. Allerdings kenne ich keinen Fall, in dem ein Ministerialdirektor als Abteilungsleiter in den einstweiligen Ruhestand versetzt worden ist. Wahrscheinlich ist die Zahl auch verschwindend gering, wenn überhaupt solche Fälle vorgekommen sind. Eine sachliche Notwendigkeit hat sich jedenfalls nicht ergeben[11].

5. Damit ist die Frage für die Ministerien allerdings noch nicht erledigt. Ich sagte vorhin schon, daß ich die Spitzengliederung unserer Ministerien in vielen Fällen für mangelhaft halte, weil sie grundsätzlich davon ausgeht, daß ein hierarchischer Aufbau genügt. Die Führungsspitze ist zumeist zu klein. Die Probleme der Planung und der Koordination werden oft nicht hinreichend berücksichtigt. In einer Demokratie bedarf es für den Kontakt mit dem Parlament und der Öffentlichkeit eines ungleich größeren Aufwandes an Kraft. Der Föderalismus mit seinen zusätzlichen Koordinationsproblemen ist aufwendig, insbesondere auch im Bereich der Führungsfunktionen. Für diese und andere Funktionen braucht der Minister einen Stab, der ihm die Führungsentscheidungen vorbereitet, z. T. auch abnimmt. Diese Aufgaben können die Fachabteilungen nur bedingt leisten.

---

[11] Sie kann auch nicht darin gefunden werden, daß die Ministerialbeamten einen Einfluß auf die Gesetzgebung haben (so Nöll v. d. Nahmer, ZBR 1951, 81). Auch die Ansicht von Anders (DÖV 1964, 113) überzeugt nicht, die Ministerialräte und Ministerialdirigenten bedürften derselben Vertrauensgrundlage, allein wegen der niedrigeren Besoldung sei eine Versetzung in den einstweiligen Ruhestand nicht erforderlich.

Die französische Verwaltungsorganisation kennt für diese Zwecke das Kabinett des Ministers. Die Beamten im Kabinett sind weitgehend persönliche Gehilfen des Ministers. Auch für sie ist die Frage zu entscheiden, inwieweit sie politische Beamte sind und daher eines besonderen Status bedürfen. In aller Regel werden sie sich aus jüngeren Berufsbeamten rekrutieren. Will der neue Minister sie bei einem Ministerwechsel nicht übernehmen, so kommt in erster Linie eine Versetzung in Frage. Es kann nun allerdings sein, daß Mitglieder eines solchen Stabes in der Besoldungshierarchie so hoch eingestuft sind, daß ihre Versetzung nicht leicht möglich ist. Hier wird man subsidiär eine Versetzung in den einstweiligen Ruhestand vorsehen müssen.

6. Bei den Diplomaten bestehen besondere Gesichtspunkte. Sie ergeben sich aus der Tatsache, daß der Erfolg eines Diplomaten von einer Reihe unübersehbarer und von ihm in keiner Weise zu vertretender Umstände abhängt. Seine Abberufung ist daher zuweilen geboten, obwohl er keinen Fehler gemacht hat. Diesen Fall hat die Regelung über die politischen Beamten ebenso im Auge wie jenen, daß ein Diplomat die Außenpolitik seiner Regierung für verfehlt hält und versucht, auf eigene Faust eine bessere Politik zu machen. Den zweiten Fall würde ich bereits für einen Disziplinarfall halten, im ersteren Fall dagegen eine Versetzung in den einstweiligen Ruhestand für unzweckmäßig halten. Es geht in diesem Fall nur darum, ob es gelingt, dem abzulösenden Diplomaten einen anderen Posten zu geben. Dieses Problem stellt sich sicherlich für die „großen" Botschafter, die im Range eines Ministerialdirektors stehen, angesichts des Umfanges des heutigen diplomatischen Dienstes aber kaum für jene Diplomaten, die nach A 16 besoldet werden. Das Bundesbeamtengesetz hat das Problem viel zu weit unten beginnen lassen. Aber auch für die „großen" Botschafter ist zu fragen, ob der Sache nicht mehr gedient ist durch Versetzung auf einen mittleren Posten mit einer persönlichen Ausgleichszulage. Der haushaltsmäßig billigere Weg ist es bestimmt.

7. Ein weiteres Thema stellen die Leiter der Ober- und Mittelbehörden mit politischer Bedeutung dar. Im Vordergrund stehen die Regierungspräsidenten, die Leiter der Verfassungsschutzämter, die Polizeipräsidenten und die Generalstaatsanwälte, sowie in Hessen die Oberstaatsanwälte. Die Fragen wird man kaum einheitlich beantworten. Der Regierungspräsident in Düsseldorf hat sicherlich eine andere Bedeutung als der Regierungspräsident in Montabaur, mag auch ihre Amtsbezeichnung die gleiche sein. Zum Teil kann wesentlich intensiver vom Ministerium aus gelenkt werden, zum Teil hat die Mittelinstanz eine größere Freiheit zur eigenen Entscheidung. Zum Teil ist die Zuständigkeit stärker zur Kreisebene verlagert mit der Folge, daß der Mittelinstanz überwiegend die Funktion eines Briefboten zukommt, zum Teil hat der Regierungspräsi-

dent echte starke Repräsentativfunktion. Es will mir scheinen, als ob man das Problem nur sehr behutsam von Land zu Land beurteilen kann.

Immerhin wird man feststellen dürfen, daß sich bei derartigen Posten zwei Funktionen treffen, einmal die Funktion als Träger des Sachverstandes, zum anderen die Funktion als politische Repräsentation. Man wird abwägen müssen, welche Funktion im Vordergrund steht bzw. ob die politische Funktion so stark zum Tragen kommt, daß sie eine Regelung erfordert, die vom allgemeinen Beamtenrecht abweicht. Die Tatsache, daß in jüngerer Zeit zuweilen Regierungspräsidenten in den einstweiligen Ruhestand versetzt worden sind, ist kaum hinreichender Beweis dafür, daß das auch notwendig war. Kommt man zu dem Ergebnis, daß diese politische Funktion in starkem Maße vorhanden ist, so wird man die Regierungspräsidenten so zu behandeln haben wie die politischen Staatssekretäre. Im Regelfall dürfte das aber kaum zutreffen[12].

Bei den Chefs der Mittel- und Oberbehörden stellt sich auch die Frage, inwieweit man für den Fall des Versagens Vorsorge treffen muß, ohne daß dieses Versagen mit politischen Differenzen etwas zu tun hat. Die Wichtigkeit des Amtes fordert, daß es stets mit qualifizierten Persönlichkeiten besetzt ist. In derartigen Fällen dürfte das Disziplinarverfahren oft das angemessene Mittel sein. Die Versuchung ist groß, das notwendige Disziplinarverfahren im Falle eines schuldhaften Versagens durch das bequemere Verfahren der Versetzung in den einstweiligen Ruhestand zu umgehen.

Aber wenn man sich vorstellt, daß dem betreffenden Beamten ein Verschulden nicht nachzuweisen wäre, daß eine Verkettung von unglücklichen Umständen zu den mißbilligten Ereignissen geführt hätte, wäre dann wirklich die Versetzung in den einstweiligen Ruhestand das geeignete Mittel gewesen? Ich wage das zu bezweifeln.

Wiederum anders stellt sich die Frage, wenn der betreffende Beamte objektiv seiner Aufgabe nicht gewachsen gewesen wäre und die Fehler deshalb entstanden wären. Hier erscheint die Ablösung angebracht. Aber erscheint sie nicht auch bei Beamten niederer Grade, bei denen politische Gesichtspunkte niemals eine Rolle spielen, ebenso notwendig? Ob ein Regierungspräsident oder ein Regierungssekretär Fehler macht, ist in erster Linie ein graduelles Problem, nicht dagegen ein prinzipieller Unterschied. Schlägt hier Quantität in Qualität um? Muß der Regierungspräsident deshalb anders behandelt werden? Auch der Präsident einer Oberpostdirektion oder der Präsident eines Landesvermessungsamtes

---

[12] Kaum zutreffen kann die Begründung, der politische Beamte müsse deshalb abgelehnt werden, weil sonst der Beamtenbereich und der politische Bereich vermischt würden; vgl. Häubrichs, ZBR 1964, 136.

können versagen. Auch sie können durch ihr Versagen, das nicht auf Verschulden beruht, Schäden anrichten. Offenbar bestand bisher noch keine Notwendigkeit, für die jederzeitige Ersetzung wegen dieses möglichen Versagens Vorsorge zu treffen. Dann stellt sich aber auch die Frage, ob das bei den Beamten nötig ist, die in die Liste der politischen Beamten aufgenommen worden sind.

Hier entscheidet sich die Grundfrage unseres Beamtentums, nämlich die Frage der Unabsetzbarkeit des Beamten überhaupt. Die Frage mag man beantworten wie man will. Es sprechen Gründe für und Gründe gegen ein Berufsbeamtentum mit so starken Sicherungen, wie wir sie heute kennen. Unter dem Grundgesetz ist die Frage weitgehend müßig, weil für das Berufsbeamtentum die hergebrachten Grundsätze, also auch die Ernennung auf Lebenszeit, gelten. Geht man hiervon aus, so erscheint es inkonsequent, bei Beamten ohne politische Entscheidungsfunktionen eine Versetzung in den einstweiligen Ruhestand vorzusehen. Dem System unseres Grundgesetzes entspricht einerseits das parlamentarische Regierungssystem, mit der Möglichkeit jederzeitiger Ablösung der Regierungsmitglieder. Angesichts der heutigen Aufgabenfülle, die die Minister zwingt, sich zahlreiche Gehilfen für ihre politischen Aufgaben zu suchen und diese auch in der Stellung von Beamten zu verwenden, ist es konsequent, wenn diese Beamten mit dem Minister gehen und zu seiner Disposition stehen. Soweit aber solche Funktionen nicht wahrgenommen werden, soweit es nur darum geht, eine schuldlos mangelhafte Amtsführung zu rügen, widerspricht es dem System des Grundgesetzes, eine Versetzung in den Ruhestand anzuordnen. Ich möchte nicht mißverstanden werden. Rechtsprechung und Schrifttum werden recht haben, wenn sie meinen, daß die hergebrachten Grundsätze des Berufsbeamtentums im Sinne des Art. 33 Abs. 5 GG der Institution des politischen Beamtentums nicht entgegenstehen. Doch darum geht es nicht. Es geht um die Frage, ob das heutige Recht des politischen Beamten die einschlägigen Fragen systemgerecht regelt. Das aber wage ich zu bezweifeln. Entweder hat ein Beamter eine derartige politische Entscheidungsfülle, daß das Prinzip der parlamentarischen Verantwortlichkeit auch seine Abhängigkeit vom Parlament fordert, die vom Minister als dem verlängerten Arm des Parlaments wahrgenommen wird. Wird sein Posten dagegen nicht derart bewertet, so besteht kein Anlaß, ihn als Beamten einer besonderen Regelung zu unterwerfen. Er verkörpert dann den Sachverstand, den er u. U. auch gegen den Minister ins Feld führen muß. Gerade die institutionelle Garantie des Berufsbeamtentums, wenn man ihre Funktion im Gebäude der Verfassung richtig versteht, führt zu diesem Ergebnis. Die Überflüssigkeit der Figur des politischen Beamten für die Leiter von Ober- und Mittelbehörden oder gar von Unterbehörden wie den Landräten und Polizeidirektoren kann um so mehr postuliert werden, als man heute von der Verfassungstreue dieser Beamten und von ihrer Loyalität gegenüber der Politik ihres Ministers ausgehen darf, auch wenn sie einer anderen Partei angehören. Parallelen zur Zeit der Weimarer Republik halte ich für unangemessen. Das Problem schrumpft dann auf ein Auswahl- und Ausbildungsproblem zusammen. Es dürfte dem Staat mehr frommen, wenn er gezwungen würde, seine Aufmerksamkeit in erster Linie auf dieses Problem zu richten und hier die Weichen richtig zu stellen, als später Fehler zu korrigieren.

Leitsätze

1. Nach dem derzeit geltenden Recht und nach der Staatspraxis werden die politischen Beamten nicht nur aus politischen Gründen, sondern auch aus anderen Gründen, insbesondere wegen Versagens, wegen schuldloser Erfolglosigkeit oder wegen des Nichtzustandekommens einer erfolgreichen Kooperation mit dem Minister in den einstweiligen Ruhestand versetzt.

2. Es handelt sich um eine tatbestandslose Rechtsfolge, wie sie dem Wesen der parlamentarischen Verantwortlichkeit, nicht aber dem Wesen des rechtsstaatlichen Beamtenrechts gemäß ist.

3. Die notwendige Neuordnung des Rechts der politischen Beamten sollte allein danach fragen, ob die positiven Vorschriften sich systemgerecht in das politische System des GG einfügen. Es genügt nicht, daß sie mit Art. 33 Abs. 5 GG vereinbar sind.

4. Die Spitzengliederung eines modernen Ministeriums verlangt eine Arbeitsgruppe, die als informelles Kollegium die größer gewordene Zahl von Leitungsproblemen bewältigt. Die kollegiale Arbeitsweise schließt eine klare Unterordnung für den Konfliktfall nicht aus. Innerhalb der Leitungsspitze reicht der Minister in der Regel nicht aus, um alle politischen Funktionen zu bewältigen. Er bedarf der Unterstützung durch andere politische Funktionäre, die jederzeit zu seiner Disposition stehen.

5. Neben der politischen Funktionären in der Spitze des Ministeriums muß ein beamteter Staatssekretär stehen, der die Kontinuität des Ressorts wahrt und den fachgebundenen Sachverstand gegenüber den politischen Funktionären zur Geltung bringt. Er muß durch Unabsetzbarkeit ein hohes Maß von Unabhängigkeit erhalten.

6. Inwieweit für die Regierungspräsidenten die Versetzung in den einstweiligen Ruhestand vorzusehen ist, hängt von der Bedeutung ihres Amtes ab. Die Position des Regierungspräsidenten ist wegen der Größe der Bezirke und organisatorischer Unterschiede von Land zu Land nicht einheitlich zu bewerten.

7. Ob die Leiter der Pressestelle überhaupt Beamte sein sollten, erscheint angesichts der Eigenart ihrer Tätigkeit zweifelhaft. Sofern man sie weiterhin als Beamte anstellt, erscheint ihre Versetzbarkeit in den einstweiligen Ruhestand zwar nicht zwingend, aber tragbar.

8. Im übrigen sollte das Gesetz keine jederzeitige Versetzung in den einstweiligen Ruhestand vorsehen. Sofern bei hohen Beamten eine Versetzung nötig erscheint, aber ein gleich hohes Amt nicht frei ist, sollte die Versetzung auf ein rangniederes Amt unter Gewährung einer Ausgleichszulage zugemutet werden.

9. Soweit eine Versetzung in den einstweiligen Ruhestand möglich ist, sollte sie stets nur subsidiär zugelassen werden, d. h. nur dann, wenn kein anderes Amt zur Verfügung steht, auf das der Beamte versetzt werden kann.

Aussprache zu dem Vortrag von Werner Thieme

Bericht von Peter-Bernd Lüdtke

Botschafter i. R. *van Scherpenberg*, Hohenpeißenberg, der die Aussprache eröffnete, stimmte den Ausführungen Thiemes grundsätzlich zu und erläuterte einige Einzelfragen aufgrund seiner als Staatssekretär im Auswärtigen Amt gesammelten Erfahrungen. Mit einem Hinweis auf die historische Tendenz zur Verminderung der mit politischen Beamten i. S. von §§ 31 BRRG und 36 BBG zu besetzenden Stellen sowie der Gründe zur Versetzung in den einstweiligen Ruhestand widersprach er Thiemes Kritik an der Tatbestandslosigkeit dieser Vorschriften. Sie seien im Blick auf das unverzichtbare Vertrauensverhältnis zwischen den politischen Autoritäten und den Beamten auszulegen. Dieses Vertrauensverhältnis könne auch bei Versagen, durch politische Äußerungen des Beamten oder seiner Angehörigen und bei Pressereferenten auch durch fehlende Glaubwürdigkeit nach außen gestört werden. Pressereferenten sollten aber eigentlich nicht als Beamte aus der Behörde hervorgehen, sondern als Außenseiter im Angestelltenverhältnis stehen; bei einer Kündigung könnten sie sich auf den arbeitsrechtlichen Kündigungsschutz berufen. Soweit im Auswärtigen Amt von der Versetzung in den einstweiligen Ruhestand Gebrauch gemacht worden sei, hätten sich nie Schwierigkeiten ergeben.

Die in den §§ 31 BRRG, 36 BBG getroffene Regelung bezeichnet *van Scherpenberg* als völlig unzeitgemäß. Sie sei auf ein kleines Beamtencorps zugeschnitten und trage nicht der Vielseitigkeit der heutigen Aufgaben und der großen Zahl von Beamten Rechnung. Bei diesem Befund sei die Versetzung in den einstweiligen Ruhestand häufig nicht die angemessene Reaktion auf eine Störung des Vertrauensverhältnisses. Das gelte vor allem, wenn die Störung nicht dem Beamten zurechenbar sei, sondern auf einem politischen Kurswechsel beruhe. Meistens bestünden heute Versetzungsmöglichkeiten, und zwar selbst bei Stellen der Besoldungsgruppe B 8 oder gar B 11. Im Bereich des Auswärtigen Amtes, aber auch des Finanzministeriums, gebe es zahlreiche gut dotierte und interessante Außenstellen. Im Bereich des Innenministeriums sei das allerdings wegen des geringen Verwaltungsunterbaus des Bundes anders. Eindringlich wies der Redner auf die Ungerechtigkeit des Versorgungsrechts bei einer Versetzung in den einstweiligen Ruhestand hin.

Namentlich den jüngeren politischen Beamten müsse eine „angemessene Entschädigung" für den unverschuldeten Abbruch ihrer Laufbahn zugestanden werden. Bei der Regelung der §§ 31 BRRG, 36 BBG handele es sich um ein privilegium odiosum, das zwar in die Gesamtkonzeption unserer rechtsstaatlich parlamentarischen Demokratie gerade noch hineinpasse, aber als „diskriminierende Sonderregelung" eine möglichst restriktive Auslegung erfordere.

Der Kreis der politischen Beamten, so fuhr *van Scherpenberg* fort, sei auch heute noch zu weit gezogen. Sinnvoll sei dieser Status nur auf der Ebene der Staatssekretäre und allenfalls der Ministerialdirektoren. Letztere seien in die Regelung des § 36 BBG auf Drängen der Sozialdemokraten im Bundestag aufgenommen worden, die eine Sammlung konservativer Kräfte in hohen Stellungen befürchtet hätten. Da gerade die Ministerialdirektoren die Kontinuität der Verwaltungsarbeit eines Ministeriums gewährleisteten, sei ihre Versetzung in den einstweiligen Ruhestand eine „höchst zweischneidige Angelegenheit".

Gegen den von Thieme erörterten Typ des politisch engagierten Staatssekretärs meldete der Redner Bedenken an. Er passe nicht in die geltende beamtenrechtliche Systematik. Auch habe dieser Typ sich bisher nicht bewährt. Beim beamteten Staatssekretär, dessen Funktionen er ja ausübe, liefen alle Fäden der sachlichen Tätigkeit der Behörde zusammen. Diese zentrale Koordinierungsfunktion könne von politisch engagierten, von außen kommenden Persönlichkeiten kaum wahrgenommen werden. In diesem Fall wachse den Ministerialdirektoren die Aufgabe zu, politische Vorstellungen zu entwickeln, darzulegen und durchzusetzen und den letzten politischen Zusammenhängen nachzugehen. Der politisch engagierte Staatssekretär bedeute für sie nur wenig Hilfe. Die Möglichkeit, diesen Staatssekretärstyp jederzeit in den einstweiligen Ruhestand versetzen zu können, sei wünschenswert. Seine Position als Außenseiter sei auch insoweit eine andere als die der politischen Beamten, deren Laufbahn abgebrochen werde.

Bei der erforderlichen Neuregelung dieser Materie müsse darauf geachtet werden, daß der Kreis der politischen Beamten nicht zu groß gezogen werde. Die Möglichkeit jederzeitiger Entlassung enthalte den Keim zur Ämterpatronage. Diese Gefahr sei zwar in den obersten Dienststufen geringer, doch müsse sie um der Erhaltung unserer Beamtenstruktur willen beachtet werden.

Auch Professor Dr. *Ule*, Speyer, stimmte dem Referenten in der Beurteilung der meisten Einzelfragen zu. Er betonte nachdrücklich, daß dem Gesetzgeber durch die hergebrachten Grundsätze des Berufsbeamtentums (Art. 33 Abs. 5 GG) verfassungsrechtliche Schranken bei der Bestimmung des Kreises der politischen Beamten gesetzt seien. Er erinnerte daran, daß das Reichsgericht einer Notverordnung der Regierung Baum-Frick in Thüringen aus dem Jahre 1930 entgegengetreten sei, die alle Verwaltungsbeamten zu politischen Beamten erklärt habe, um ihre jederzeitige Versetzung in den einstweiligen Ruhestand zu ermöglichen.

Aus verwaltungspolitischer Sicht kritisierte *Ule* die Einbeziehung der Regierungspräsidenten in den Kreis der politischen Beamten. Es handele sich hierbei um eine Einrichtung aus den Revolutionsjahren 1848/49. Regierungspräisdenten und Landräte seien damals in Preußen zu politischen Beamten geworden, weil sie mit der Durchführung der Wahlen befaßt gewesen seien und sie die Politik der monarchischen Regierung gegenüber der Opposition zu vertreten gehabt hätten. Heute bestehe nicht mehr der geringste Grund für eine Qualifizierung der Regierungspräsidenten als politische Beamte. Gleiches gelte für Generalstaatsanwälte und gegebenenfalls leitende Oberstaatsanwältc. Wcnn an ihrer Zuordnung zu den Organen der Rechtspflege, wie sie im Zusammenhang mit dem Erlaß des Richtergesetzes erörtert worden sei, auch nur ein Kern von Wahrheit sei, so müsse mit ihrer Qualifizierung als politische Beamten Schluß gemacht werden.

Abschließend gab *Ule* der Hoffnung Ausdruck, daß das Problem des politischen Beamten durch die Einführung des Parlamentarischen Staatssekretärs nicht mehr zur Ruhe komme. Wenn der Parlamentarische Staatssekretär, was nur konsequent sei, in allen Ministerien vertreten sei, könne man auch überlegen, ob neben ihm nicht ein permanenter Staatssekretär tätig sein könne mit allen Folgen, die sich für die Rechtsstellung der übrigen leitenden Ministerialbeamten daraus herleiten ließen.

Gegenüber der Kritik Thiemes an der Rechtsprechung des Bundesverwaltungsgerichts zu den Voraussetzungen der Versetzung in den einstweiligen Ruhestand wies Senatspräsident Dr. *Schmidt,* München, auf eine Entscheidung eines anderen Senats des Bundesverwaltungsgerichts zu § 50 Soldatengesetz hin, wonach eine Begründung für die Versetzung gegeben und vom Bundespräsidenten vertreten werden müsse. Die sachliche Entscheidung und ihre Begründung habe das Bundesverwaltungsgericht eingehend nachgeprüft. In dem betreffenden Fall habe es sich um die Versetzung in den einstweiligen Ruhestand von etwa 20 Generälen der Bundeswehr gehandelt, die zur Verjüngung der Führungsspitze erfolgt sei. Das Gericht habe freilich diese generelle Begründung ausreichen lassen und die Angabe von Gründen für die getroffene Auswahl nicht verlangt.

Staatssekretär i. R. Dr. *Schäfer,* Bad Godesberg, machte darauf aufmerksam, daß der Ausdruck „politischer Beamter“ für den bezeichneten Gegenstand grundfalsch sei und meinte, für Ministervertreter sei die Möglichkeit der jederzeitigen Versetzung in den einstweiligen Ruhestand unverzichtbar. Anders sei dagegen die Lage bei den Abteilungsleitern und den nachgeordneten Beamten, weil hier die Möglichkeit der Versetzung in andere Aufgabengebiete bestehe.

Gegenüber Thieme und Ule hob er hervor, daß der Regierungspräsident wegen seiner Funktionen in der inneren politischen Verwaltung weder mit dem Präsidenten der Oberpostdirektion oder des Landesvermessungsamtes zu vergleichen sei. Zu der Erscheinung des politisch engagierten Staatssekretärs äußerte Schäfer sich ablehnend. Er passe nicht in das Amt und verdanke seine Existenz wohl der gegenwärtigen politischen Konstellation. Ein Schritt des einen Koalitionspartners löse wohl auch eine Reflexbewegung beim anderen aus. Eher solle man sich für den Parlamentarischen Staatssekretär mit angemessener verfassungsrechtlicher Absicherung neben einem permanenten Staatssekretär entscheiden.

Staatssekretär i. R. Dr. *Anders*, Bonn*, meinte, das Referat habe den Eindruck erweckt, als sei der Kreis der politischen Beamten durch die Bundesgesetzgebung vergrößert worden. Das Gegenteil sei richtig. Früher seien z. B. alle Regierungsräte der Reichskanzlei politische Beamte gewesen u. a. m. Die Ministerialdirektoren hätten nach der sachlich richtigen Auffassung des Beamtenrechtsausschusses des Bundestages nicht politische Beamte sein sollen. Sie seien nach einem Antrag der SPD in zweiter Lesung des Bundesbeamtengesetzes und durch das gemeinsame Vorgehen von SPD und CDU in dritter Lesung in die Regelung des § 36 BBG aufgenommen worden.

Zu Bemerkungen Ules über die Grenzen landesrechtlicher Regelungen im Rahmen des § 31 BRRG führte Anders aus, man habe, um sich im Rahmenrecht zu halten, eine allgemeine Umschreibung finden müssen. Die Formel des § 31 BRRG habe gerade den Sinn, den Kreis der politischen Beamten klein zu halten. Wenn dort von Beamten die Rede sei, die mit den grundsätzlichen politischen Ansichten der Regierung übereinstimmen müßten, so ergebe sich schon durch diese tatbestandsmäßige Begrenzung, daß der Kreis nicht zu weit gezogen werden dürfe.

Zur Auslegung des Wortes „jederzeit" bemerkte *Anders*, daß es nichts über die für die Versetzung in den einstweiligen Ruhestand zu fordernde Begründung aussage. Die Vorschrift enthalte jedenfalls keinen Dispens von dem allgemeinen Willkür- und Mißbrauchsverbot. Im Prozeß habe der Beamte darzulegen, daß eine mißbräuchliche Anwendung vorliege. Wenn man der Behörde die Darlegungslast auferlege, führe das zu Schwierigkeiten in den Beweisaufnahmen bei den unteren Gerichten.

---

* s. auch die auf den Vortrag Bezug nehmende Abhandlung von Anders in DÖV 1967, 611 ff. und die Erwiderung von Thieme in DÖV 1968, 11 f.

Im übrigen ergebe sich aus allgemeinen rechtsstaatlichen Gesichtspunkten, daß eine Versetzung in ein anderes Amt der Versetzung in den einstweiligen Ruhestand vorzuziehen sei. Das privilegium odiosum, von dem van Scherpenberg gesprochen habe, ließe sich ferner in ein privilegium verwandeln, wenn man dem politischen Beamten nicht nur die Anregung gestatte, sondern das Recht zubillige, seine Versetzung in den einstweiligen Ruhestand zu beantragen, etwa weil er einen Posten in der Wirtschaft einnehmen wolle. — Abschließend sprach er sich gegen eine Bildung verschiedener Kategorien beamteter Staatssekretäre aus und warnte davor, rechtliche Konsequenzen daraus zu ziehen, je nachdem unter welchen Umständen der einzelne in sein Amt gekommen sei. Auch bei den übrigen Beamten könne man keine Klassifizierung nach dem politischen Engagement vornehmen.

Privatdozent Dr. *Maurer*, Tübingen, wandte sich gegen die funktionelle Unterscheidung von politischem und beamtetem Staatssekretär. Eine solche Gegenüberstellung des sachverständigen Verwaltungschefs und des politischen Gehilfen des Ministers sei kaum durchführbar. Die Bundesministerien seien nicht Verwaltungs-, sondern politische Ministerien, so daß auch der beamtete Staatssekretär als zweiter Mann des Ministeriums stets ein politisch denkender und arbeitender Gehilfe des Ministers sein müsse, der an politischen Entscheidungen mitwirke.

Dem stimmte Ministerialdirigent Dr. *Kölble*, Bonn, aus der Sicht des Ministerialbeamten nachdrücklich zu. Die von Thieme erwähnten Kategorien Eschenburgs seien wohl ohne hinreichende Berücksichtigung der inneren Struktur der Ministerien gebildet worden. Einen politisch nicht engagierten Staatssekretär könne es kaum geben, denn jeder, der diese Ebene erreiche, engagiere sich bei den politischen Aufgaben, an deren Bewältigung er mitarbeite. Man könne die einzelnen Abteilungen nicht unter diesem Gesichtspunkt aufteilen, vielmehr müßten beim Staatssekretär alle Fäden zusammenlaufen, weil er den gesamten Sachverstand der Bürokratie im Hinblick auf die Verwirklichung von Recht und Gemeinwohl gleichsam verkörpere.

Weiter meldete der Redner Zweifel an der vor allem von van Scherpenberg angedeuteten Versetzbarkeit hoher Beamter an. Sie bestehe schon im Bund weitgehend nicht und werde durch die föderativen Grenzen noch mehr eingeschränkt. Die Frage der jederzeitigen Versetzbarkeit der politischen Beamten sah *Kölble* in Zusammenhang mit der Frage, inwieweit für das Amt des Staatssekretärs an laufbahnrechtlichen Voraussetzungen überhaupt festgehalten und wieweit der Kreis der notwendigen Ausnahmen gezogen werde. Wenn man das Vorliegen laufbahnrechtlicher Voraussetzungen für erforderlich halte, dann müsse man dem Minister auch die Möglichkeit einräumen, über den Kreis seiner engsten Mitarbeiter frei zu disponieren.

Kölble hielt eine Entlastung der Berufsbeamten von politischen Tätigkeiten, wie Kontakt zu Parteien, Verbänden und Kommunikationsmitteln, für wünschenswert, weil die Beamten ihrer Ausbildung und Funktion nach hierfür weniger geeignet seien. Er wies jedoch auf die Schwierigkeit hin, für diesen Arbeitsbereich geeignete Mitarbeiter zu finden, wenn diese nicht Beamte werden könnten. Gerade bei Außenseitern bestehe ein starkes Interesse am Beamtenstatus.

Zur Vorbereitung auf die Wahrnehmung von Führungsämtern erhob Kölble die Forderung nach einer deutschen Beamtenakademie.

Zur Typologie der Staatssekretäre bemerkte Ltd. Regierungsdirektor Dr. *Korte*, Hannover, man müsse letztlich auf zwei Typen hinauskommen, den permanenten und den Parlamentarischen Staatssekretär, der dann mit dem politisch engagierten Staatssekretär identisch sei. Die laufbahnrechtliche Frage sei insofern geklärt, als der Bundespersonalausschuß festgestellt habe, daß das Amt des beamteten Staatssekretärs außerhalb der regelmäßigen Laufbahn erreicht werde. In diesem Zusammenhang wies Korte auf die Gefahren der Novelle zum niedersächsischen Beamtengesetz vom 30. März 1967 (GVBl. S. 79; vgl. jetzt § 29 Abs. 5 Nds. BeamtenG i. d. F. vom 1. Juni 1967 — GVBl. S. 175) hin, wonach Staatssekretäre schon nach drei Monaten zu Lebenszeitbeamten ernannt werden könnten. Daraus könne sich eine erhebliche Belastung des Versorgungshaushalts ergeben.

Als sachgerechte Risikoverteilung bei Regierungswechseln schlug *Korte*, ähnlich wie Anders, vor, dem permanenten Staatssekretär ein Recht auf Versetzung in den einstweiligen Ruhestand auf eigenen Antrag hin einzuräumen.

In seinem Schlußwort hielt Professor Dr. *Thieme* den Vorbehalten van Scherpenbergs und Schmidts gegenüber seiner Kritik an der Rechtsprechung zu § 36 BBG folgende Sätze aus dem Urteil des Bundesverwaltungsgerichts vom 29. Oktober 1964 (BVerwGE 19, 332, 336) entgegen:

„Dieses Vertrauen (sc. zwischen Regierung und politischem Beamten) ist nicht nur durch eine Abweichung von politischen Ansichten gestört, sondern kann schon dann beeinträchtigt sein, wenn die Regierung *Zweifel* daran hegt, daß die fachliche oder die persönliche Eignung des Beamten, seine Amtstätigkeit oder auch nur sein außerdienstliches Verhalten den höchstmöglichen Grad einer zielstrebigen, wirkungsvollen Zusammenarbeit im Sinne der von ihr verfolgten Politik gewährleistet (ähnlich BVerfGE 8, 332, 356 mit dem ausdrücklichen Hinweis, daß sich die Versetzung in den Wartestand hergebrachtermaßen nicht auf Fälle der Abweichung in politischen Ansichten beschränkt). Solche Zweifel können auch durch Unwägbarkeiten, sogenannte „Imponderabilien", veranlaßt sein, die nicht stets genau zu umreißen sind und deren Offenbarung im einzelnen nicht immer im Sinn der gesetzlichen Regelung ist. Nach einem hergebrachten Grundsatz des Berufsbeamtentums (Art. 33 Abs. 5 GG) bedarf deshalb die Versetzung „politischer Beamter" in den einstweiligen Ruhestand keiner Angabe von Gründen."

Einer solchen Rechtsprechung müsse entgegengetreten werden, auch wenn der Senat des Bundesverwaltungsgerichts für Soldatensachen abweichender Auffassung sei, zumal eine Entscheidung des Großen Senats nicht vorliege.

Auf die Diskussion über den politisch engagierten Staatssekretär eingehend räumte der Referent ein, daß der Begriff „politisch" hier doppeldeutig sei. Es sei zu unterscheiden zwischen Persönlichkeiten, die verantwortlich tagespolitische Entscheidungen treffen, und solchen, die um den Staat im allgemeinen und das Gemeinwohl besorgt seien, dabei aber tagespolitische Machtkonstellationen außer acht lassen könnten. Mit dem politisch engagierten Staatssekretär sei selbstverständlich die erste Alternative angesprochen. Den damit gekennzeichneten Typ — Eschenburg habe die Namen Schütz und Ehmke als Beispiele genannnt — halte er neben dem Parlamentarischen Staatssekretär für nötig und legitim. Er sei von dem über die Laufbahn in das Amt aufgestiegenen Typ des Staatssekretärs zu unterscheiden .Dabei schloß Thieme nicht die Möglichkeit aus, daß auch ein beamteter Staatssekretär das politische Engagement und den Übergang in ein politisches Amt suche. Ende die Amtszeit des politisch engagierten Staatssekretärs mit einem Regierungswechsel, was zweifellos der Fall sein werde, wenn seine Partei nicht mehr auch an der neuen Regierung beteiligt sei, dann stelle sich die sekundäre Frage der angemessenen Regelung seines Ausscheidens auch in versorgungsrechtlicher Hinsicht. Dabei müsse genau durchdacht werden, inwieweit für den politischen und den beamteten Staatssekretär beamten-, dienst- und amtsrechtlich unterschiedliche Regelungen getroffen werden könnten.

Die Frage der tatsächlichen Versetzungsmöglichkeit von Ministerialdirektoren hielt der Referent für eine technische, die durch entsprechende Ausgestaltung dse Beamtenrechts gelöst werden könne.

Gegenüber Ules Forderung nach „Entpolitisierung" der Regierungspräsidenten gab Thieme, ohne die Frage entscheiden zu wollen, die Größe einzelner Regierungsbezirke zu bedenken. Die Bevölkerungszahl des Regierungsbezirks Düsseldorf beispielsweise erreiche die eines Bundeslandes. Es sei nicht auszuschließen, daß hier der tagespolitische Bezug so stark sei, daß praktisch vom Regierungspräsidenten das Geschäft der politischen Regierung mit betrieben werden müsse.

Zivilcourage — auch im öffentlichen Dienst?

Von Georg Smolka

Die Tagungsleitung hat das Thema „Zivilcourage — auch im öffentlichen Dienst?“ dem Historiker angetragen. Das war ein Wagnis, in doppelter Hinsicht. Sie alle sind, auch wenn Sie nicht von der Juristerei herkommen, dem juristischen Denkstil zugewandt, und der ist sehr anders als der historische. Er hat diesem gegenüber unbestreitbare Vorzüge: größere begriffliche Präzision, innere Geschlossenheit und Konsequenz, vor allem aber die Fähigkeit, sehr verschiedenartige Phänomene kategorial in den Griff zu bekommen. Die Historie sieht ihre Gegenstände komplexer, hintergründiger, in ihrer konkreten Unwiederholbarkeit: ganz anders mithin, als der juristische Geist es zugestehen darf. Und noch etwas anderes — ich sprach von einem doppelten Wagnis — kommt hinzu: die Geschichte ist alles andere als ein Exempelbuch der angewandten Moral. Bei unserem Thema aber liegt der Verdacht mindestens nahe, daß da ein moralischer Zeigefinger erhoben werden soll. In diesem Falle könnte sich jedoch am Ende, wie auch sonst nicht selten, der Nachteil der Historie als größer herausstellen denn ihr Nutzen: indem nämlich die historische Demonstration in die löbliche Absicht, die mit der Themastellung verfolgt wurde, unwillkürlich eine Art von Zeitzünder hineinbringen würde; derart, daß — paradox ausgedrückt — der durch die Explosion der historischen Materie bloßgelegte Zeigefinger sich als ein Pferdefuß erweisen würde.

Trotz alledem ist der Gedanke, die Geschichte zu unserem Thema zu befragen, nicht von der Hand zu weisen. Richtig aufgefaßt ist die Historie alles andere als jene antiquarische Gelehrsamkeit, die Nietzsche in der Zweiten Unzeitgemäßen Betrachtung als „Nachteil für das Leben“ angeprangert hat. Sie ist immer auch — und gerade dann, wenn sie nur berichten und zum Verstehen des Vergangenen beitragen will — zugleich Lehre: offene oder versteckte Anweisung für Hörer und Leser, die unter dem Aspekt einer als besser vorgestellten Zukunft vorgebracht wird. Diese Seite der Historie und der Wunsch des Referenten, zum Heraufkommen einer solchen besseren Zukunft von seinem Fachgebiete her beizutragen, könnte eine bescheidene Legitimation für jenes Wagnis darstellen, das die Tagungsleitung mit der Heranziehung des Historikers auf sich genommen hat; wobei freilich die letzte Rechtfertigung erst durch das Gelingen erbracht werden kann.

Nun, wir werden sehen. — Zum modus procedendi: wir werden dem Thema beizukommen versuchen, indem wir zunächst dem Begriff „Zivilcourage" wort- und geistesgeschichtlich nachgehen. Sodann wird die Natur des Beamtentums wie die Geschichte der Beamtenschaft auf die in ihr gebotenen Chancen des Vorkommens von Zivilcourage hin zu befragen sein. In einem zweiten Teile wäre dann an einigen historischen Beispielen der derart festgestellte Bezug konkret zu demonstrieren. Dabei könnten sich weitere Aspekte, vielleicht auch eine Antwort auf das Fragesuchen des Themas ergeben.

I.

Wir beginnen mit dem, was die Scholastik mit einem anschaulichen Ausdruck die „venatio definitionis" nannte. Spüren wir zunächst das Wort „Zivilcourage" auf. Jedes Wild hält sich in einem ihm gemäßen Revier auf; so wird kein Jäger etwa auf Gemsen im Getreide pirschen. In welchem Revier könnten wir auf das Wild „Zivilcourage" stoßen — von dem wir noch nicht einmal genau wissen, wie es aussieht?

Machen wir es uns nicht unnötig schwer, und befolgen wir einen Rat, den einer meiner besten Universitätslehrer uns in der ersten Seminarstunde gab: „Meine Herren, wenn Sie mit einem Worte keine rechte Vorstellung verbinden, tun Sie ungeniert etwas, wovon der feine Mann der Wissenschaft zwar nicht spricht, was aber auch Professoren gar nicht so selten tun: schlagen Sie im Konversationslexikon nach! Dort finden Sie meistens eine leidliche Definition und auch die wichtigste Literatur." — Nun, ich glaubte zwar bei meiner Zusage zu wissen, was mit Zivilcourage gemeint ist, aber vorsichtshalber schlug ich nach. Das Ergebnis war bescheiden. Sofern das Wort überhaupt vorkommt, wird die Sache sehr dürftig umschrieben. Ältere Lexika schweigen sich ganz aus. Brockhaus (letzte Ausgabe) und fast gleichlautend Herder definieren Zivilcourage als den Mut, im bürgerlichen Leben (Herder: „besonders vor Autoritätspersonen") für die eigene Überzeugung einzutreten. Die oberste philologische Instanz, das Grimmsche Wörterbuch (Band 15) verweist auf ein Dictum Bismarcks, das nach Büchmann, „Geflügelte Worte", zitiert wird: „Mut auf dem Schlachtfelde ist bei uns Gemeingut, aber Sie werden nicht selten finden, daß es ganz achtbaren Leuten an Zivilcourage fehlt." — Offenbar halten die Herausgeber Bismarck für den Schöpfer des Ausdrucks. Aber bei allem Respekt vor Bismarcks Sprachkunst (ich persönlich stelle sie seiner politischen mindestens gleich): das Grimmsche Wörterbuch stützt sich, ähnlich wie das jüngere Trübnersche, im wesentlichen auf literarische Quellen, läßt also fast gänzlich das mindestens ebenso umfangreiche wissenschaftliche und politisch-gesellschaftliche Sprachgut beiseite. Nun dürfte aber das Wort „Zivilcourage", nach der Beiläufigkeit zu schließen, mit der es der Reichsgründer — in einem Gespräch mit von Keudell — verwandte[1], nicht nur diesen beiden Gesprächspartnern vertraut gewesen sein. Offenbar ist es älter; und zwar dürfte es — obwohl auch der große Larousse sich ausschweigt (und ebenso die Encyclopedia Britannica) dem französischen courage civique nachgebildet sein. Keinesfalls aber ist es diesem mutmaßlichen Vorgänger nachempfunden; denn dem französischen „civique" fehlt gänzlich der parallelisierende Bezug zum „Mute auf dem Schlachtfelde".

Der lexikographische Pirschgang in den Gefilden der Sprachgeschichte bleibt also ohne Strecke. Aber beim Pirschen sind wir allerlei vertrautem Getier begegnet; und wenn wir auch nicht genau ausmachen konnten, wo und wann das Wort „Zivilcourage" zuerst auftritt, können wir beim Spurenvergleich mit einiger Sicherheit feststellen, zu welcher Gattung das Wild gehört. Offenbar ist „Zivilcourage" eng verwandt mit Begriffen wie Mannesmut, aufrechte Gesinnung, Rechtlichkeit, Unbeugsamkeit; oder, in literarischer Prägung, Schillers vielzitiertem „Männerstolz vor Königsthronen". Alle diese Formulierungen sind durchtränkt mit bürgerlichem Sprachgeiste. Sie stellen Umschreibungen der Idealvorstellung vom Manne dar, die im bürgerlichen Zeitalter eben der beispielhafte Bürger ist; und als solche sind sie in ihrer Weise kaum weniger profiliert als das — von der Prävalenz des Militärischen bei seinem Urheber oder Anwender Bismarck zeugende — „Zivilcourage". Überdies erscheinen sie insofern adäquater, als sie nicht den Umweg über eine militärische Tugend als Bezeichnung für eine allgemein menschliche Haltung wählen, sondern das Humanum in seiner zeitgemäßen Drapierung ansprechen; während — in Parenthese bemerkt — das Bismarcksche „Zivilcourage" unbeabsichtigt die grimmige Feststellung des Märkers Fontane bestätigt, dieses Preußen-Deuschland der Reichsgründung sei offenbar total „verassessort und verreserveleutnantet".

Für eine spezifische Definition reichen die bisher genannten Qualitäten allerdings nicht aus. Müssen wir uns also damit begnügen, Zivilcourage ganz allgemein zu umschreiben: als eine werthaltige und wertbezogene, durch die Überzeugung von der Richtigkeit der eigenen Meinung diktierte, individuelle Verhaltensweise, die einem an Macht Überlegenen ins Angesicht zu widerstehen wagt? Wäre das alles, so würde die weitere Erörterung sich auf die Darlegung von Einzelfällen beschränken müssen. Das aber hieße doch wohl, die venatio definitionis abblasen, bevor sie noch richtig begonnen hat. Denn wir haben überhaupt noch nicht die

---

[1] Robert von Keudell, Fürst und Fürstin Bismarck, Berlin 1901, S. 81.

Frage gestellt, auf die wir durch Worte wie Mannesmut, Aufrechtheit, Unbeugsamkeit etc. hingestoßen sind. Einem Mächtigen und vollends einem, der als Exponent einer etablierten und legitimierten Ordnung erscheint, ins Angesicht widerstehen, einer solchen Übermacht trotzen kann doch nur, wer sich zum Widerstehen berechtigt glaubt: im Namen einer besseren, der legitimen Ordnung. Mit dieser Feststellung aber ist das geistesgeschichtliche Revier abgesteckt, in dem wir auf die Jagd gehen müssen: das Widerstandsrecht.

Widerstand als legitimes Recht eines jeden Staatsbürgers gibt es seit der Französischen Revolution. Materiell finden wir das Widerstandsrecht zwar schon in den amerikanischen Verfassungsdokumenten, vornehmlich in der Virginia Bill of Rights von 1776. Aber erst die Konzeption der nation une et indivisible, die durch keine sozialen Grenzen zerschnitten werden darf, hob das traditionelle, ständisch verfaßte Widerstandsrecht aus den Angeln. Die französische Menschenrechtserklärung von 1789 nennt zum ersten Male ausdrücklich in Artikel 2 „droit de résistance à l'oppresion", das Recht auf Widerstand gegen Unterdrückung; und in der jakobinischen Verfassung von 1793 wird diese Formel entfaltet zu dem Satze des Art. 35: „Wenn die Regierung die Rechte des Volkes verletzt, wird der Aufstand für das Volk und für jedes Teilstück des Volkes heiligstes Recht und unerläßliche Pflicht[2]." Das korporative Widerstandsrecht ist damit gewandelt zur Widerstandspflicht eines jeden Staatsbürgers, in folgerichtiger Auslegung des Grundsatzes der souveränen, durch die Zustimmung der einzelnen Staatsbürger konstituierten Nation. Daß die Wahrnehmung dieses Rechtes und die Erfüllung dieser Pflicht von jedem einzelnen ein hohes Maß persönlichen Mutes verlangte, liegt auf der Hand: Zivilcourage wird zur unumgänglichen psychologischen Voraussetzung für das Widerstandsrecht.

Der Artikel 35 der Verfassung von 1793 liegt diesseits der Schwelle vom dualistisch-ständischen zum demokratischen Verfassungsstaate. Im Ancien Régime war Widerstand Sache der privilegierten Gruppe; darum erforderte er nicht nur weniger persönlichen Mut, weniger Zivilcourage, sondern dieser fehlte sogar — als individueller Verhaltensweise — die Legitimation. Erst der Staat des souveränen Volkes erbrachte sie, allerdings nur prinzipiell. Daß in Wirklichkeit damit nur eine Rechtsfiktion gegen eine andere ausgetauscht worden war, daß die volonté générale keine volonté de tous war und sein sollte, und daß damit die Widerstandspflicht des einzelnen gegenüber dem Staate des souveränen Volkes ein womöglich noch tödlicheres Risiko mit sich brachte als

---

[2] „Quand le gouvernement viole les droits du peuple, l'insurrection est pour le peuple et pour chaque portion du peuple le plus sacré des droits et le plus indispensable des devoirs."

der Widerstand gegen den Monarchen des Ancien Régime — das hat sich erstmals schon in statu nascendi des Volksstaates, in der Ära des „Wohlfahrtsausschusses“ erwiesen. Auf die Zeitgenossen, selbst auf die intelligentesten, hat das offenbar keinen nachhaltigen Eindruck gemacht. Sonst hätte Kant in den „Metaphysischen Anfangsgründen der Rechtslehre“[3] kaum jene Sätze schreiben können, die prinzipiell ebenso richtig wie praktisch daneben sind: „Der Grund zur Pflicht des Volkes, einen, selbst den für unerträglich ausgegebenen, Mißbrauch der obersten Gewalt dennoch zu ertragen, liegt darin, daß sein Widerstand gegen die höchste Gesetzgebung selbst niemals anders als gesetzwidrig, ja als die ganze gesetzliche Verfassung vernichtend gedacht werden muß. Denn, um zu demselben befugt zu sein, müßte ein öffentliches Gesetz vorhanden sein, welches diesen Widerstand des Volkes erlaubte, d. h. die oberste Gesetzgebung enthielte eine Bestimmung in sich, nicht die oberste zu sein, und das Volk als Untertanen in einem und demselben Urteil zum Souverän über den zu machen, dem es untertänig ist; welches sich widerspricht.“ — Diese Aussage ist natürlich auf dem Hintergrund von Kants Überzeugung zu sehen, daß die einzige rechtmäßige Verfassung die reine Republik sei, weil allein sie allmählich einen Zustand herbeiführt, „wo allein das Gesetz selbstherrschend ist und wo es an keiner besonderen Person hängt“. Interpretierend können wir sagen, daß der moderne Rechtsstaat — wenigstens in seiner frühen Fassung — auf das Widerstandsrecht verzichten zu können meinte: weil die rechtsstaatlichen Grundsätze das, was das Widerstandsrecht eigentlich sichern sollte, von vornherein zu gewährleisten schienen. Zweifel an dieser optimistischen These haben sich erst später und für viele Betroffene zu spät eingestellt.

Eine gründliche Erforschung der Frühgeschichte des rechtsstaatlichen Denkens würde vermutlich einiges Licht darauf werfen, wie das ältere Widerstandsrecht individualisiert wurde, und wie die persönliche Zivilcourage an seine Stelle trat. Nicht mehr um die grundsätzliche Problematik des Verhältnisses zu einer tyrannisch gewordenen Obrigkeit ging es fortan in erster Linie, sondern um die Wahrung der rechtsstaatlichen Formen und der individuellen Rechte gegenüber einer grundsätzlich rechtens verfahrenden Obrigkeit. Ernst Rudolf Huber hat anläßlich des Protestes der Göttinger Sieben im Jahre 1837 auf diesen Sachverhalt hingewiesen, wenn er schreibt: „Der Geist des Widerstandsrechts, der sich hier kundtat, war nicht mehr der des alten jus resistentiae, das sich auf ständische Privilegien, auf naturrechtliche Grundsätze, auf kirchliche Dogmen gründete, sondern der des konstitutionellen Widerstandsrechts, das sich auf Recht und Pflicht des Einzelnen stützte, für die verfassungsmäßige Ordnung des öffentlichen Lebens notfalls auch gegen die eigene

---

[3] „Metaphysik der Sitten“, 1797, Teil I, zitiert nach Akademieausgabe, Bd. VI, 1914, S. 320.

Obrigkeit aufzutreten. Verfassung und Gesetz galten nun als der absolute Maßstab politischen Verhaltens[4]." Wenn Huber hier vom „konstitutionellen Widerstandsrecht" spricht, so geht das durchaus in die Richtung einer begrifflichen Umschreibung dessen, was wir in der Regel mit Zivilcourage im allgemeinen Sinne des Wortes meinen; wobei vorausgesetzt wird, daß Verfassung und Gesetz im Einklang miteinander und mit letzten Normen des Menschen und seiner Ordnungen stehen.

Unsere geistesgeschichtliche Treibjagd wäre damit vorerst am Ende. Zu einem Blattschuß reicht unser wissenschaftliches Pulver nicht aus: in Ermangelung einer erschöpfenden Ideengeschichte des Rechtsstaates. Um so mehr Grund, scheint es, dem Sachverhalt auf einem anderen Wege, von der Geschichte der Institutionen her zu Leibe zu rücken; und damit zugleich in das Gelände vorzudringen, in dem uns die Sache „Zivilcourage" nach der Fassung unseres Themas besonders angeht: die Exekutive des neuzeitlichen Rechtsstaates.

Moderne Bürokratie und Rechtsstaat stehen in einem funktionalen Bezug zueinander. Seine Anfänge reichen weit zurück, bis in die mittelalterliche Frühform des neuzeitlichen Staates. Das Wort „Staat" bezeichnet bereits dort, wo es zum ersten Male in dem uns geläufigen Sinne auftritt, nichts anderes als die Apparatur des Gemeinwesens. Da der Sachverhalt kaum allgemein bekannt sein dürfte, aber grundlegend wichtig für die neuzeitliche Staatsentwicklung ist und damit in unserem Zusammenhang bedeutsam erscheint, soll er kurz skizziert werden[5].

Die unaufhörlichen Geschlechterfehden und Parteienkämpfe in den italienischen Stadtstaaten des Hochmittelalters beschworen schon in der Stauferzeit vielfach eine Unsicherheit herauf, welche die Grundlagen ihrer wirtschaftlichen und kulturellen Blüte gefährdete. Um dem gegenseitigen Sich-Ausmorden und der — fast noch mehr gefürchteten — Gefahr eines Staatsbankerotts einen Riegel vorzuschieben, verfiel man auf eine Einrichtung, die ein einigermaßen ungestörtes Fortbestehen des Gemeinwesens durch die Neutralisierung seiner vitalen Funktionen sicherstellen sollte. Man verschrieb sich aus Bologna oder Padua einen rechtskundigen Mann, der mit einem Stabe von qualifizierten Helfern gegen einen Pauschalbetrag befristet die Führung der Geschäfte in Verwaltung, Rechtsprechung und Verteidigungswesen übernahm. Seine Amtsbezeichnung, Podestà, nennt die Sache, die ihm anvertraut war, beim Namen:

[4] Ernst Rudolf Huber, Deutsche Verfassungsgeschichte seit 1789, Bd. II, Stuttgart 1960, S. 105.

[5] Eine vorzügliche knappe Zusammenfassung unter Heranziehung der wichtigsten Literatur gibt Ernst Kern, Moderner Staat und Staatsbegriff, Hamburg 1949, vornehmlich S. 23 f. — Vgl. auch die von Kern, a.a.O., zitierte Studie von G. Dahm sowie Paul Koschaker, Das Römische Recht und Europa, München-Berlin 1958.

die öffentliche Gewalt, die potestas. Das Personal, das dieser ambulante Chefjurist mitbrachte, hieß „lo stato“: es war in nuce „der Staat“ im neuzeitlichen Sinne. Am Ende seiner Amtsperiode mußte der Podestà in einem Syndikatsprozeßverfahren Rechenschaft von seiner Verwaltung ablegen. Dabei konnte es geschehen, daß mit ihm selbst kurzer Prozeß gemacht wurde. Sie sehen, die Juristerei war nicht immer ein so ungefährliches Gewerbe wie heute. — Aufs Ganze gesehen, war die Podestàverfassung eine recht zweckmäßige und fortschrittliche Institution. Aber, in allem Menschlichen steckt halt der Wurm!, der Podestà fand bald Geschmack an der Machtverfügung auf Dauer und traf während seiner legalen Amtszeit illegal die dazu erforderliche politisch-militärische „Daseinsvorsorge“; was ihm um so weniger schwer fiel, als er über das Militär und die Polizei verfügte. Auf diese Weise erwuchs aus dem ursprünglichen Rechtsinstitut des Podestà die Tyrannis der Frührenaissance und in ihrer Weiterbildung das Condottieretum der Hochrenaissance.

Man kann das Italien der Renaissance im Politischen wie im Kulturellen als eine Art von Laboratorium oder Versuchsfeld des neuzeitlichen Europa betrachten. Auch im größeren, europäischen Rahmen setzte nämlich die moderne Staatsentwicklung ein mit der Schaffung eines, in diesem Falle dem Monarchen zur Verfügung stehenden, juristisch geschulten Apparates; und jeder weitere Schritt auf dem Wege vom mittelalterlichen Personenverbandsstaate zur Verdinglichung der herrschaftlichen und gesellschaftlichen Strukturen brachte eine Vergrößerung und Perfektionierung der Apparatur und eine Verstärkung ihres Gewichtes mit sich. Das zeigt sich sehr deutlich schon im Zeitalter der ersten Machthöhe des neuzeitlichen Staates, im sogenannten absoluten Fürstenstaate des sechzehnten bis achtzehnten Jahrhunderts; denn der monarchische Absolutismus etablierte sich durch die Überführung des um 1500 von den Ständen, den Finanzmonopolisten und den Fürsten gemeinsam oder auch gegeneinander regierten Staatsganzen aus diesem dreifachen Kondominium in die ausschließliche Verfügungsgewalt des — nunmehr erst wirklichen — „Mon-archen“. Auf dem Gebiete des Kriegswesens geschah das durch die Übernahme der Heere aus dem Privatbesitz der militärischen Unternehmer, wie der Obristen à la Wallenstein. Das Volk in seinen breiten Schichten geriet in den Griff des Fürsten durch dessen Kompromiß mit seinem ständischen Gegenpol: einen Handel, der die Stände im politischen Bereiche ausschaltete, wirtschaftlich hingegen aufwertete, indem die Erbuntertänigkeit der Bauern verschärft wurde. Und schließlich wurde, um von dem Anleihezwange loszukommen, ein eigener Finanzapparat geschaffen, der das Hauptbetätigungsfeld der neuen, von der Krone ernannten und besoldeten Beamtenschaft bildete. Dieses „sitzende Heer“ stellte neben und mit dem „stehenden“ das vornehmste Werkzeug und zugleich Produkt der absoluten Monarchie dar.

Allerdings war die Bürokratie des fürstlichen Absolutismus, im Unterschied zu der des 19./20. Jahrhunderts, nichts weiter als ein — wie es Eckart Kehr im Hinblick auf die preußisch-deutsche Entwicklung zugespitzt formuliert hat — „in sich unselbständiger, rein technisch (und das recht schlecht) funktionierender Apparat, in dem niemand etwas anderes als den Willen des fürstlichen Generaldirektors auszuführen hatte, und in dem, um die Unselbständigkeit des Apparats organisatorisch zu sichern, niemand alle Zusammenhänge übersehen durfte"[6]. Überdies sicherte sich die Krone im Ancien Régime gegen etwaige unbequeme Machtgelüste des neuen Instruments nach der Methode des „Divide et Impera", indem sie nämlich in Preußen den Adel, gegen den sich zunächst der Aufbau der aus der bürgerlichen Schicht rekrutierten Bürokratie gerichtet hatte, später wieder in die wichtigsten Verwaltungsstellen hereinnahm. Das erschien schon darum angebracht, weil in der Spätzeit des Absolutismus die Beamten, insbesondere im späteren friederizianischen Preußen, in Spitzenpositionen Möglichkeiten der Machtverfügung besaßen, die immerhin den Vergleich mit manchen Wirtschaftsmanagern von heute zulassen. Diese Entfaltung des Apparates wurde, um beim Beispiele Preußens zu bleiben, besonders bedeutsam in den Jahrzehnten nach dem Siebenjährigen Kriege, als der Altersstarrsinn des Monarchen immer wieder mit dem Urteil der nur als Sachverständige herangezogenen Minister kollidierte und der „Alte Fritz" seinen mangelnden Sachverstand durch hartnäckiges Beharren auf allen, noch so unzweckmäßigen Anordnungen zu kompensieren versuchte. Der daraus resultierende Dauerkonflikt mußte, nicht zuletzt herausgefordert durch unbillig harte Eingriffe des Monarchen und ihre Diskrepanz zu den freiheitlichen Ideen der Aufklärung, das Emanzipationsstreben der Bürokratie nur noch fördern. Es setzte sich durch im Zeichen des Rechtsstaatsgedankens. Den ersten entscheidenden Erfolg bildete — schon unter Friedrichs Nachfolger — die Erringung der Unabsetzbarkeit bzw. der Absetzbarkeit nicht mehr nach dem Ermessen des Königs, sondern nach dem Urteil von Disziplinarbehörden, die aus Kollegen des Angeschuldigten gebildet wurden. Die Unabsetzbarkeit sicherte nicht nur, vor allem in Verbindung mit der 1820 als Recht und nicht mehr als Gnade bei Arbeitsunfähigkeit gewährten Pensionierung, den einzelnen Beamten gegen Willkürakte des Monarchen oder irgendwelcher Regierungs- und Verwaltungsorgane, sondern sie gewährleistete auch der Beamtenschaft als gesellschaftlicher Gruppe den

[6] Eckart Kehr, Zur Genesis der preußischen Bürokratie und des Rechtsstaats. Ein Beitrag zum Diktaturproblem, in: „Die Gesellschaft", 9. Bd., 1932/I, S. 101 ff. Zitiert nach Eckart Kehr, Der Primat der Innenpolitik. Gesammelte Aufsätze zur preußisch-deutschen Sozialgeschichte im 19. und 20. Jahrhundert. Hrsg. H.-U. Wehler. Veröffentlichungen der Berliner Historischen Kommission beim Friedrich-Meinecke-Institut der Freien Unverstät Berlin, Bd. 19, Berlin 1965, S. 32 ff.

relativ ungestörten Fortbestand über alle Umbrüche hinweg. Jedes Regime mußte fortan die Rechte und damit die Macht der Bürokratie garantieren, um existieren zu können. Auch die gänzliche Eliminierung der Krone durch die Kappung der monarchischen Spitze der Exekutive konnte die Verwaltung — anders als die Armee — um so leichter überstehen, als schon seit spätestens der Jahrhundertmitte in Regierung und Verwaltung, wie Nawiasky betont hat, „die Führung der Staatsgeschäfte im großen und ganzen in einen festen Rahmen gespannt war“[7].

II.

Erst mit dem Durchbruch zum Rechtsstaate — das sollte mit diesem historischen Abriß verdeutlicht werden — stellt sich die Beamtenschaft als eine Gruppe dar, in der die Problematik der Zivilcourage überhaupt aufbrechen konnte. Die Bürokratie des Ancien Régime (Gustav Schmoller hat sie als die ecclesia militans des Monarchen von Gottes Gnaden bezeichnet) verblieb im Rahmen eines Ordnungsgedankens, der für Akte der Zivilcourage allenfalls den Boden des persönlichen Gewissens, aber keinen legalen Raum ließ. Um so höher sind Beispiele einer unabhängigen, aufrechten Beamtengesinnung aus dieser Epoche zu schätzen: etwa die herzhafte Antwort jenes bayerischen Hofgerichtspräsidenten, der 1651 auf die Aufforderung des Kurfürsten Maximilian, er solle künftig nach den Wünschen der Regierung urteilen, erklärte, dann wolle er „lieber ein Sauhirt als ein Präsident“[8] sein. Nicht wenig Mut bewiesen auch jene Mitglieder des Generaldirektoriums, die an verfehlten wirtschaftspolitischen Maßnahmen Friedrichs des Großen Kritik übten; was zwar nicht den Ministern („ich entschuldige die ministres mit ihrer Ignoranz“, schrieb der König), wohl aber dem Konzipienten, dem Geh. Finanzrat Ursinus, ein Jahr Spandauer Festungshaft eintrug. Als bekanntestes Beispiel einer notorischen Gehorsamsverweigerungs im Ancien Régime braucht die Haltung des Kriminalsenats und des Justizministers von Zedlitz in der Sache des Müllers Arnold im Jahr 1779 wohl nur erwähnt zu werden. Daß im übrigen der Alte Fritz moralische Qualitäten als zweitrangige Erfordernisse für den öffentlichen Dienst betrachtete, geht aus seiner oft geäußerten und befolgten Maxime hervor, man solle lieber bedenkliche und unehrliche, aber gescheite Männer verwenden als ehrliche und integre, aber beschränkte.

---

[7] Hans Nawiasky, Die Stellung des Berufsbeamtentums im parlamentarischen Staat, München 1926, S. 7. Zitiert nach Kehr, a.a.O.

[8] Nach Alfons Wenzel, Zivilcourage im öffentlichen Dienst, München-Wien 1965, S. 33 f.

Der zynisch klingende und vom Urheber zweifellos auch so gemeinte Zungenschlag dieser Maxime darf nicht darüber hinwegtäuschen, daß hier etwas ausgesagt ist, was ganz allgemein zum besseren Verständnis unserer Fragestellung beitragen könnte. Gescheitheit und Sachverstand sind im öffentlichen Dienst von der Sache her gefordert. Sie entscheiden primär über die Eignung, nicht noch so vorzügliche moralische Qualitäten. Die sollen — und dürfen wohl auch — nicht fehlen: aber nur als Pluspunkte ceteris paribus oder wenigstens paene paribus. Mit charaktervollen Ignoranten ist der Verwaltung so wenig gedient wie irgend einem anderen Sachbereiche. Auguste Comtes „savoir pour régler“, das technische Ideal des reibungslosen Funktionierens und der größtmöglichen Perfektion, gilt nun einmal für jeden Apparat, auch den des öffentlichen Dienstes. Er kann sich dem Zuge zur Perfektion, zur immer besseren Beherrschung der verfügbaren dinglichen wie persönlichen Mittel nicht entziehen, ohne seine Funktionstätigkeit zu schädigen und eben dadurch seiner Zwecksetzung Abbruch zu tun.

Daß jedoch durch das Streben nach Perfektion der Staatsapparatur höhere Zielsetzungen beeinträchtigt werden können, und daß gerade wir Deutschen dieser Gefahr in hohem Maße ausgesetzt sind, hat vor rund hundert Jahren ein Mann festgestellt, der Deutschland, dem deutschen Geiste und der deutschen Art tief verbunden war, und der eben darum die deutsche Entwicklung der zweiten Jahrhunderthälfte mit Besorgnis verfolgt hat: der als Regius Professor für Geschichte in Cambridge verstorbene Deutsch-Engländer Lord Dalberg-Acton. „Dieses Volk, gebildet und gedankenvoll, wie es ist“, sei bereit, schreibt er, „einige der politischen Vorrechte auszutauschen, welche die Einwohner freierer, aber weniger gut regierter Länder mehr lieben als das Leben. Andere Gemeinwesen sind bisweilen der Faszination der Beredsamkeit erlegen. Der Zauber, der Preußen gefangen hält, ist der Charme einer guten Verwaltung.“ Wohl herrsche, fährt er fort, in Preußen der Geist; die Regierung sei „der intellektuelle Führer der Nation, der Förderer des Wohlstandes, der Lehrer des Wissens, der Bewahrer der Moralität, die Triebfeder der aufsteigenden Bewegung des Menschen“. Aber das alles solle eben ein Staat der Freiheit nicht sein. In Preußen-Deutschland sei der Staat Autorität, und er setze „sich selbst seinen Zweck ... die Massen sind nicht der Zweck, sondern das Mittel. Der Passagier existiert um des Schiffes willen“. In Süddeutschland hingegen stünden „die Zwecke der Öffentlichkeit über denen des Staates; er ist der Diener, nicht der Herr“[9].

Es dürfte kaum zu bestreiten sein, daß Acton hier mit der Scharfsicht des Wohlgesinnten, um nicht zu sagen des Liebenden eine spezifisch

[9] Zitiert nach Ulrich Noack, Politik als Sicherung der Freiheit. Nach den Schriften von John Dalberg-Acton, dem Historiker der Freiheit 1834—1902, Frankfurt am Main 1947, S. 85 f.

deutsche Schwäche gesehen hat, deren ganze Gefährlichkeit freilich erst eine ferne Zukunft erweisen sollte. Von dieser spezifischen Variante abgesehen, wird man aber sagen dürfen, daß die „Anpassung an die bestehende organisierte Ordnung bis zur Bereitschaft, auf Freiheit (als potentiellen oder virtuellen Störungsfaktor der etablierten Ordnung) zu verzichten, ... für den verkörperten Funktionsträger eine Selbstverständlichkeit" ist. Diese Disposition bringt ihn leicht dazu, „jede rational organisierte und technisch gefestigte Macht ... in ihrer selbstzwecklichen Autorität zu respektieren"[10]. Tritt sie ihm gar noch in rechtsstaatlicher Drapierung entgegen, so wird er leicht versucht sein, die gut funkionierende mit der guten Ordnung schlechthin zu verwechseln: eine doppelt starke Versuchung angesichts der sozialorganisatorisch notwendigen Funktion, die die Bürokratie heute qua Daseinsvorsorge ausübt. Wir haben die einschläfernde Wirkung dieser Versuchung vor einem Menschenalter in katastrophaler Weise erfahren. Wir werden in Zukunft jedem derartigen Mißverständnis um so eher entgehen, je klarer jedem Staatsbürger der grundsätzliche Primat des Passagiers vor dem Schiffe bewußt ist.

In der Konsequenz einer solchen Klarheit liegt es, vornehmlich jene Errungenschaften der rechtsstaatlichen Entwicklung zu verteidigen und zu vervollkommnen, die die persönliche Freiheit auch innerhalb der Apparaturen institutionell abzusichern geeignet sind. Die erste Voraussetzung dafür besteht darin, daß man die freiheitlichen Positionen auch und gerade dann respektiert, wenn sie das Funktionieren des Apparates nicht gerade leichter machen. Es liegt auf der Hand, daß der Freiheitsanspruch des konkreten Menschen in einer quasimathematischen Gesamtkonstruktion immer ein potentielles Störungsmoment darstellen und darum als unbequem empfunden werden wird. Andererseits aber ist der „Staat als Maschine" nun einmal ein uneingestandenes Wunschbild jedes guten Verwaltungstechnikers: so wie es der l'homme machine schon für die Menschheitsbeglücker des dix-huitième eingestandenermaßen war. Gerade die Spannung zwischen einer Mehrzahl von Potenzen eröffnet jedoch erst die Möglichkeit der Freiheit, und darum muß sie in Kauf genommen werden, mit allen unbequemen Folgen. Widerspruch muß auch da noch möglich bleiben, wo er den Arbeitsgang beeinträchtigt. Und wenn er auch sachlich fundiert sein muß, so geht es doch keinesfalls an, seine Zulässigkeit von der Richtigkeit abhängig zu machen: ganz abgesehen davon, daß es nicht in jeder Sache nur eine Meinung gibt, die eindeutig recht oder unrecht hat.

---

[10] Alfred von Martin, Mensch und Gesellschaft heute, Frankfurt am Main 1965, S. 193 resp. 107. — Der Verfasser nimmt mit Freude die Gelegenheit wahr, seine Verpflichtung gegenüber einem Autor zu bezeugen, dem er nicht bloß im Hinblick auf die Thematik dieses Vortrags, sondern auch für seine persönliche Orientierung in den dreißiger Jahren viel verdankt.

Vielleicht wird es leichter fallen, solche innerbetrieblichen Unbequemlichkeiten und Friktionen in Kauf zu nehmen, wenn der Beamte sich über einen grundlegend wichtigen Sachverhalt im klaren ist. Sein oberster Dienstherr, der Staat, handelt als Machtgebilde nur folgerichtig, wenn er nach möglichst schrankenloser Verfügungsgewalt strebt und jeden Widerspruch auszuräumen sucht. In letzter Konsequenz besagt das: er handelt technisch sachgerecht, wenn er die Staatsräson an die Stelle des Gewissens zu setzen versucht. Auch wenn und wo der Staat das gesetzte Recht als bindend anerkennt, auch in der rechtsstaatlichen Ordnung, wird ein Trend zur oder mindestens die Möglichkeit einer willkürlichen Auslegung und Anwendung, zum mehr oder weniger verhüllten Manipulieren nicht auszuschließen sein. Dagegen hilft nur ein gesundes Mißtrauen, anders — und besser — ausgedrückt: Gewissen, das in dem besseren Wissen gegründet ist, daß die Staatsräson niemals zum beherrschenden Inhalt des Beamtenethos werden darf.

Nichts ist in dieser Hinsicht gefährlicher als die Verführung, die von dem Eindruck spektakulärer Erfolge der Staatsführung ausgehen kann. Die können sich als eine „Revolution von oben" auswirken, die Dämme hinwegreißt, welche für unerschütterlich gehalten wurden. Unsere Geschichte, vor allem die der letzten hundert Jahre, fordert in dieser Hinsicht zu Betrachtungen heraus, die wir uns im Hinblick auf unser Thema zum Abschluß nicht ersparen dürfen.

Die Fama hat dem deutschen Beamten oft nachgesagt, daß sein Rückgrat ungemein elastisch, wenn nicht ganz verkümmert sei. Ob das lautere Wahrheit oder üble Nachrede ist, und ob der deutsche öffentliche Dienst im weitesten Sinne — Verwaltung, Berufssoldaten und Richter — sich in dieser Hinsicht von dem anderer Länder merklich unterscheidet, das braucht uns hier nicht zu beschäftigen. Das Schillerzitat „Ich hab hier bloß ein Amt und keine Meinung" (aus Wallensteins Tod) ist zwar sprachlich deutsch; aber die darin ausgedrückte Haltung dürfte sich kaum auf deutsche Amtspersonen beschränken. Im übrigen fehlt es auch keineswegs an geschichtlichen Belegen für die gegenteilige Haltung. In dem bereits zitierten Bändchen von Alfons Wenzel finden Sie einige Beispiele verzeichnet, die sich noch erheblich vermehren ließen. Z. B. könnte ich für den Richterstand den mir persönlich bekannten Fall eines Landgerichtsdirektors im Dritten Reich anführen, der in einem politischen Prozesse nach der Urteilsverkündigung dem Angeklagten sein Bedauern darüber aussprach, daß er ihn nach geltendem Rechte habe verurteilen müssen, und ihn seiner persönlichen Hochachtung versicherte. Und obwohl ich auf alles Militärische seit meiner Jugend beinahe allergisch reagiert habe und diese instinktive Ablehnung hernach von der — erarbeiteten und erlebten — Historie in vieler Hinsicht bestätigt fand, wurde ich durch eigene Beobachtung und Erfahrung in den Kriegs- und

Nachkriegsjahren zu der Überzeugung gebracht, daß der Mut zum Widerspruch und zur Vertretung der eigenen Überzeugung gegenüber der abweichenden Auffassung des Vorgesetzten im deutschen Heere wahrscheinlich nicht seltener anzutreffen war als in anderen Armeen. Es handelt sich dabei, wohlgemerkt, noch nicht um Widerstand, sondern um die Vertretung abweichender Meinungen in dienstlichen Fragen gegenüber Vorgesetzten und Kameraden, also um Zivilcourage stricto sensu innerhalb des militärischen Sachbereiches.

Aus dem einem Professor am nächsten liegenden Sektor des öffentlichen Dienstes ließen sich außer bekannten, klassischen Beispielen wie Friedrich List und den Göttinger Sieben oder, für das wilhelminische Deutschland und die Weimarer Ära, Hans Delbrück, Fr. W. Foerster und Max Weber noch manche andere anführen, auch über die von Wenzel des weiteren genannten hinaus. Gleichwohl bleibt dem Zeitgenossen wie dem Zeithistoriker die Feststellung nicht erspart, daß in den letzten Dezennien des neunzehnten wie in der ganzen ersten Hälfte unseres Jahrhunderts an Deutschlands Hohen Schulen die Chance, die Amtsbezeichnung „Professor“ durch Praktizieren des profiteri (des Seine-Meinung-offen-heraus-Sagens) zu bestätigen, erheblich häufiger geboten als wahrgenommen wurde. Dabei ist als erschwerendes Moment zu berücksichtigen, daß selbst in den dreißiger Jahren das Risiko, das der Herr Professor äußerstenfalls lief, kaum über ein Angepöbeltwerden und die Zwangsemeritierung hinaus ging: was vielen anderen, dem Geiste keineswegs professionell verpflichteten Deutschen nach 1933 als höchste Gunst des Schicksals erschienen wäre. Hochschullehrer, die damals ein mehr oder minder vornehmes Schweigen dem Reden vorgezogen hatten, hätten nach 1945 doch wohl besser nicht als praeceptores Germaniae auftreten sollen, auch nicht von Heidelberg oder von Basel aus; dann würde für sie wenigstens das „si tacuisses, philosophus mansisses“ gelten. Ewig schade aber bleibt es, nicht nur für den Historiker, daß sich 1933 nicht ein deutsches Gegenstück zu Monsieur Lavalette gefunden hat: jenem Professor der Sorbonne, der am Vormittag des 2. Dezember 1851, dem Tage des Staatsstreiches Louis Napoleons, auf die Nachricht von der Verhaftung oppositioneller Elemente hin sich bei seinem Polizeirevier meldete und um seine Festnahme ersuchte; mit der Begründung, er müsse protestieren, und zwar in doppelter Eigenschaft: als Abgeordneter und als Professor des Öffentlichen Rechtes. Wobei anzumerken wäre, daß das — immerhin! — Deportation nach Cayenne bedeuten konnte.

Um aber auf dem Felde der inneren Verwaltung zu bleiben: wir erinnern uns, daß der Mangel an deutscher Zivilcourage zum ersten Male, nachweislich jedenfalls, von Bismarck gerügt worden ist. Die Frage erscheint nicht unberechtigt: ist das reiner Zufall? Oder gibt es vielleicht einen inneren Zusammenhang zwischen dem, der das feststellt, nach Jahrzehnten eigener, fast schrankenloser Machtausübung, und dem, was er feststellt? Hat vielleicht der deutsche Mangel an Zivilcourage etwas mit Bismarck, seiner Persönlichkeit und seiner geschichtlichen Rolle zu tun? — Eine solche Frage sollte nicht von vornherein unter die „Kunst perfiden Insinuierens" subsumiert werden, deren souveräne Beherrschung dem Reichsgründer von kompetenten Zeitgenossen bescheinigt worden ist. Sie ergibt sich vielmehr aus einem Sachverhalt, der jedermann — und sicherlich jedem Verwaltungsmanne oder Behördenchef — bekannt ist: daß der Mann an der Spitze, wohl oder übel, den Geist und den Stil, das ganze Betriebsklima in Regierung und Verwaltung weitgehend beeinflußt. Der Chef wirkt, bewußt oder unbewußt, als Erzieher. — Übrigens grassierten um die Jahrhundertwende, nach Julius Langbehns Bestseller „Rembrandt als Erzieher", Bücher über alle möglichen Männer mit diesem Zusatz; und so gab es auch einen „Bismarck als Erzieher", als dessen Autor ein bekannter Bismarckpublizist namens Horst Kohl zeichnete. Die Frage: könnte „Bismarck als Erzieher" einiges beigetragen haben zu der Erscheinung, die der Reichsgründer in seinem Dictum rügte? — diese Frage liegt also aus mehr als einem Grunde nahe. Und sie erscheint um so mehr berechtigt, als Bismarck ein höchst erfolgreicher Staatsmann war, und als der Erfolg, wie vorhin erwähnt, ein besonders wirksames — weil sublimes — Mittel der Verführung sein kann.

Für die Antwort müssen wir uns aus Mangel an Zeit mit wenigen Hinweisen und Andeutungen begnügen. Sie würde, um hieb- und stichfest auszufallen, eine ganze Vorlesungsserie erfordern — die allerdings nach meiner Überzeugung manche wertvolle Einsichten nicht nur verwaltungsgeschichtlicher oder verwaltungspsychologischer Art erbringen könnte.

Bismarck, der Staatsmann, der die Weichen der deutschen Geschichte ins zwanzigste Jahrhundert gestellt hat, besaß die von ihm bei seinen Landsleuten vermißte Zivilcourage in hohem, um nicht zu sagen höchstem — oder auch höchst zumutbarem — Maße. Sein Unabhängigkeitssinn, sein Stolz, sein Ehrgeiz und ein an Unverfrorenheit grenzender Freimut machten ihn für jede dienstliche Unterordnung beinahe untauglich. Vorgesetzte habe er nie vertragen können, gestand er einmal; und es ist kein Zweifel, daß er nur als Außenseiter hochkommen konnte, und daß er, vor allem, nach seinem Sturze sich nicht in die Rolle eines schlichten Untertanen finden konnte. Er war eine „aut Caesar-aut nihil"-Natur; und seine in die Augen springende Überlegenheit über alle seine Mitarbeiter und Vorgesetzten sowie seine Erfolge trugen nicht gerade dazu bei, sein ohnehin leicht hypertrophes Selbstbewußtsein einzudämmen. Nicht zuletzt darum konnte er sich als Verfassunggeber und als Kanzler nicht dazu entschließen, die Macht mit irgendwelchen Ämtern oder Institutionen zu teilen. Er zog jeder Partage einen pseudo-konstitutionellen „Ministerabsolutismus“ vor, der ihn nur vom Monarchen abhängig machte; wobei er es sich wohl zutraute, den König in allen Fällen hinter sich zu bringen, nötigenfalls mit der Rücktrittsdrohung.

Was Bismarck selbst nicht fertig brachte, Gehorchen, das verlangte er jedoch im Extrem von seinen Untergebenen. Für Selbständigkeit und Verantwortungsfreudigkeit hatte er nur da einen Sinn, wo solche Eigenschaften nicht seinen autokratischen Neigungen ins Gehege kamen. Selbst sein getreuer und ungemein bescheidener Famulus Abeken klagte: „Immer will er der Alleinherrscher sein; nur Befehle erteilen, keine Meinung hören.“ Tatsächlich war Bismarck jede abweichende Meinung so zuwider, daß er sie nur mit Mühe sachlich ernst nehmen konnte. Im politischen Bereiche war er von der alleinigen Richtigkeit seines Urteils so überzeugt, daß er von seinem ersten Auftreten im Vereinigten Landtag an seine Gegner entweder als Dummköpfe oder als Schurken betrachtete und oft auch bezeichnete, nicht selten sogar als beides.

Von dem „Betriebsklima“, das sich aus solchen Eigenschaften und Eigenarten ergab, zeugt eine Bemerkung des jungen Wilhelm II. über seine Beobachtungen im Auswärtigen Amte, wo er eine Zeitlang unter Herbert von Bismarck volontierte: „Die Herren flogen ... so, daß ... ihnen die Rockschöße waggrecht vom Körper standen“; auch sehr würdige Geheimräte lebten durchaus „in der Furcht des Herrn“. Wie alle Autokraten war der Kanzler überdies darauf bedacht, seinen Mitarbeitern keinen allzu tiefen Einblick in die Geschäfte zu gewähren; das hätte sie ja zu einer selbständigen Stellungnahme oder sogar zur Kritik befähigen können! Nicht zuletzt damit hängt es auch zusammen, daß bei Bismarcks Ausscheiden für die Nachfolge keine Alternative zu dem — für Wilhelm II., aber nicht bloß für ihn, untragbaren — Bismarcksohne vorhanden war, und daß der Auswärtige Dienst auch in der Folgezeit sich nicht gerade durch einen Überfluß an ersten Kräften auszeichnete. Darüber hinaus aber wird man sagen dürfen, daß, wie überhaupt im deutschen Volke, so auch in den Ämtern die dem Deutschen oft angelastete Neigung zur Unterwürfigkeit durch die Ära Bismarck gewiß nicht gemindert worden ist. Theodor Mommsen war nicht der einzige urteilsfähige Beobachter, der zu dem Ergebnis kam: „Bismarck hat der Nation des Rückgrat gebrochen — die Nation aber auf ein freiheitliches Regiment verzichtet ... Liebes, unmündiges Vaterland[11]!“ — Daß „Bismarck als Erzieher“ besonders positive Leistungen aufzuweisen hatte, wird man jedenfalls kaum behaupten können; und zu allerletzt, insoweit es sich um den von ihm selbst gerügten Mangel an Zivilcourage handelt.

---

[11] Th. Mommsen an Friedrich Althoff, 21. 1. 1895; zitiert nach Albert Wucher, Theodor Mommsen. Geschichtsschreibung und Politik, Göttingen 1956, S. 157.

Immerhin verdient festgehalten zu werden, daß der Reichsgründer mit der Zivilcourage im Dienste mindestens in einem Falle in einer Weise Bekanntschaft gemacht hat, die dem Kontrahenten wie ihm selbst Ehre macht. Man könnte dieser Episode „Bismarck und Schlözer" als Untertitel das britische Dictum geben „Sometimes (übrigens eine Einschränkung, die der britischen matter-of-factness alle Ehre macht!) it pays to be honest"[12].

Kurz nach seinem Amtsantritt als Botschafter in St. Petersburg 1859 ließ sich Bismarck in einem Berichte an den Außenminister sehr abfällig über den Legationsrat Kurd von Schlözer aus. Er bezeichnete ihn als „oberflächlichen Arbeiter" und berichtete empört, daß Schlözer auf einen ihm mündlich übermittelten Verweis mit einer „überraschend unhöflichen Verantwortung" reagiert habe; worauf er ihm die schriftliche Weisung zugestellt habe, sich täglich einmal in den Vormittagsstunden zum Rapport einzufinden. „Die Folge davon war, daß Herr von Schlözer, den ich bis dahin selten und meist nur wenn ich ihn besuchte, gesehen hatte, ... einen vollen Monat lang gar nicht zu mir kam. Nachdem ich so lange geduldig gewartet hatte, um seinem eigenen Takte eine Initiative zur Herstellung freundlicher Beziehungen zu überlassen, ließ ich ihn rufen und hielt ihm sein Verfahren und die Unmöglichkeit, dasselbe ohne Nachteil für den Dienst länger durchzuführen, vor. Seitdem beschränkt sich unser Verkehr auf eine tägliche dienstliche Unterredung, und die Selbstüberschätzung meines Mitarbeiters gibt mir vor der Hand keine Aussicht auf ein besseres Verhältnis." Schließlich erklärte Bismarck dem Minister, er werde, bevor er in aller Form dienstliche Beschwerde führe, noch versuchen, Schlözer „zu zähmen". — Die Beschwerde unterblieb aber, und die Berichte des Petersburger Botschafters klangen schon nach einigen Monaten ganz anders. Sie steigerten sich sogar binnen zwei Jahren zu Lobeserhebungen, für die es in Bismarcks Äußerungen kaum eine Parallele gibt, und die in die Feststellung mündeten: „Ich habe keine andern als sachliche (sic!) Gründe, ihm das Wort zu reden, denn im Anfang lebten wir in offener Feindschaft; seine Tüchtigkeit und Pflichttreue hat mich erst entwaffnet."

Diese Episode wurde etwas ausführlicher erwähnt, weil sie zeigt, daß selbst ein Vorgesetzter vom Formate eines Bismarck durch die Zivilcourage eines Untergebenen in seine Schranken verwiesen werden kann. Die anfangs von Bismarck gerügte „Selbstüberschätzung" Schlözers war schließlich in Wirklichkeit nur Selbstachtung, die es diesem Beamten verbot, die Hühnerhofmethoden seines neuen Vorgesetzten wider-

[12] Zum folgenden vgl. Otto von Bismarck, Gesammelte Werke (Friedrichsruher Ausgabe), Bd. 3, Berlin 1925, S. 47 und 259, sowie L. von Schlözer, Petersburger Briefe von Kurd von Schlözer, 1857—1862, Berlin 1922, passim.

spruchslos hinzunehmen. Wir wissen überdies aus Schlözers Briefen, daß er die ungewöhnlichen Qualitäten des „Paschas", wie er Bismarck nannte, frühzeitig erkannt hat, daß er sich aber auch darüber im klaren war, er würde unter die Räder kommen, wenn er diesem Chef gegenüber nicht rechtzeitig schweres Geschütz auffahre.

Ich möchte diese Schlaglichter auf das Thema „Bismarck als Erzieher und der deutsche öffentliche Dienst" mit einem Dictum beschließen, das mir in seiner bildhaften Anschaulichkeit den historischen Sachverhalt treffend wiederzugeben scheint. Wilhelm II., der als Monarch eine unglückliche Gestalt war und geschichtlich eine unglückliche Rolle gespielt hat, hat gleichwohl zuweilen erstaunliche lumières gehabt. Er hat einmal von Bismarck gesagt, er komme ihm vor wie ein mächtiger Granitfindling auf einer Wiese; wälze man den fort, so finde man hauptsächlich Gewürm und abgestorbene Wurzeln darunter. — Zweifellos gehörte eine starke Persönlichkeit dazu, um von dem Gewichte eines Vorgesetzten wie Bismarck nicht erdrückt zu werden. Und das gleiche gilt für den Staatsmann Bismarck und das deutsche Volk. Die Deutschen waren als Nation, in ihrem politischen Selbstverständnis, gleichsam in einem halbfesten Aggregatzustande, als ihnen der Koloß Bismarck aufgelastet wurde. Er hat darum vieles, viel Wertvolles auch, erdrückt; ganz abgesehen davon, daß er als Politiker durch seine Lösung der Deutschen Frage den Gang der deutschen Geschichte in wesentlichen Punkten entscheidend präjudiziert hat. Im Lichte der Erfahrungen eines Jahrhunderts deutscher Geschichte, auch deutscher Beamtengeschichte, dürfte ein vorbehaltloses Ja zu ihm, zu seinem Werke und Wirken ebenso wenig möglich sein wie seine Charakterisierung als „Mephisto des deutschen Volkes", die nach 1945 von dem in den Jagdgründen der Geschichte wildernden Wilhelm Roepke — dessen Zivilcourage im „Jahre der Wahrheit" 1933 als vorbildlich bezeichnet werden muß — suggeriert wurde. Eben darum aber lohnt es, bei einer Besinnung auf den Gang unserer Geschichte in den letzten Menschenaltern, auch in dem begrenzten Rahmen unseres Themas, das Fazit zu überdenken, das der bereits mehrfach erwähnte Theodor Mommsen hinsichtlich der Bismarckära gezogen hat: „Der Schaden der Bismarckschen Epoche ist unendlich viel größer als ihr Nutzen, denn die Gewinne an Macht waren Werte, die bei dem nächsten Sturme der Weltgeschichte wieder verloren gehen; aber die Knechtung der deutschen Persönlichkeit, des deutschen Geistes war ein Verhängnis, das nicht mehr gutgemacht werden kann." Und noch mehr könnte uns Deutschen der zweiten Hälfte des zwanzigsten Jahrhunderts ein Wort zu denken geben, das ein so illustrer Geist wie Acton angesichts der Politik Bismarcks und seines Preußen-Deutschland noch vor der Jahrhundertwende geprägt hat: „Auch große Männer können ein Verhängnis sein."

Im Hinblick auf den Stellenwert der Zivilcourage im öffentlichen Dienste steht freilich auch die überragende Gestalt des Reichsgründers wie die von ihm bestimmte Ära unserer Geschichte in einer älteren Tradition, die schon in manchen Referaten der letzten Tage mehrmals angesprochen wurde. Da 1866/71 nicht Preußen in Deutschland, sondern Deutschland in Preußen aufging, wurde die Haltung des preußischen Beamten im Deutschen Reiche vorbildlich. Nun hatten aber schon die Berliner Regierungen nach 1848 mit den — nach Bismarcks bekannter Formulierung — „vom Krebs republikanisch-heidnischer Gesinnung angefressenen", d. h. liberalen Elementen in der Verwaltung recht gründlich aufgeräumt. Diese systematische Ausschaltung oppositioneller Kräfte trug nicht wenig dazu bei, jene Mentalität zu fördern, der ein Akt von Zivilcourage schon als Attentat auf die staatliche Ordnung erschien. Im äußersten Falle genügte fast immer der Wink mit der Versetzung in den einstweiligen Ruhestand oder auch nur das Hinauszögern einer Beförderung, um jegliche Anwandlung von Widerspruchsgeist im Keime zu ersticken. Vor allem die Disziplinarbestimmungen der Notverordnung vom 11. Juli 1849 mit dem berühmten „Mutparagraphen" (§ 20) und das Gesetz betr. die Dienstvergehen der nichtrichterlichen Beamten vom 21. Juli 1852 haben auch später noch, bis in die Zeit des Dritten Reiches, der preußischen Regierung den Knüppel der Wartestandsdrohung geliefert, von dem schon Bismarck nicht nur in den Jahren des Verfassungskonflikts besonders ausgiebig Gebrauch gemacht hat.

Die betonte Verachtung des Reichsgründers für juristische Zwirnsfäden tat ein übriges, um Regungen von Zivilcourage, vornehmlich in seinem engeren Amtsbereiche, riskant erscheinen zu lassen. Bismarck bekannte sich nicht bloß in Worten unverblühmt zu dem Grundsatze: „Moi, je suis l'Etat": eine noch pointiertere Formulierung absolutistischer Selbstherrlichkeit als selbst der angebliche Ausspruch Ludwigs XIV., der im Unterschiede zu Bismarcks Dictum weder authentisch, noch schriftlich fixiert ist; sondern der „Eiserne Kanzler" dehnte in konsequenter Auslegung dieses Prinzips die Treuepflicht der Beamten (Bismarck schreibt gerne: meiner Beamten) sogar auf ihren aktiven Einsatz für die Regierungspartei bei den Wahlen aus. — In Bismarcks Nachfolge hat dann Wilhelm II. mit nicht weniger drastischen Mitteln, nur verfassungsmäßig mit entschieden mehr Recht als der Kanzlerabsolutist, 1899 die „Kanalrebellen", d. h. die Landräte, die als konservative Abgeordnete gegen die Regierungsvorlage über den Mittellandkanal gestimmt hatten, kurzerhand zur Disposition gestellt. Daß sie dabei im Endergebnis die Treppe hinauffielen, steht auf einem anderen Blatte, das den Titel „Verschworene Gemeinschaft" trägt und wieder einen anderen Aspekt der Apparatur darstellt. Unter die Rubrik „Zivilcourage im öffentlichen Dienst" sollte man jedoch die „Kanalrebellen" besser nicht einreihen; denn sie handelten, bei Lichte besehen, in ihrer Abgeordneteneigenschaft als typische gesellschaftliche pressure group im politischen Raume. Und obendrein stellte ihr Widerstand gegen den erklärten Willen des Monarchen um so weniger ein gravierendes Risiko dar, als die Regierung nicht in der Lage war, gegen die Konservative Partei zu regieren. Die kühnen „Rebellen" marschierten also schließlich nur mit den stärkeren Bataillonen — wozu bekanntlich weder beim Zivil noch beim Militär besondere Courage gehört[13].

Mit der Feststellung dieses Sachverhalts resp. Vorbehalts soll nun nicht etwa zum Schlusse einem Purismus das Wort geredet werden, der die Wirklichkeit des Menschen verkennen würde. Ein Akt der Zivilcourage wird in der Regel ebenso wenig lupenrein altruistisch motiviert sein wie jener Mut auf dem Schlachtfelde, zu dem er in dem Ausspruche Bismarcks in Beziehung gesetzt wird. Nur dürften bei Zivilcourage im öffentlichen Dienst Eigeninteressen vielleicht weniger oft mitsprechen als in anderen Fällen. Dieser Vorzug wird freilich wieder dadurch wettgemacht, daß im öffentlichen Dienste — unter rechtsstaatlichen Verhältnissen — der Einsatz geringer, das Risiko also nicht übermäßig groß ist. Auf jeden Fall aber bleibt Zivilcourage auch dann anerkennenswert, wenn sie sich auf der Linie des Eigeninteresses hält. Ein Staatsmann, der in dem Rufe stand, ungewöhnlich selbstlos zu sein, der amerikanische Präsident John Adams, hat zu diesem Punkte sehr nüchtern festgestellt: „Es ist einfach nicht wahr, daß es je Menschen gegeben hat, welche die Allgemeinheit mehr liebten als sich[14]."

Weil der konkrete Mensch so und nicht anders beschaffen ist, wird Zivilcourage auch im öffentlichen Dienst um so weniger zu erwarten sein, je riskanter sie ist. Und sie wird um so riskanter sein, je mehr sie die Interessen der herrschenden Mächte in Staat und Gesellschaft gefährden könnte. Daraus ergibt sich die Forderung, ihr von vornherein eine möglichst starke Rückendeckung zu gewähren, d. h. sie, so weit das nur irgend möglich ist, durch Institutionalisierung zu legitimieren. Es ist ungerecht und führt zu nichts, Mangel an Zivilcourage anzuprangern, wenn nicht ein Klima geschaffen wird, in dem sie legitimerweise gedeihen kann. Auch die Erfahrung, daß alle noch so perfekten, institutio-

---

[13] Daß es auch im wilhelminischen Deutschland an Akten vorbildlicher Zivilcourage nicht ganz gefehlt hat, geht aus den von Wenzel op. zit. S. 46 ff. angeführten Beispielen hervor, die sich noch um manche andere vermehren ließen. So könnte etwa dem von Wenzel erwähnten Wolff-Metternich der Londoner Botschafter Fürst Lichnowski an die Seite gestellt werden: und die Haltung von Bill Drews im Oktober 1918 findet bei Groener ein würdiges Gegenstück. Das ändert jedoch nichts daran, daß es sich um Ausnahmen handelt, die eine Regel bestätigen.

[14] John Fitzgerald Kennedy, Zivilcourage (Profiles on Courage), Düsseldorf 1964, S. 250.

nellen Sicherungen keine letzte Garantie für Freiheiten und für die Freiheit bieten, darf nicht zum Vorwand genommen werden, um den legalen Freiheitsspielraum nicht nach Möglichkeit zu erweitern, wo immer das dem Menschen im Staate zugute kommt. Und das wird vornehmlich beim öffentlichen Dienst der Fall sein, in dem der Staat sich für den Staatsbürger in der Regel mehr konkretisiert als auf irgendeine andere Weise.

Mit den letzten Sätzen dürfte bereits die Grenze überschritten sein, die einer historischen Erörterung unseres Themas gesetzt ist. Erlauben Sie mir, bitte, trotzdem noch einen Hinweis. Es kann geschichtliche Situationen geben, in denen Zivilcourage allein nicht genügt. Sie ist immer angebracht und nicht selten notwendig, auch wenn ihr der Erfolg versagt zu sein scheint. „Wir können jetzt unterliegen. Aber ernste, wenn auch zur Zeit vergebliche Abwehr hat schon oft erst nach Generationen Früchte getragen“, schrieb Mommsen in einem Reichstagswahlaufruf 1881[15]. Selbst nach 1933 und bis zum bitteren Ende war Zivilcourage nicht immer unmöglich und unnütz. Aber sie hätte dieses bittere Ende nicht aufhalten können, auch wenn ihr nicht schon zu Anfang die rechtsstaatliche Verankerung weggeschlagen worden wäre. Es gibt so etwas wie eine Klimax des Engagements, die durch die Zeitumstände heraufbeschworen werden kann, und die von der Zivilcourage zwangsläufig in den Widerstand führt: bis zu der Notwendigkeit, sich der Möglichkeit, der Wahrscheinlichkeit und schließlich fast der Sicherheit des Unterganges zu stellen. Einen solchen Fall möchte ich abschließend erwähnen, weil an ihm diese — um es mit einem Modewort zu sagen — „Eskalation“ von der Zivilcourage zum Widerstand besonders deutlich wird[16].

Sie alle kennen die Gestalt des SS-Mannes Gerstein aus Hochhuths „Stellvertreter“. Mit dem historischen Vorwurf hat es folgende Bewandtnis: Am 27. September 1936 wurde der Beamte der Saargrubenverwaltung Bergassessor Kurt Gerstein, geb 1905 in Münster, verhaftet. Er hatte 8500 Exemplare von staatsfeindlichen Broschüren an sämtliche Ministerialdirektoren und hohen Justizbeamte im Reiche versandt. Gerstein war am 2. Mai 1933 in die NSDAP eingetreten; er fiel jedoch schon im Juni der Gestapo wegen Betätigung für die Bekennende Kirche auf und wurde am 2. Oktober 1936 aus der Partei ausgeschlossen. Gleichzeitig wurde er aus dem Staatsdienste entlassen. Nach der Haftentlassung studierte Gerstein, der von Hause aus begütert war, in Tübingen am Deutschen Institut für Ärztliche Mission Medizin. Am 14. Juli 1938 wurde er — nach mehreren Verwarnungen sowie einem Redeverbot für das ganze Reichsgebiet — erneut verhaftet und ins KZ eingeliefert. Er hatte

[15] Wucher, a.a.O., S. 99 f.

[16] Zum folgenden: Augenzeugenbericht zu den Massenvergasungen. Vierteljahrshefte für Zeitgeschichte, Jg. 1, München 1953, S. 177 ff.

rund 230 000 Exemplare von religiösen, nazifeindlichen Broschüren drucken lassen und versandt. Schon nach drei Monaten kam er jedoch wieder frei und setzte sein Studium fort.

Anfang 1941 erfuhr Gerstein von der beginnenden Vernichtungsaktion gegen die Geisteskranken. Er beschloß, sich darüber und über die umlaufenden Gerüchte von anderen verbrecherischen Aktionen des Regimes Gewißheit zu verschaffen. Mit Hilfe von zwei Gestapobeamten, auf die er bei früheren Vernehmungen durch seine Offenheit und aufrechte Haltung, durch seine Zivilcourage mithin, Eindruck gemacht hatte, trat er am 10. März 1941 in die SS ein, wurde wegen seines Doppelstudiums in den technisch-ärztlichen Dienst übernommen und konnte sich auf diesem Sektor rasch in eine Schlüsselstellung hineinarbeiten. Wegen seiner großen Erfolge bei der Seuchenbekämpfung wurde er schnell zum Leutnant und Oberleutnant befördert und übernahm schließlich als Abteilungsleiter im SS-Führungshauptamt den ganzen Desinfektionsdienst. Ein Auftrag zur Beschaffung großer Blausäuremengen brachte ihn schließlich auf die richtige Spur. Schon im August 1942 gelang es ihm, in eines der drei damals bestehenden Vernichtungslager in Polen Einlaß zu finden und sich mit eigenen Augen von den Vergasungen zu überzeugen. Auf der Rückreise nahm er eine sich zufällig darbietende Gelegenheit wahr, einen Sekretär der Schwedischen Gesandtschaft zu informieren, und versuchte bei seinem Aufenthalte in Berlin, die Nuntiatur zu unterrichten. Bis zum Kriegsende tat Gerstein dann alles Erdenkliche, um seine Kenntnis an den Massenmorden weiterzugeben und die Vernichtungsaktionen zu sabotieren. Drei Wochen vor dem Zusammenbruch konnte er sich nach dem Westen absetzen. Am 25. Juli 1945 kam er im Pariser Militärgefängnis ums Leben. Das Protokoll seiner Vernehmung vom 4. Mai 1945 war eines der ersten authentischen Dokumente über die grauenhaften Geschehnisse in den Vernichtungslagern.

Es ist ein weiter Weg von der Zivilcourage im alltäglichen Verstande zu jener Gesinnung und Haltung, die den Jungakademiker Kurt Gerstein 1933 zum Eintreten für die Bekennende Kirche veranlaßte; ein Eintreten, das ihn drei Jahre später seine Stellung als preußischer Beamter kostete. Es war ein noch weiterer innerer Weg von da bis zu dem Befehl des Gewissens, das ihn in die SS trieb, und das ihn zum Kronzeugen für die NS-Verbrechen machte: im Angesicht des Todes, dessen Risiko er aus freien Stücken auf sich nahm. — Wagnisse solcher Art kann kein Mensch einem Menschen abverlangen. Sie fordern, hieße den Menschen überfordern. Auf gesetzlichem Wege und durch Verordnungen lassen sich weder Staatsbürger mit Zivilcourage produzieren noch Bekenner oder gar Märtyrer. Und vollends Institutionen können und dürfen nicht auf Extremsituationen zugeschnitten sein. Sie sollen so beschaffen sein, daß sie den Extremfall, die Notwendigkeit des Widerstandes, optimal ausschließen. Es ist darum nur vernünftige, politische Daseinsvorsorge, daß sie der Zivilcourage möglichst weiten Spielraum gewähren: als Vorform des Widerstandes, den sie nach Möglichkeit unnötig machen sollen. Das gilt auch und vor allem für den öffentlichen Dienst. Aber auch die besten rechtsstaatlichen Garantien bieten keine Sicherheit gegen Entwicklungen, die dazu führen könnten, daß einmal jedem von uns der Widerstand abgefordert wird: als letzte Bewährung unseres Menschseins, durch die höchste Instanz, durch das Gewissen. Auch im öffentlichen Dienst? — Warum nicht auch dort? Ist er nicht für jeden, der ihm angehört, Ort der Bewährung seines Menschlichen, des Menschen in der Geschichte?

Aussprache zu dem Vortrag von Georg Smolka

Bericht von Peter-Bernd Lüdtke

Professor Dr. *Kafka*, Graz, leitete seinen Diskussionsbeitrag mit dem Hinweis auf die Tradition der politischen Ethik ein, in der die Zivilcourage ihren Ort habe. In der klassischen politischen Ethik sei die Tapferkeit eine der drei Kardinaltugenden neben der Klugheit und der Gerechtigkeit. Indem die Tapferkeit auf die Wahrung hoher Rechtsgüter bedacht sei, unterscheide sie sich von bloßer Kühnheit; die Kenntnis der Gefahren und Risiken mache den Unterschied gegenüber der Furchtlosigkeit aus. Tapferkeit sei eine vitale und intellektuelle Tugend, die sich in der Geduld ebenso erweisen könne wie im eifrigen, ja zornigen Eintreten für das als richtig Erkannte.

Das „Dilemma des Verwaltungsmannes" bestehe darin, daß er in eine arbeitsteilige Organisation eingegliedert sei und seine Tugend sich im Rahmen dieser Organisation bewähren müsse. Die Aufgabe jeder Organisation sei es, Ziele zu verwirklichen und dabei die Stabilität des Apparats aufrecht zu erhalten. In der Verwaltung sei Nonkonformismus keine Tugend; ob er als Prinzip überhaupt eine Tugend sei, sei zu bezweifeln. Die Zivilcourage als Tapferkeit des Verwaltungsmannes müsse sich also in die Ziele der Verwaltung einordnen lassen. Sie bestehe in der Bereitschaft, die Risiken der Veränderung der eigenen Stellung im Apparat auf sich zu nehmen. Ein Mangel an Zivilcourage werde etwa deutlich, wenn ein Ministerialdirigent sich weigere, die Verantwortung eines Ministerialdirektors zu übernehmen, weil er die mit dem Status des politischen Beamten verbundenen Konsequenzen fürchte; oder wenn ein Beamter aus Furcht vor den sich aus der Versetzung in einen neuen Aufgabenbereich ergebenden Risiken einen Nervenzusammenbruch erleide.

Zivilcourage sei auch dem Publikum gegenüber zu bekunden, wenn es darum gehe, unpopuläre Entscheidungen zu treffen und zu vertreten. In diesem Zusammenhang verwies der Redner auf die österreichische Regelung, wonach die Entscheidungszuständigkeit nach sechs Monaten auf die nächsthöhere Verwaltungsbehörde übergehe, und schließlich bei schuldhafter Säumnis eine Beschwerde an das Verwaltungsgericht gegeben sei. Mangel an Zivilcourage werde auch bei unnötiger Geheimniskrämerei deutlich, die allein darauf bedacht sei, Unannehmlichkeiten zu vermeiden. Auch Untergebenen gegenüber sei Zivilcourage am Platz, wenn es darum gehe, mangelhafte Leistungen offen zu rügen oder hervorragende Leistungen gebührend anzuerkennen. Mit Nachdruck verurteilte Kafka das Abschieben von Verantwortung durch zweideutige Anweisungen, so daß die ganze Verantwortung letztlich „beim provisorischen Probegendarmen" hängen bleibe. Zivilcourage gegenüber Gleichgestellten erweise sich durch offene Auseinandersetzung unter Verzicht auf den heimlichen Weg zum Behördenchef. Dem Vorgesetzten gegenüber fordere Zivilcourage ungeschminkte Berichterstattung, auch wenn die Wahrheit ihm unerwünscht sei und seinen Zorn hervorrufen könne, das Eingeständnis eigener Fehler, sowie Widerspruch gegen gesetzwidrige und unzweckmäßige Maßnahmen.

Zum Problem des Schutzes gegen politischen Machtmißbrauch nahm Beigeordneter Dr. *Imroll*, Düsseldorf, Stellung. Wenn ein Beamter dauernd gezwungen sei, maßgebliche Persönlichkeiten auf Pflichtverletzungen hinzuweisen und deren Fortsetzung nicht verhindern könne, müsse es andere Lösungsmöglichkeiten geben als nach dem Vorschlag Dupprés (vgl. oben S. 35 f.), den Abschied zu nehmen. In einem Rechtsstaat gehe es nicht an, daß einem Beamten in solchen Fällen nur die Möglichkeit bleibe, den Dienst zu quittieren, während die pflichtwidrig Handelnden mit bequemeren Untergebenen ihr Verhalten fortsetzen und sich mit den Beteiligten am Rande der Legalität „arrangierten". Diese Fälle seien rechtlich noch nicht angemessen gelöst. Vor allem komme es darauf an, daß Pflichtverletzungen ohne Rücksicht auf Einfluß und Dienststufe mit gleicher Intensität disziplinarrechtlich verfolgt und geahndet würden.

An Stelle eines Schlußworts berichtete Professor Dr. *Smolka* über die Eingabe eines Beamten an Friedrich den Großen, der bat, von einer Beförderung abzusehen, weil anderenfalls seine ohnehin „übergeschnappte Frau gänzlich überschnappen würde". Zivilcourage im öffentlichen Dienst, so schloß Smolka, könne also durchaus mit einem Mangel an Zivilcourage im familiären Bereich, wo sie nicht minder vonnöten sei, einhergehen.

Schlußwort

Von Franz Knöpfle

Wenn ich mir am Schluß der Tagung erlaube, Ihre Aufmerksamkeit noch zu erbitten, so nicht dazu, um Ihnen, die Sie ja an den Vorträgen und Diskussionen teilgenommen haben, einen zusammenfassenden Bericht über diese vorzutragen. Erst recht kann es nicht meine Aufgabe sein, zu einem Zeitpunkt, in dem wir die Fülle von Argumenten und Gedanken, die in diesen Tagen zur Sprache kamen, kaum aufgenommen haben, eine Art umfassender Bilanz über gewonnene Erkenntnisse oder Ergebnisse zu ziehen. Wenn diese künftig bei der Behandlung der erörterten Fragen mit herangezogen werden sollten, wenn die Tagung überhaupt dazu beigetragen haben sollte, die Aufmerksamkeit auf die staatspolitische Bedeutung einer sachgemäßen, der Leistungsfähigkeit der Verwaltung förderlichen Zuordnung des öffentlichen Dienstes und der gestaltenden Kräfte im politischen Bereich zueinander zu lenken, dann hat sie ihr Ziel erreicht.

Wenn die schon von Max Weber erkannte Problematik der „Nahtstellen" gerade zwischen öffentlichem Dienst und politischen Kräften und ihren Exponenten zum Grundthema bestimmt wurde, so deshalb, weil die Polarität „unpolitischer Apparat — politische Spitze" für die öffentliche Verwaltung wesentlich ist, während sie in anderen Sektoren des öffentlichen Lebens keine oder kaum eine Rolle spielt: Betrachtet man etwa die Judikative für sich, so weist sie hinsichtlich ihrer Träger völlige Homogenität auf, vom jüngsten Gerichtsassessor bis zum Chefpräsidenten eines Obergerichts. Dasselbe gilt auch z. B. für den kirchlichen Bereich und für die Wirtschaft, in der sich die Vorstandsmitglieder großer Gesellschaften ihrer Provenienz nach nicht vom „Mittelbau" unterscheiden. Ganz anders in der öffentlichen Verwaltung: Wer auf ihre oberste Ebene gelangt, steht einem „Kontrahenten", der gewissermaßen aus einer anderen Welt kommt und für dessen Arbeiten vielfach andere Prinzipien gelten, gegenüber. Dieser der öffentlichen Verwaltung eigene Dualismus besteht in der allgemeinen inneren Verwaltung sogar nicht nur an der Spitze, sondern auch unten, nämlich dort, wo eine Verwaltungsbehörde die Aufsicht über auf politischem Weg besetzte Organe und Ämter zu führen hat, und seitlich dort, wo neben ihr eine demokratisch gewählte Beschlußkörperschaft, wie etwa der Bezirkstag, besteht. Daraus erklärt es sich wohl auch, daß in den Vorträgen und Diskussionsbeiträgen die allgemeine innere Verwaltung im Vordergrund stand. Darob sollte indes nicht übersehen werden, daß auch Spezialverwaltungen, wie etwa die Kultusverwaltung, ihre „Nahtstellen-Probleme" haben, und daß es außer der Verzahnung zwischen öffentlichem Dienst im allgemeinen und politischem Bereich auch innerhalb der öffentlichen Verwaltung spannungsgeladene Verknüpfungslinien gibt, so etwa zwischen dem juristisch vorgebildeten Verwaltungsbeamten und dem Techniker, dem Pädagogen, dem Mediziner, und schließlich zwischen Wehrverwaltung und Militär.

Lassen Sie mich zunächst einen noch nicht behandelten Aspekt unseres Themas, der sich an einer Ausbildungsstätte für an der Verwaltung interessierte Rechtsreferendare geradezu aufdrängt, wenigstens nennen: nämlich die Permeabilität der Verwaltungslaufbahn zur politischen Karriere hin und die sich daraus ergebenden Folgen hinsichtlich der zweckmäßigsten Ausbildung und der Gestaltung der beruflichen Laufbahn. Als Fazit zahlreicher Gespräche mit Referendaren, die zum Teil den Organisationen der politischen Parteien an den Hochschulen angehören und schon gemeindliche Ehrenämter bekleiden, kann festgestellt werden, daß die Eigenart des Berufsweges des Verwaltungsbeamten, der eben nur zur jeweils „vorletzten" Stufe führen kann und, im Gegensatz zur Wirtschaft, auch keine Möglichkeit zum Überspringen einer Sprosse kennt, vom heutigen Nachwuchs klarer gesehen und in Rechnung gestellt zu werden pflegt als von den Studierenden der ersten Nachkriegsjahre. Wenngleich eine so freimütige Äußerung selten ist, wie die jenes Kandidaten bei der Vorstellung vor dem Assessorexamen, der erklärte, er wolle zwar in den Verwaltungsdienst eintreten, habe jedoch „auch auf das politische Pferd gesetzt", um nicht alle Stufen der Besoldungsordnung A in der „Ochsentour" mühsam durchlaufen zu müssen, so ist doch zu beobachten, daß die Referendare nicht selten die Möglichkeiten, die sich dem politisch aktiven Verwaltungsmann eröffnen, mit ins Auge fassen. Dies ist nur zu verständlich, wenn man auf die zahlreichen, an Lebensjahren jungen Bürgermeister, gewählten Landräte und Regierungsmitglieder blickt; ihre Studienkollegen, die sich allein der Beamtenlaufbahn verschrieben haben, haben vielfach erst einige Ränge über der Eingangsstufe der Laufbahn erklommen. Daß auch die Personalverwaltungen der Ministerien bei ihren Dispositionen die Möglichkeit einer Kandidatur eines Beamten nicht unberücksichtigt lassen, entspricht wohl nicht nur der Fürsorgepflicht des Dienstherrn. Diesem Überwechseln vom öffentlichen Dienst zum auf politischem Weg zu erreichenden Amt sollte mehr Beachtung geschenkt werden, nicht zuletzt bei laufbahnrechtlichen Regelungen. Es ist schwer einzusehen, daß ein befähigter Mann Mitte der dreißiger Jahre zwar Minister, Oberbürgermeister einer Millionenstadt oder Bischof sein kann, nicht aber das Amt eines Ministerialrats, geschweige denn ein höheres Staatsamt sollte ausfüllen können. Da sich ehemalige Beamte und Richter in politischen Ämtern in der Regel bewähren, erscheint es übrigens recht fraglich, ob die Unterscheidung zwischen einem Beamten- und einem Politikertyp gerechtfertigt ist.

Wenn die Hochschule zu dieser Tagung mehr als fünfhundert Teilnehmer begrüßen konnte, so mag dafür mit ein Grund gewesen sein, daß das Tagungsthema „Zündstoff" in sich birgt. Rückblickend läßt sich sagen, daß zwar gelegentlich einmal ein Funke aufgeflammt ist, daß aber in dem Speyrer Frühlingsklima selbst „heiße Eisen" eine im ganzen doch wohltemperierte Behandlung erfahren haben. Hatte ich ursprünglich befürchtet, in die Rolle des Zauberlehrlings gedrängt zu werden, der die Geister, die er rief, nicht mehr loswerden konnte, und einen Moderatoreffekt ausüben zu müssen, so scheint es mir jetzt post festum, daß einige in die Gesamtthematik fallende heikle Fragen und Erscheinungen, die ein gewisses Unbehagen hervorzurufen geeignet sind, vielleicht etwas zu kurz gekommen und mehr im privaten Gespräch erörtert worden sind. Zu denken ist etwa daran, daß auf politische Intervention „von oben" hin Entscheidungen getroffen werden, die ohne einen solchen „Wink" wohl anders ausgefallen wären, sowie weiter daran, daß der Verwaltung unverbrämt ein unsachliches Handeln zugemutet wird, und schließlich an die Möglichkeit, daß Amtsträger im öffentlichen Dienst wegen des politischen Einschlags einer Angelegenheit in eine schwierige Lage geraten. Zur Veranschaulichung sei angenommen, daß aus politischen Motiven die Weisung erteilt wird, einen pflichtgemäß handelnden Amtsangehörigen innerbehördlich zu versetzen, um nicht zu sagen: auf ein totes Gleis abzuschieben — es handelt sich hier um das Gegenstück zur Ämterpatronage —; oder daß bestimmte Vorfälle oder Zusammenhänge aus Gründen einer „politischen Raison" vertuscht werden sollen; oder daß eine Behörde auf zurückliegende dienstliche Unkorrektheiten eines Amsträgers stößt oder von dritter Seite auf solche hingewiesen wird, das an sich gebotene Aufgreifen der Sache aber im Hinblick auf ein hohes Staatsamt, das der Betreffende mittlerweile bekleidet, für inopportun hält, sei es wegen der Gefahr eines Skandals mit etwaigen politischen Auswirkungen, sei es wegen der Befürchtung, „höheren Ortes" in Ungnade zu fallen. Wenn es um die Klärung der gegenseitigen Einwirkungen von politischem Bereich und Verwaltung geht, sollten solche Fälle nicht ganz beiseite gelassen werden. Wie sie in der Praxis behandelt werden, ist nicht nur eine Stilfrage, sondern eine Bewährungsprobe des Rechtsstaates. Daß sie an dieser Stätte des freien wissenschaftlichen Gesprächs keinen breiteren Raum eingenommen haben, darf sicher als Indiz dafür aufgefaßt werden, daß sich die Begegnung von Verwaltung und politischem Bereich in der Regel in jeder Hinsicht korrekt vollzieht. Mitursächlich dafür, daß von ungesunden Verhältnissen nur am Rande die Rede war, mögen allerdings auch die gerade dem verantwortungsbewußten Angehörigen des öffentlichen Dienstes eigene Zurückhaltung und Mäßigung bei Äußerungen über Vorgänge in seinem Amt und das wiederholt beschworene Taktgefühl gewesen sein.

Da aber Vorkommnisse der genannten Art auch der heutigen Verwaltungswirklichkeit nicht völlig fremd sind, mag die grundsätzliche Frage gestellt werden, ob die Verwaltung, unterstellt sie sei dazu willens, überhaupt in der Lage ist, etwaigen unsachlichen Intentionen der Spitze wirksam entgegenzutreten. Welche Mittel stehen ihr hier zu Gebote? Nicht von ungefähr wurde die öffentliche Verwaltung einmal „fast als schweigende Gewalt" bezeichnet (F. Morstein Marx in der Einführung zu N. Luhmann, Funktionen und Folgen formaler Organisation, 1964). Die an sich mögliche Flucht in die Öffentlichkeit stößt nicht nur auf beamtenrechtliche Hindernisse, von denen die Rede war, sondern ist dem loyalen Beamten auch zuwider. Ihm bleibt also nur die Möglichkeit des amtsinternen Protestes, der allenfalls im mündlichen Vortrag, in einer ablehnenden schriftlichen Stellungnahme oder in der Verweigerung jeglicher Mitwirkungsakte, wie z. B. der Mitzeichnung einer Entschließung, seinen Ausdruck finden kann. Der Inhaber der Entscheidungskompetenz kann sich aber darüber hinwegsetzen, und die Manifestation der bewiesenen Zivilcourage landet schließlich in der Registratur. Die ultima ratio, daß ein Beamter ja den Dienst quittieren könne, wenn er bestimmte Praktiken nicht mehr mitansehen zu können glaube, bietet keine dem Rechtsstaat angemessene Alternative; darauf hat im letzten Diskussionsbeitrag Herr Beigeordneter Dr. Imroll hingewiesen. Während im gesamten Bereich hoheitlicher Machtausübung die oberste Führung in der Lage ist, gegen Rechtswidrigkeiten oder sonstige Unkorrektheiten unterstellter Organe und Amtsträger dienstaufsichtlich und disziplinarrechtlich vorzugehen, gibt es umgekehrt in der Hand der subordinierten Verwaltung kaum ein Remedium gegen zweifelhafte „Arrangements" oder sonstige Verstöße der Spitze gegen das — um den Ausdruck von Herrn Kollegen Herzog aufzunehmen — „Flair der Sauberkeit". In solchen Fällen bleibt nur die politische Kontrolle durch die jeweils dazu berufene Vertretungskörperschaft — hierin liegt eine wichtige Aufgabe der parlamentarischen Opposition — und durch die öffentliche Meinung. Beide können jedoch mangels Publizität der Verwaltungsinterna und der zu berechtigter Kritik Anlaß gebenden Vorfälle meist nicht wirksam werden. Es fiele nicht schwer, dies durch Beispiele zu belegen.

Um Mißverständnissen vorzubeugen: Es soll keinesfalls der falsche Eindruck erweckt werden, das „Übel" schlechthin, von dem Herr Kollege Evers sprach, liege im politischen Bereich, während Hort der Sauberkeit nur die Verwaltung sei. Worauf es hinzuweisen gilt, ist lediglich die weitgehende Hilflosigkeit der Verwaltung gegenüber einer Spitze, die eine unzweckmäßige oder sogar eine unkorrekte Entscheidung trifft und entsprechende Weisungen erteilt. Die Möglichkeiten der Verwaltung zur Artikulierung ihres Standpunktes sind, wie dargelegt, jedenfalls beschränkt, und im Konfliktfall gibt der Wille der übergeordneten politischen Leitung entsprechend dem hierarchischen Aufbau den Ausschlag, und zwar gerade auch dann, wenn die ausschließliche Berücksichtigung des Gemeinwohls eine andere Lösung verlangt hätte.

Nach diesem Exkurs sei der Blick wieder auf den Normalfall einer ordnungsmäßigen Amtsführung und guten Zusammenarbeit der beiden aufeinander angewiesenen, man darf wohl sagen: Partner gerichtet. In aller Regel geben die Kräfte aus dem politischen Bereich der Verwaltung wertvolle Impulse und vielfach eine beachtliche Unterstützung bei der Bewältigung ihrer Aufgaben. Insbesondere wenn es gilt, unpopulär zu handeln — als Beispiel sei angeführt die Beseitigung von ungenehmigten und nicht sanierungsfähigen Ansiedlungen —, bedeutet es für den damit betrauten Exekutivapparat eine oft entscheidende Hilfe und Entlastung, wenn sich das demokratische Beschlußorgan geschlossen hinter eine solche Maßnahme stellt oder wenn die auf politischem Weg berufene Verwaltungsspitze, z. B. der Bürgermeister oder der gewählte Landrat, ihren aus dem Wahlergebnis ersichtlichen Vertrauensfundus der Sache dienstbar macht.

Wie die Verwaltung von den politischen Kräften die Respektierung ihrer „Rechtsgebundenheit“ erwarten darf, so hat umgekehrt die integre politische Spitze Anspruch auf Loyalität und Treue des Verwaltungsapparates. Wenn Herr Senatspräsident Dr. Schmidt in seinem Schlußwort eine „Treuepflicht“ nur im Sinne von Verfassungstreue anerkennen wollte, so ist dies von der Warte des Richters aus sicherlich richtig. Die richterliche Tätigkeit bedarf nämlich nur der Orientierung an Recht und Gesetz. Dagegen würde ein zur Mitarbeit im Bereich der Regierung im materiellen Sinn berufener leitender Verwaltungsbeamter seinen Aufgaben nicht voll gerecht, wenn er nur rechts- und verfassungstreu handelte. Er soll nicht nur Garant der Rechtmäßigkeit der Amtsführung sein, sondern auch umsichtig beratender, hier anregender und dort zur Behutsamkeit mahnender Mitarbeiter auf dem Gebiet der politischen Lenkung und Planung. So erfahrene Kenner des Ministerialbetriebs wie die Herren Botschafter i. R. Dr. van Scherpenberg, Ministerialdirektor Dr. Baer und Ministerialdirigent Dr. Kölble haben in der Aussprache die Bedeutung dieser Tätigkeit der leitenden Beamten unterstrichen. Gerade die Beratung der aus dem politischen Bereich kommenden Amtschefs, die Teilhabe an der Vorbereitung politischer Entscheidungen und die möglichst wirkungsvolle Durchsetzung politischer Richtlinien staatlicher oder kommunaler Verfassungsorgane verlangen die Bereitschaft zur bestmöglichen Förderung der legitimen Ziele der politischen Spitze, also eine Gesamthaltung, die sich nicht in Rechtlichkeit erschöpft, sondern darüber hinaus Loyalität und Treue in sich schließt. W. Jellinek hat im Jahr 1932 (HDStR, 2. Bd., S. 24) wohl mit Recht die „den Beamten kennzeichnende" Pflicht zur Treue als eine „Gesinnungspflicht" bezeichnet. Neben der erforderlichen fachlichen Befähigung und der selbstverständlichen Bejahung der Verfassungs- und Rechtsordnung ist eine Loyalitätspflicht, die sich je nach dem Amt in verschiedenen Einzelpflichten konkretisiert, unerläßlich für jede leitende Position in der öffentlichen Verwaltung, wie übrigens auch in der privaten Wirtschaft.

Übereinstimmend wurde vielfach hingewiesen auf die Wichtigkeit des guten Stils, des bewährten Brauches und bestimmter persönlicher Eigenschaften für die reibungslose Zusammenarbeit und die Meisterung auftretender in der „Natur der Sache" liegender Schwierigkeiten. Es sei hieran nicht die Frage geknüpft, ob darin nicht eine Kompromißbereitschaft mittelbar Ausdruck findet, die zwar in der Verwaltungspraxis von Nutzen sein kann, bei der wissenschaftlichen Behandlung eines Fragenkreises aber die Gefahr in sich birgt, echte, in der Institution, Funktion, Organisation oder Konstellation liegende Spannungen eher zu verschleiern als klar herauszustellen; vielmehr sei hieraus jetzt schon die Schlußfolgerung gezogen, daß rechtliche Normierungen für ein störungsfreies Ineinandergreifen von politischem Bereich und öffentlichem Dienst überhaupt nur von beschränkter Reichweite sein können. Auf dieser Linie liegt es, wenn Herr Senatspräsident Dr. Schmidt in seinem Vortrag und Herr Kollege Ule — er hat dies als grundsätzlichen Punkt bezeichnet — in der anschließenden Aussprache der Meinung Ausdruck gegeben haben, daß „mit Hilfe von Institutionen" bzw. „mit den Mitteln des Rechts" die Gewährleistung einer parteipolitisch neutralen Beamtenpolitik nur in begrenztem Maße möglich sei, und wenn Herr Präsident Hopf in seinem Schlußwort geschildert hat, wie sich trotz der rechtlich bestehenden Unterstellung der ranghöchsten Beamten und Offiziere unter die politische Spitze ein der sachlichen Arbeit förderlicher, mehr kollegialer Arbeitsstil herausbildet. Während das Verwaltungsverfahren, welches das rechtserhebliche Verwaltungshandeln der Behörde gegenüber dem Bürger zum Gegenstand hat, nach herrschender Auffassung umfassend rechtlich geregelt werden soll, erlauben die Vorträge und Aussprachen den weiteren Schluß, daß die Beziehung zwischen Verwaltung und öffentlichem Bereich an den Nahtstellen grundsätzlich keiner zusätzlichen rechtlichen Normierungen bedarf, daß sich die zahlreichen Klippen vielleicht gerade deshalb so gut umschiffen lassen, weil die Beteiligten in der Bestimmung des modus procedendi weitgehend frei sind. Anderes gilt wohl nur für die Stellung der Verwaltung gegenüber dem intervenierenden einzelnen Abgeordneten, worüber Herr Regierungspräsident Dr. Fellner gesprochen hat, und für ihr Verhältnis zum unkorrekt handelnden politischen „Machthaber", ein in der Diskussion angesprochener Ausnahmefall, in dem der sich widersetzende, auf das Gemeinwohl achtende, aber weisungsgebundene Amtswalter rechtlich ziemlich schutzlos gelassen wird. Eine weitere Ausnahme bildet nicht zuletzt die nur durch Rechtsetzungsakte mögliche Schaffung von zusätzlichen Kompetenzen für die „Parlamentarischen Staatssekretäre", deren sie m. E. bedürfen, wenn sie ihrem Minister echte Entlastung bringen sollen, und, wenn dies angestrebt werden sollte, ihre Eingliederung ins Kabinett. — Die Tagung hat schließlich deutlich werden lassen, daß manche rechtliche Regelungen neu überdacht werden sollten, so vor allem die ganze Institution des „politischen Beamten" im Sinne des § 31 BRRG, und daß wichtige Rechtsfragen noch der vertieften Behandlung harren, so insbesondere auf dem Gebiet der Inkompatibilität zwischen Amt und Mandat.

So wenig die rechtliche Behandlung des spannungsreichen Feldes, das etwas im Windschatten zwischen dem Verfassungsrecht und dem Recht des öffentlichen Dienstes liegt, vernachlässigt werden sollte, so erschien dem Gesamtthema angesichts seiner Vielschichtigkeit nicht eine rein rechtliche, sondern eine staatswissenschaftliche Behandlung angemessen, die auch politologische, organisationssoziologische und sozialpsychologische Betrachtungsweisen umfaßt. Eine „ganzheitliche Betrachtung", von der Herr Kollege Partsch nach dem Referat von Herrn Ministerialdirigent Dr. h. c. Rößler unter Berufung auf das Menschenbild des Humboldtschen Idealismus in anderem Zusammenhang gesprochen hat, ist sicherlich notwendig, um die Beziehungen zwischen dem öffentlichen Dienst, der die öffentliche Verwaltung trägt, und dem politischen Bereich voll zu erfassen. Unbeschadet aller rechtlichen Normierungen werden diese nämlich mitbestimmt durch informale soziale Strukturelemente und psychologische Gesetzmäßigkeiten.

Wie immer man zu den auf dieser staatswissenschaftlichen Tagung im einzelnen geäußerten Auffassungen stehen und was man auch vermißt haben mag — bei der Kürze der Zeit und der Fülle der Fragen konnte das Thema auch nicht annähernd ausgeschöpft werden —, in einem glaube ich jetzt schon einen breiten Konsens feststellen zu dürfen, nämlich darin, daß sich die Hochschule Speyer wieder einmal als geeignetes Forum für einen anregenden Gedankenaustausch zwischen Persönlichkeiten aus der öffentlichen Verwaltung wie aus der Wissenschaft erwiesen hat. Daß es zu dieser fruchtbaren Begegnung kommen konnte, verdanken wir in erster Linie den Herren Referenten, aber auch den Teilnehmern an der Diskussion und Ihnen, die Sie zu dieser Tagung gekommen sind. Ihnen allen sei für Ihre Mitwirkung aufrichtig Dank gesagt.

Verzeichnis der von der Hochschule für Verwaltungswissenschaften Speyer veranstalteten Staatswissenschaftlichen Fortbildungstagungen Internationalen verwaltungswissenschaftlichen Arbeitstagungen und Sondertagungen 1947—1967

A. Staatswissenschaftliche Fortbildungstagungen

1. Arbeitsverwaltung, Kommunalverwaltung, allgemeine Verwaltung (2. 7. bis 31. 7. 1947)
2. Arbeitslosenversicherung und wertschaffende Arbeitslosenfürsorge (22. 7. bis 25. 7. 1948)
3. Berufsberatung (2. 11. bis 13. 11. 1948)

4.—8. Staats-, verwaltungs- und wirtschaftswissenschaftliche Probleme. Fortbildung für Angehörige des Vereinigten Wirtschaftsgebietes (1. 8. bis 30. 10. 1949)

9. Staats-, verwaltungs- und wirtschaftswissenschaftliche Probleme (16. 1. bis 28. 1. 1950)
10. Staat, Verwaltung und Wirtschaft (23. 4. bis 29. 4. 1950)
11. Staat und Gemeinde (16. 10. bis 27. 10. 1950)
12. Finanzen, Steuern und betriebswirtschaftliche Erwägungen (26. 2. bis 7. 3. 1951)
13. Verwaltungsreform (16. 4. bis 21. 4. 1951)
14. Jugendfragen in Staat und Gesellschaft (8. 10. bis 12. 10. 1951)
15. Innere Organisation, Verwaltungs- und Finanzverantwortung der Gemeinden im Gefüge der Bundesrepublik (6. 10. bis 8. 10. 1952)
16. Ländliche Selbstverwaltung (24. 3. bis 26. 3. 1953)
17. Die öffentliche Verwaltung und die Verwaltungsgerichtsbarkeit (1. 10. bis 3. 10. 1953)
18. Wandlungen der Verwaltungsaufgaben, des Rechtsschutzproblems und der Struktur des öffentlichen Dienstes (23. 3. bis 25. 3. 1954)
19. Strukturwandel des öffentlichen Dienstes (28. 9. bis 30. 9. 1954)
20. Die Leistungen der öffentlichen Verwaltung und ihre Kontrollen (29. 3. bis 31. 3. 1955)
21. Probleme der Sozialordnung (27. 9. bis 29. 9. 1955)
22. Die Neuordnung der Landesverwaltung (Rationalisierung, Organisation, Zuständigkeit, Verfahren) (22. 3. bis 24. 3. 1956)
23. Grundfragen der Verwaltungsreform in Bund, Ländern und Gemeinden (27. 9. bis 29. 9. 1956)

24. Staat und Kultur (27. 3. bis 29. 3. 1957)
25. Öffentliche Sicherheit und Ordnung (25. 9. bis 27. 9. 1957)
26. Europäische Organisationen (24. 9. bis 26. 9. 1958)
27. Kommunale Finanzen (23. 4. bis 25. 4. 1959)
28. Aktuelle Probleme des Verwaltungshandelns (23. 3. bis 25. 3. 1960)
29. Gemeinschaftsaufgaben zwischen Bund, Ländern und Gemeinden (22. 3. bis 24. 3. 1961)
30. Wandlungen der rechtsstaatlichen Verwaltung (11. 4. bis 13. 4. 1962)
31. Aktuelle Probleme der Kommunalaufsicht (3. 4. bis 5. 4. 1963)
32. Staat und Wirtschaft im nationalen und übernationalen Recht (22. 4. bis 24. 4. 1964)
33. Verfassungs- und Verwaltungsprobleme der Raumordnung und Landesplanung (31. 3. bis 2. 4. 1965)
34. Sachverstand und Verantwortung in der öffentlichen Verwaltung (30. 3. bis 31. 3. 1966)
35. Öffentlicher Dienst und politischer Bereich (19. 4. bis 21. 4. 1967)

B. Internationale verwaltungswissenschaftliche Arbeitstagungen

1. Die gegenwärtige Lage der Verwaltung und der Stand der verwaltungswissenschaftlichen Forschung in den europäischen Staaten (6. 2. bis 9. 2. 1957)
2. Mitwirkung von Ausschüssen in der staatlichen Verwaltung — Möglichkeiten, Bewährung und Grenzen (6. 3. bis 8. 3. 1958)
3. Die Ausweitung des öffentlichen Dienstes in der staatlichen und kommunalen Verwaltung — Ursachen, Folgen, Abhilfe (24. 9. bis 26. 9. 1959)
4. Gegenwartsprobleme des öffentlichen Haushalts (27. 9. bis 29. 9. 1961)
5. Städteerneuerung und Eigentumsordnung. Verwaltungswissenschaftliche Arbeitstagung mit internationaler Beteiligung (25. 9. bis 27. 9. 1963)
6. Aufgaben, Organisation und Arbeitsweise der Staatskanzleien auf vergleichender Grundlage (19. 10. bis 21. 10. 1966)

C. Sondertagungen

1. Staatswissenschaftliche Probleme der Gegenwart. Lehrtagung ehemaliger Referendare (13. und 15. 9. 1960)
2. Probleme der juristischen Ausbildung in der Verwaltung. Verwaltungswissenschaftliche Arbeitstagung (26. 9. bis 27. 9. 1962)
3. Die Verwaltungsausbildung der Juristen. Verwaltungswissenschaftliche Arbeitstagung (21. 10. bis 23. 10. 1964)
4. Struktur der deutschen Verwaltung (Föderalismus und Probleme der Zentralisation und Dezentralisation). Gemeinsame Tagung der Hochschule für Verwaltungswissenschaften Speyer mit der École Nationale d'Administration, Paris (28. 4. bis 30. 4. 1966)

Personenverzeichnis

(Seitenzahlen in Normaldruck verweisen auf den Text, Seitenzahlen in Kursivdruck auf Fußnoten)

Sachverzeichnis

(Seitenzahlen in Kursivdruck verweisen auf die Hauptfundstellen)